AF567298

LAURIACUM-ENNS
BALNEUM
UNSERER
BERGE

REINHARD MANDL

ÖSTERREICH

mit dem KlimaTicket entdecken

VORWORT

Heute kann man vom Zug aus seine Geschäfte führen oder fernsehen, während es früher nur zwei Möglichkeiten gab: Lesen oder aus dem Fenster schauen, beides müßige Vergnügungen. Ach, Verzeihung, es gibt natürlich noch eine dritte Möglichkeit: Dösen. Im Gegensatz zu Autos begünstigen Züge das Schlummern.

Tom Hodgkinson im Vorwort von *Slow Travel* von Dan Kieran

Während ich diese Zeilen schreibe, sitze ich gerade im Zug von Wien nach Linz. Mein Laptop passt genau auf den kleinen Klapptisch an der Rückenlehne des Vordersitzes. Konzentriert blicke ich auf die noch leere weiße Seite auf meinem Computerbildschirm. Draußen vor den Zugfenstern zieht eine Landschaft vorüber, der ich heute ausnahmsweise kaum Beachtung schenke. Im Zug zu arbeiten ist eine völlig neue Erfahrung für mich, und im Gegensatz zum englischen Autor Tom Hodgkinson empfinde ich es nicht als Schande, dass die Züge mittlerweile von Bordbildschirmen, Laptops und Mobiltelefonen erobert wurden, denn es steht jedem frei, seine Zugfahrt auch weiterhin als wohltuende Pause von seiner Arbeit zu betrachten. Ich bin angenehm überrascht, wie gut es mir gelingt, mich hier in diesem Zug inmitten all der anderen Fahrgäste auf das Schreiben zu konzentrieren – die vielgerühmte Wiener Kaffeehausatmosphäre könnte mich kaum mehr inspirieren!

Vielleicht liegt es aber auch am Thema, dass meine Gedanken nur so aus mir heraussprudeln: *Österreich mit dem KlimaTicket entdecken* – so heißt dieses Buch, und dieser Titel war in den vergangenen Monaten gleichzeitig auch das Motto meines Vorhabens. Ich hatte mir vorgenommen, das eigene Land, in dem ich seit meiner Wanderung auf dem Jakobsweg Österreich im Jahr 2005 nicht mehr „richtig" gereist bin, neu für mich zu entdecken. Diesmal allerdings nicht zu Fuß und auch nicht mit dem Fahrrad wie bei meiner Österreich-Radtour in ganz jungen Jahren, sondern in Form von Ausflügen mit Bus und Bahn. Zwei- oder Drei-Tages-Touren waren eher die Ausnahme, zumeist waren es Tagesausflüge, die ich von Wien aus unternommen habe. Diese Vergnügungsfahrten führten mich in alle neun österreichischen Bundesländer, wobei Vorarlberg und Kärnten witterungsbedingt leider zu kurz gekommen sind.

Das KlimaTicket Österreich ermöglicht um preiswerte € 1.095 (Stand: 2022) ein Jahr lang freie Fahrt mit fast allen öffentlichen Verkehrsmitteln im Land – aktuell sind es sogar 13 Monate. Es gibt Ermäßigungen für Jung und Alt und für Familien, und obendrein sind auch regionale Varianten des KlimaTickets im Umlauf, die nur in einzelnen Bundesländern oder in der VOR-Region in Ost-Österreich gültig sind.

Ich genieße die neu gewonnene Freiheit sehr, mit einem Ticket in nahezu jedes öffentliche Verkehrsmittel steigen zu können (Ausnahme: bestimmte Privat- und Museumsbahnen). Dennoch bin ich natürlich nicht „ununterbrochen" unterwegs: Ich versuche, mir Zeit für einen Ausflug pro Woche zu nehmen, und dieser Plan hat sich in der Praxis bestens bewährt. So habe ich nicht nur ausreichend Zeit zur Vorbereitung, sondern auch, um mich danach zu erholen, Fotos zu sortieren, Reisenotizen aufzuarbeiten und – nicht zuletzt – um mir

Rund um den Wiener Hauptbahnhof entstanden zwei neue Stadtteile.

ein neues Ausflugsziel zu überlegen, mit dem dieser abwechslungsreiche Kreislauf wieder von vorne beginnen kann.

Da ich freiberuflich tätig bin, bin ich bei meinen Ausflügen nicht auf Wochenenden angewiesen, und ich muss meine Touren auch nicht lange im Vorhinein planen. Bei der Wahl der konkreten Ausflugstage hat in der Regel nur die Wettervorschau ein gewichtiges Wort mitzureden – was auch erklärt, warum auf fast allen meiner Fotos die Sonne scheint. Nur ein einziges Mal war ich bei Dauerregen unterwegs.

Ich gestehe freimütig, dass ich in den letzten Jahrzehnten nur sehr selten mit der Bahn gereist bin. Obwohl ich weiterhin gelegentlich auf mein Auto angewiesen bin, ist Bahnfahren nun dank des KlimaTickets auch wirtschaftlich sinnvoll für mich. Obendrein ist es gut für unser Klima: Mit jedem Kilometer, den ich nicht im eigenen Auto zurücklege, spare ich nicht nur Geld, sondern verringere auch die klimaschädlichen Treibhausgas-Emissionen. Wie viel CO_2 ich bei meinen Ausflügen mit Bus und Bahn konkret eingespart habe, ist am Ende jedes Kapitels nachzulesen. Nähere Details zu diesen Berechnungen finden Sie in der Linkliste auf Seite 176.

Mit dem Erwerb des KlimaTickets Österreich hat sich mein Mobilitätsverhalten schlagartig geändert. Vor jeder anstehenden Fahrt sehe ich nach, ob mein Ziel auch öffentlich erreichbar ist, und in unerwartet vielen Situationen lautet die Antwort: Ja, da komme ich auch ohne Auto sehr bequem hin!

Rückansicht des Wiener Westbahnhofs in der Abenddämmerung

Angenehmer Nebeneffekt: Am Zielort steige ich ausgeruht aus, und wenn ich nach einem erlebnisreichen Tag müde die Rückfahrt antrete, bleibt mir bis zur Ankunft am Heimatbahnhof Zeit, um mich von den Anstrengungen der Reise zu erholen – durch Dösen, Aus-dem-Fenster-Schauen oder Lesen. Aber auch durch Gespräche mit netten Sitznachbarn.

Bevor ich mir ein KlimaTicket anschaffte, testete ich mithilfe der elektronischen Fahrplanauskunft der ÖBB die Erreichbarkeit verschiedener kleinerer Orte mit öffentlichen Verkehrsmitteln. Als Erstes gab ich „Andau“ als Zielort ein. Diese Marktgemeinde, die durch *Die Brücke von Andau* literarischen Weltruhm erlangte, liegt nahe der burgenländisch-ungarischen Grenze. Zu meiner großen Überraschung ist dieser unscheinbare Ort am nordwestlichen Rand der pannonischen Tiefebene von Wien aus werktags sogar im Stundentakt erreichbar: Der Regionalexpresszug benötigt für die Fahrt von Wien Hauptbahnhof bis zur Haltestelle St. Andrä/Zicksee lediglich 73 Minuten. Dort wartet auf dem Vorplatz bereits ein Bus, und keine 20 Minuten später ist Andau erreicht – klingt das nicht verlockend einfach?

Einziger Wermutstropfen: Busverbindungen sind häufig auf den Schüler- oder Pendlerverkehr ausgerichtet. An Wochenenden und Feiertagen sind viele Ortschaften abseits der Bahnlinien mitunter nur schwer oder überhaupt nicht zu erreichen.

Auf der Weststrecke der ÖBB gibt es dieses Problem nicht, dafür aber ein anderes: An Wochenenden sind Schnellzugverbindun-

Salzburg Hbf.: Wie eine Szene aus einem Theaterstück!

gen seit der Einführung des KlimaTickets oft sehr überlastet. Besonders an verlängerten Wochenenden empfiehlt sich daher eine Sitzplatzreservierung. Das private Eisenbahnunternehmen Westbahn bietet KlimaTicket-Inhabern diesen Service sogar gratis an.

Abschließend noch ein paar Worte zum Charakter dieses Buches. Es umfasst 20 authentische Reiseberichte von ausgewählten Ausflügen, in die auch meine Erfahrungen mit Bahn und Bus einfließen. Dieses Buch ist kein Reiseführer, weder beschreibt es „ganz" Österreich, noch sind darin „alle" bedeutenden Sehenswürdigkeiten eines bestimmten Ortes aufgelistet. Die persönlichen Schilderungen meiner Ausflugsfahrten sind als unverbindliche Beispiele für Ihre eigenen Touren gedacht, die Sie – je nach Interesse – vielleicht in ganz andere Regionen unseres landschaftlich und kulturell so vielfältigen Landes führen. Ich bin vor der Anschaffung meines KlimaTickets über einen sehr langen Zeitraum kaum mit der Bahn gefahren. Falls Sie in einer ähnlichen Situation sind, ist dieses Buch vielleicht auch dazu geeignet, Ihnen die Scheu vor dieser zeitgemäßen Mobilitätsform zu nehmen. Wenn Sie diese Lektüre als Ansporn nehmen und sich selbst auf den Weg machen, dann hat sie ihren Zweck erfüllt!

Reinhard Mandl, im September 2022

P.S.: Wie bei jedem Buchprojekt bin ich auch diesmal einer Reihe von Personen zu Dank verpflichtet, ohne deren tatkräftige Unterstützung dieses Werk nicht in dieser Form hätte entstehen können. Besonders hervorheben möchte ich die Mitarbeiterinnen und Mitarbeiter im Berliner Elsengold Verlag, die mein Buch so gewissenhaft betreut haben: die Lektorin Tanja Krajzewicz, den Grafiker Mario Zierke und meinen Verleger Dirk Palm. Thomas Hofmann danke ich für das Foto auf Seite 135 oben und für seine Anregungen und meiner Frau Christine Grabmayer für ihre große Geduld mit meiner Arbeit. Sie war nicht nur eine geduldige und kritische Leserin meiner ersten Textfassungen, durch ihren Blick von außen hat sie auch die Bildvorauswahl maßgeblich beeinflusst.

Greul

FASCHINGSAUSKLANG IN BAD AUSSEE

Endlich ist es soweit! Mein erster Ausflug mit dem KlimaTicket führt mich am Faschingsdienstag ins Ausseerland, dem geografischen Mittelpunkt Österreichs. Bereits die Anreise mit der Salzkammergutbahn ist ein großartiges Erlebnis, denn sie verläuft an den Ufern des Traunsees und des Hallstättersees. In Bad Aussee wird der Faschingsausklang besonders traditionsbewusst gefeiert. Heute sind die berühmten Trommelweiber unterwegs – weiß gekleidete, musizierende Gestalten, die altmodische Frauennachthemden mit Spitzenhäubchen tragen. Höhepunkt des letzten Faschingstages ist der Umzug der Ausseer Flinserl. Ihre Kostüme mit den fantasievollen Mustern aus bunten Filzstoffen, die mit glänzenden Silberplättchen verziert sind, kannte ich nur aus den Medien. Zwischen den Umzügen bleibt mir Zeit für einen beschaulichen Winterspaziergang nach Altaussee.

Pünktlich auf die Minute treffe ich am Faschingsdienstag-Vormittag im Bahnhof Bad Aussee ein. Knapp vier Stunden bin ich im Zug gesessen, und dennoch hätte die Fahrt gerne noch länger dauern können. Der zweite Streckenabschnitt von Attnang-Puchheim bis Bad Aussee war besonders eindrucksvoll. Da die Züge auf der Salzkammergutbahn deutlich langsamer unterwegs sind als auf der Weststrecke, hatte ich während der Fahrt viel Muße, um die zauberhafte Landschaft durchs Zugfenster zu genießen.

Ein grandioses Bahnerlebnis war die Fahrt entlang des Hallstätter Sees. Der Weltkulturerbe-Ort Hallstatt liegt am gegenüberliegenden Ufer, und aus der Distanz wirken die Dimensionen dieser einzigartigen Lage noch beeindruckender. Nahezu senkrecht ragen rund um Hallstatt schroffe Berge in die Höhe. Die berühmte Bahnstrecke von Cusco nach Machu Picchu in Peru kenne ich zwar nur aus Erzählungen, aber ich kann mir nicht vorstellen, dass sie schöner ist als die Fahrt mit der Salzkammergutbahn!

Auch am Bahnhof von Bad Aussee bin ich von einer eindrucksvollen Bergkulisse umgeben. Im Gegensatz zur Enge in Hallstatt hat „die Erdgeschichte hier mit einem weitläufigen Talkessel für ein behagliches Nest gesorgt und an seinen Rand Berge gestellt, so schön, dass sie zahlungskräftige Gäste ins Ausseerland locken“, schreibt der Schriftsteller Alfred Komarek in seinem Buch *Ausseerland – Die Bühne hinter den Kulissen.*

Das frisch renovierte Bahnhofsgebäude von Bad Aussee befindet sich noch im Originalzustand. Es zählt zu den wichtigsten Bauwerken an der Salzkammergutbahn. Das alte Empfangsgebäude im Stil des Historismus erinnert an die Zeit um 1900, als erste Sommerfrische-Gäste aus Wien hier eintrafen und neben der exotischen Bergkulisse auch auf einen vertrauten Anblick stießen: Ein Stück des Wiener Stadtbahn-

Der Ausseer Flinserlzug wird von Zocherln angeführt.

Blick durchs Zugfenster über den Hallstätter See auf Hallstatt.

geländers mit dem für die Formensprache von Otto Wagner so charakteristischen Sonnenblumenmuster hat sich hierher ins Ausseerland verirrt und die Zeit ebenso unbeschadet überdauert wie der alte Bahnhof selbst. Das gusseiserne Geländer an der Bahnsteigkante bildet einen scharfen Kontrast zum schnörkellosen, modernen

Der Bahnhof von Bad Aussee: ein Aushängeschild auf der Salzkammergutbahn.

Mittelbahnsteig aus dem Jahr 2005, der in Hinblick auf die steirische Landesausstellung „Narren & Visionäre" entstand.

Erst kürzlich wurde die Salzkammergutbahn, die zwischen Stainach-Irdning und Attnang-Puchheim bereits seit 1924 elektrifiziert ist, mit einem 170 Millionen Euro teuren Investitionsprogramm noch komfortabler gemacht. Die Geschichte dieser Bahn steht in engem Zusammenhang mit der Salzgewinnung und war für die Entwicklung des Fremdenverkehrs in der Region von essenzieller Bedeutung.

Gleich hinter dem Bahnhofsareal überquere ich auf einem grünen Eisensteg die Traun, die mich von Ebensee bis hierher begleitet hat. Kurz vor Aussee fließt sie durch die spektakuläre Koppenschlucht, die heute über einen Wanderweg zugänglich ist. Er verläuft auf der ursprünglichen Bahntrasse, die bald nach ihrer Errichtung aufgrund von Hochwasser- und Lawinengefahr höhergelegt werden musste.

Als ich das letzte Mal in Bad Aussee war, stand ich im Stau. Das war 2006, während des Narzissenfestes. Da es völlig aussichtslos war, irgendwo einen Parkplatz zu finden, fuhren wir, ohne aus dem Auto zu steigen, weiter.

Heute erlebe ich das Städtchen völlig anders. Zwanzig Minuten Gehzeit sind es vom Bahnhof bis ins Zentrum. Ich hätte auch mit dem Bus fahren können, doch ich bevorzuge die für mich schönste Art der Annäherung, nämlich zu Fuß.

Zunächst führt mein Weg auf der Bahnpromenade entlang, und schon nach wenigen Metern mache ich erste Bekanntschaft mit der typischen Architektur des Ausseerlandes: wohl proportionierte Wohnhäuser mit holzverkleideten Obergeschossen und hübschen Veranden.

Bald nach der Bahneröffnung im Jahr 1877 kamen im Gefolge von Kaiser Franz Joseph I., der bequem im kaiserlichen Hofzug in seine Bad Ischler Sommerresidenz reiste, auch ins Ausseerland mehr und mehr Gäste. Dank der neuen Bahnlinie war das Salzkammergut nicht nur von Wien aus gut erreichbar, sondern auch aus anderen Teilen der Habsburger-Monarchie. Bereits um 1900 wurden Kurswagen und Direktzüge aus Prag und Karlsbad sowie aus verschiedenen deutschen Großstädten auf der Salzkammergutbahn bis nach Aussee geführt. Bald wuchsen an den schönsten Plätzen der Region schmucke Villen von betuchten Zweitwohnsitzern aus dem Boden, die auch die einheimische Baukultur der Region maßgeblich inspirierten. Die pragmatischen Bewohner des Ausseerlandes setzten kleine Vorhäuser vor die Eingangstüren ihrer bescheidenen Wohnbauten, die als Windfang dienten und Platz für Veranden boten.

Der erste Ausseer, der mir auf dem Weg ins Zentrum begegnet, ist ein freundlicher älterer Herr. Um ins Gespräch zu kommen, frage ich ihn nach den Namen der imposanten Berggipfel ringsherum. Sarstein, Sandling, Loser und Tressenstein heißen sie, und was ich für den Grimming hielt, entpuppt sich als die Trisselwand. Mein auskunftsfreudiger Informant erzählt mir,

Die Villen der Zweitwohnsitzer inspirierten die Ausseer Baukultur.

dass heute Faschingsumzüge stattfinden, denn schließlich sei heute der letzte der „Heiligen drei Faschingstage“. 2016 wurde der Fasching im Ausseerland ins nationale Verzeichnis des immateriellen Kulturerbes der UNESCO aufgenommen.

„Die Trommelweiber sind schon unterwegs“, sagt mein Gegenüber und ergänzt: „Um halb zwei ist Angelobung im Gasthof Blaue Traube.“ Angelobung der Trommelweiber – was soll das sein? Die jungen, die zum ersten Mal dabei sind, müssen eine Art Aufnahmeprüfung bestehen, zum Beispiel ein Viertel Liter Schnaps trinken. Wenn sie noch sehr jung sind, reicht auch ein Glas Milch. Dazu gibt's Krapfen, die womöglich mit Senf gefüllt sind. Auch ein Gelübde wird den Neulingen abverlangt: „Ich gelobe, an den Heiligen drei Faschingstagen alle Kraft einzusetzen, um jedweden Arbeitseifer schon im Keim zu ersticken,“ rezitiert der freundliche Herr mit einem schelmischen Lächeln und wünscht mir einen fröhlichen Aufenthalt.

Die Arbeiter-Trommelweiber haben am Faschingsdienstag ihren Auftritt.

Über die Hugo-Cordignano-Promenade, die an der evangelischen Kirche vorbeiführt, gelange ich in die Bahnhofstraße. Das erste Geschäftslokal auf meinem Weg heißt „Leithner Hüte“. In der angeschlossenen Hutmacherwerkstätte werden bereits seit dem Jahr 1532 „Original Ausseer Hüte“ hergestellt, zum Beispiel „Altsteirer mit Lodenband“, das Modell „Matterhorn“, der „Wetter-Ausseer“ mit Gamsbart, der „Goiserer“ und viele weitere.

Ein paar Häuser weiter befindet sich eine Handdruckerei. Hier produziert Sepp Wach unter anderem Seidenhanddrucke für zeitgenössische Ausseer Trachten. In Bad Aussee, der Hochburg der traditionellen Trachtenerzeuger, werden noch immer Gewerbe ausgeübt, die anderswo längst ausgestorben sind. In der „Trachtenhauptstadt Österreichs“ gibt es sie noch, die Schuhmacher, Dirndlschneider oder Lederhosenerzeuger. Die Ausseer nennen ihre Tracht schlicht und einfach „Gwand“, denn sie ist Teil ihres Alltags. Seit 2010 ist Bad Aussee Austragungsort der dreitägigen „Trachtenbiennale Ausseerland“.

Die Bahnhofstraße mündet in den zentralen Kurhausplatz, den ich gleichzeitig mit einer Gruppe weißgekleideter, musizierender Gestalten erreiche, die von der Ischler Straße zum Hotel-Restaurant „Erzherzog Johann“ ziehen. Bei dieser lautstarken Schar handelt es sich um die elitäre Gesellschaft der Trommelweiber. Sie tragen altmodische weiße Frauennachthemden mit Spitzenhäubchen und werden vom Obertrommelweib angeführt, das eine Art Taktstock schwingt. Im Schanigarten vor dem „Erzherzog Johann“, wo ein Imbiss für die Trommelweiber vorbereitet wurde, stellt sich heraus, dass sich hinter den verschiedenen Frauenmasken die Gesichter von waschechten Mannsbildern verstecken. Mit hinaufgeschobenen Masken trinken sie Bier und verspeisen dazu Würste und Beugel, ein ringförmiges Salzgebäck aus Hefeteig.

Einer von ihnen erzählt mir, dass es zwei Arten von Trommelweibern gibt. Die Markter Trommelweiber ziehen schon seit 1767 am Rosenmontag durch Aussee. Ihre Kostümierung ist ein spöttischer Verweis auf resolute Ehefrauen, die seinerzeit ihre Männer spät in der Nacht aus diversen Ausseer Wirtshäusern heimholen mussten.

Wichtiger Impulsgeber für die Entwicklung der spezifischen Ausseer Faschingstraditionen war die Salzindustrie. Sie ermöglichte die Ausformung von gesellschaftlichen Schichten wie Bürgertum und Arbeiterschaft. Letztere hatten nur in der Faschingszeit die Möglichkeit, den Obrigkeiten ihre Sicht der Dinge darzulegen. Als Pendant zu den bürgerlichen Markter Trommelweibern wurden 1928 die Arbeiter-Trommelweiber gegründet. Sie haben am Faschingsdienstag ihren großen Auftritt.

Die „Angelobung“ im Gasthaus „Zur Traube“ fällt heuer leider aus, ebenso wie das allseits beliebte Vorlesen von Faschingsbriefen, bei dem Ereignisse des vergangenen Jahres humorvoll kommentiert werden. Dass das Faschingstreiben in diesem Jahr überhaupt stattfindet, freut mich und vor allem die Einheimischen, denn die „fünfte Jahreszeit“ wird im Ausseerland nicht als Fremdenverkehrsattraktion inszeniert. Vielmehr handelt es sich dabei um eine lange zurückreichende Tradition, in die große Teile der Bevölkerung aktiv eingebunden sind.

Da die berühmten Ausseer Flinserl erst um 14 Uhr ihren großen Auftritt haben, nutze ich die Zeit bis dahin zu einer kleinen Winterwanderung nach Altaussee. Der vier Kilometer lange Weg beginnt bei der Elisabethpromenade und führt entlang der Altausseer Traun zunächst zur Klaus-Maria-Brandauer-Promenade. Der bekannte Schauspieler und Regisseur ist einer der berühmtesten Söhne der Stadt und genießt schon zu Lebzeiten das Privileg eines nach ihm benannten Weges.

Eine halbe Stunde lang gehe ich am Traunufer durch verbautes Gebiet, ehe ein Winterweg mit Schneeunterlage mich bis zum Ortsrand von Altaussee führt. Hier biege ich ab in Richtung See und komme an mehreren großen Hotels vorbei. Wie im benachbarten Bad Aussee löste auch hier im 19. Jahrhundert der Sommerfrische-Tourismus den Salzbergbau als wichtigsten Wirtschaftszweig ab. Das Salzbergwerk Altaussee ist aber dennoch bis heute die größte Salzabbaustätte Österreichs. 450 000 Tonnen Salz werden hier alljährlich von der Salinen Austria AG gewonnen. Über eine Soleleitung fließt die Salzlösung durch das Rettenbachtal nach Bad Ischl, wo sie in das von Hallstatt kommende historische Transportsystem einmündet, das zur Saline in Ebensee führt.

Am Seeufer spaziere ich Richtung Pfarrkirche. Im „Refugium am See“, einer Mischung aus Greißlerei und Café, genieße ich die wärmenden Strahlen der Sonne mit Blick auf den See. Das Gewässer befindet sich im Besitz der Österreichischen Bundesforste und steht unter Naturschutz, ebenso wie die angrenzenden Feuchtgebiete und Berghänge.

Bevor ich mit dem Bus 955 zurück nach Bad Aussee fahre, werfe ich im Kur- und Amtshaus einen kurzen Blick in den sonnendurchfluteten Leseraum des Literaturmuseums Altaussee. Es thematisiert die Wechselwirkung von Natur und Mensch im steirischen Salzkammergut. So manches künstlerische Werk wäre ohne diese besondere Umgebung wohl nie entstanden. Die bekannte Altausseer Schriftstellerin und Übersetzerin Barbara Frischmuth hat neben dem Museum einen Literaturgarten gestaltet, der sich momentan noch im Winterschlaf befindet.

Am Busparkplatz komme ich mit einer Frau ins Gespräch, die mit ihrem Enkelkind zum Flinserlumzug in die Stadt fährt. Die Wartezeit auf den Bus verkürzen sich die beiden mit dem Auffrischen eines populären Flinserlspruchs:

Entlang der Traun wandere ich von Bad Aussee nach Altaussee.

Ausseer Flinserl beim Nüsse verteilen.

Na, na, des tuat da Peda nit,
im koidn Wossa steht a nit,
im warmen wü er a net steh'n,
jo Peda des ist goar ned scheen –
Nuuuuuuß!

In wenigen Minuten bin ich zurück in Bad Aussee – dank KlimaTicket habe ich mir 2,50 Euro fürs Busticket gespart oder eine Stunde Fußmarsch. In der Kirchengasse versammeln sich schon die Flinserl. Vor dem Eingangstor zum Gasthof „Blaue Traube" spielt eine Musikantengruppe auf. Auch sie tragen die auffälligen Flinserlkostüme – helle Leinenanzüge, auf die in mühseliger Handarbeit fantasievolle Muster aus verschiedenfärbigen Filzstoffen genäht werden, die mit glänzenden Silberplättchen, den Flinserln, verziert sind. Die Inspiration für diese Kostüme dürften Salzfahrer im 18. Jahrhundert aus Venedig ins Ausseerland gebracht haben. Die kostbaren Trachten sind teilweise über hundert Jahre alt und werden von Generation zu Generation weitergegeben.

Als der Umzug endlich beginnt, stehen an Straßenrändern und am Kurhausplatz bereits jede Menge Kinder, die aufgeregt „Nuuß, Nuuuß!" rufen, sobald sie die Flinserl die Straße entlangkommen sehen. Jedes Mal, wenn eines der Kinder seinen Spruch aufsagt, greifen die Flinserl in ihre Leinensäckchen und werfen eine Handvoll Nüsse und Süßigkeiten in die Luft. Immer wieder ertönt der Vierzeiler vom „Peda", bei dem es sich um einen bekannten Ausseer Huf- und Wagenschmiedemeister mit Vornamen „Peter" handeln soll, der längst verstorben ist.

Der Flinserlzug wird von Musikanten angeführt, mit zwei Leibwächtern an vorderster Front, den sogenannten Zocherln. Sie tragen Stöcke, an denen aufgeblasene Schweinsblasen befestigt sind. Damit bahnen sie den Flinserln den Weg durch die vielen Schaulustigen, und gleichzeitig achten sie darauf, dass sich die Erwachsenen nicht an den Naschereien für die Kinder vergreifen.

Neben Flinserln und Trommelweibern sind bei diesem fröhlichen Maskentreiben auch noch andere Verkleidete unterwegs, etwa die „Pless". Die ziehen mit Weidenkörben auf den Köpfen durch die Gegend und tragen Stöcke, auf denen Putzfetzen befestigt sind. Wenn sie von Jugendlichen mit Schneebällen beworfen werden, jagen sie ihnen wild hinterher.

Die Straßen von Bad Aussee sind heute aber auch von sogenannten „Maschkera", den Maskengestalten, bevölkert, die sich als Hexen oder Indianer verkleidet haben. In der Ischler Straße beobachte ich zwei Miss Marples, die sich zur allgemeinen Belustigung „very British" in nasalem Tonfall un-

Die „Heilige fünfte Jahreszeit“ ist Bestandteil des „guten Lebens“ im Ausseerland.

terhalten und Aufmerksamkeit heischend einen großen Reisekoffer durch die Gegend schleppen.

Bevor ich den Rückweg Richtung Bahnhof antrete, spaziere ich noch durch den Kurpark. Er befindet sich ganz in der Nähe des Zusammenflusses der Grundlseer und der Altausseer Traun. Vermutlich geht der Name „Aussee“ auf das slawische Wort für „Mündung“ („Awse“ oder „Uzse“) zurück. Im Kurpark stehen mehrere Gedenksteine und ein Denkmal für Erzherzog Johann, der die Ausseer Postmeisterstochter Anna Plochl erst nach zähem Ringen mit Kaiser Franz I. von Österreich heiraten konnte.

1989 wurde auch der Mittelpunktstein hier aufgestellt, der den geografischen Mittelpunkt Österreichs symbolisieren soll, denn seit 1949 gilt Bad Aussee offiziell als der Mittelpunkt unseres Landes. Aufgrund neuerer Berechnungen befindet sich der geometrische Schwerpunkt Österreichs allerdings rund 25 Kilometer östlich auf einem Berghang in der Gemeinde Stainach-Pürgg.

Mit ein paar Minuten Verspätung rollt der Eilzug vom steirischen Bahnknotenpunkt Stainach-Irdning in den Bahnsteig von Bad Aussee ein. Nur wenige Fahrgäste sitzen im Zug, ich kann meinen Sitzplatz frei wählen. Ich war den ganzen Tag auf den Beinen, jetzt genieße ich den Luxus, die Füße auszustrecken und die Landschaft draußen vor den Zugfenstern an mir vorbeiziehen zu lassen. In Attnang-Puchheim steige ich in den Schnellzug nach Wien um, und kurz nach 20 Uhr treffe ich wieder am Hauptbahnhof ein.

Persönlicher Tipp des Autors: Wer gut bei Fuß ist, sollte sich die beschauliche Wanderung von Bad Aussee nach Altaussee nicht entgehen lassen. Sie ist vier Kilometer lang und beginnt bei der Elisabethpromenade. Es besteht Rückfahrmöglichkeit per Bus.

Mein Fahrplan am 1. 3. 2022: Wien Hbf. ab 05:55, Bad Aussee an 09:41 (über Attnang-Puchheim). **Retour:** um 16:16, Wien Hbf. an 20:05

CO_2 **Emissions-Ersparnis** gegenüber einer Fahrt im eigenen PKW: 105,64 kg

NACH INNSBRUCK, DEM FRÜHLING ENTGEGEN

Schon seit Tagen lässt sich in Wien die Sonne nicht mehr blicken, und für Anfang März ist es viel zu kalt in der Bundeshauptstadt. Ganz anders die Situation im Westen Österreichs: Dort gibt es wolkenlosen Himmel, und nach frostigen Nächten wird es tagsüber frühlingshaft warm. Eigentlich spricht nichts dagegen, mich gleich morgen früh in den Zug zu setzen und wieder einmal nach Innsbruck zu fahren. In der Tiroler Landeshauptstadt führt kein Weg am Goldenen Dachl vorbei, und rings herum versprühen unerwartet ruhige Altstadtgassen ein Flair von vergangenen Zeiten. Die größte Attraktion Innsbrucks sind aus meiner Sicht jedoch die hohen Berge. Die mondäne Hungerburgbahn bringt mich direkt vom Zentrum hinauf zu einem der schönsten Aussichtsbalkone der Stadt, und von dort geht es noch weiter empor in luftige Höhen.

Wie ein Riegel schirmt das langgezogene neue Bahnhofsgebäude die vielen Bahnsteige des Innsbrucker Hauptbahnhofs vom Südtiroler Platz ab. Dort warten Busse und die hektische Betriebsamkeit der Alpenmetropole, doch ich nehme mir noch ein wenig Zeit, um in der neuen Ankunftshalle die zwei großen Wandbilder des bekannten Tiroler Künstlers Max Weiler gebührend zu bewundern, die hier seit dem Jahr 2004 freischwebend hängen. In einem aufwendigen Verfahren wurden diese kostbaren Werke vor dem Abriss der alten Kassenhalle des Hauptbahnhofs im Ganzen abgenommen und bis zur Neueröffnung vor Ort zwischengelagert. Die beiden großformatigen Kunstwerke, die mit Silikatfarben angefertigt wurden, entstanden 1954/55 und visualisieren bedeutende Aspekte aus Vergangenheit und Gegenwart der Stadt. Auf dem Bild „Das historische Innsbruck" ist Kaiser Maximilian I. zu erkennen, und auch das berühmte Goldene Dachl versteckt sich ganz unauffällig darin. Die zeitlose dekorative Ästhetik der Gemälde von Max Weiler, der 2001 im Alter von 90 Jahren verstarb, ist längst allgemein anerkannt. Das ist nicht immer so gewesen, seine Auftragsarbeit für den alten Innsbrucker Bahnhof erhitzte lange die Gemüter und war einst Auslöser für wütende Bürgerproteste.

Mit der alten Kassenhalle des Innsbrucker Bahnhofs verbinde ich sentimentale Jugenderinnerungen. Im Sommer 1977 reiste ich mit einem Freund eine Woche lang per Bahn durch Österreich und nach Südtirol. Wo wir während dieser Reise sonst noch genächtigt haben, weiß ich längst nicht mehr. Nur die Nacht am harten Marmorboden der Innsbrucker Bahnhofshalle mit Blick auf die Wandbilder von Max Weiler ist mir in lebhafter Erinnerung geblieben. Innsbruck war in den 1970er-Jahren eine jener europäischen Städte, wo Interrail-Reisende unbehelligt

Der Innsbrucker Stadtturm – das älteste Wahrzeichen der Altstadt: 50 Jahre älter als das Goldene Dachl!

Zeitlos dekorativ: „Das historische Innsbruck" von Max Weiler am Hauptbahnhof

in Bahnhofshallen ihre Schlafsäcke ausbreiten konnten. In den Sommermonaten lagen Dutzende Reisende dicht an dicht in den stilleren Winkeln der Bahnhöfe, die damals noch keine Konsumtempel gewesen sind. Diese Zeiten sind wohl unwiederbringlich vorbei.

Ich verlasse den Bahnhof und gehe in die Salurnerstraße. Erste Station meines Besichtigungsreigens ist der Landhausplatz, der in den 1990er-Jahren in Eduard-Wallnöfer-Platz umbenannt wurde. Der Name ist mir vertraut, denn Eduard Wallnöfer war fast fünfundzwanzig Jahre lang Landeshauptmann von Tirol. Der weitläufige Platz wird an der Nordseite vom sogenannten Neuen Landhaus begrenzt, einem Bauwerk aus den Jahren 1938/39, das ursprünglich als Teil eines pompösen Gauforums geplant war. Davor steht das Befreiungsdenkmal, es wurde nach Kriegsende von der französischen Besatzungsmacht initiiert und auch finanziert.

Es irritiert mich, dass das Denkmal dem Eingangsportal des Bauwerks dahinter, das ganz offensichtlich noch aus der nationalsozialistischen Ära stammt, so verblüffend ähnlich ist. Eigentlich sollte es an jene Menschen erinnern, die für die Freiheit Österreichs gestorben sind, doch es verstärkt die faschistische architektonische Formensprache dieses Platzes noch mehr. Daran konnte auch die Umgestaltung des Eduard-Wallnöfer-Platzes im Jahr 2011 nur wenig ändern. Die kleinen Mahnmale auf der gewellten Betonoberfläche kommen nur bei näherer Betrachtung zur Geltung.

Von hier ist es nur ein Katzensprung zur monumentalen Triumphpforte, die eigentlich nicht zu übersehen ist. Doch von der Salurner Straße kommend, zeigt sie mir nur ihre Schmalseite, und ich erkenne sie erst, als ich unmittelbar vor ihr stehe. Ur-

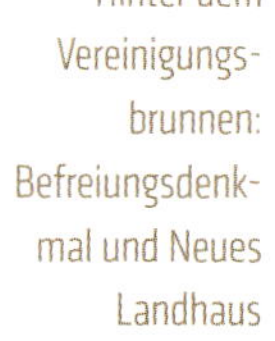

Hinter dem Vereinigungsbrunnen: Befreiungsdenkmal und Neues Landhaus

sprünglich befand sich hier eine hölzerne und vergleichsweise schlichte Ehrenpforte, die anlässlich des feierlichen Einzugs der Braut von Maria Theresias Sohn Peter Leopold, dem späteren Kaiser Leopold II., aufgestellt wurde. Auf der Südseite der heutigen Triumphpforte erinnern Reliefs an das freudige Ereignis dieser Vermählung von Leopold mit Maria Ludovica aus Spanien. Ihre Hochzeit wurde jedoch von einer Tragödie überschattet, denn während der Feierlichkeiten starb völlig unerwartet Maria Theresias Ehemann, Kaiser Franz I. Die Skulpturen und Reliefs auf der Nordseite der Triumphpforte sind daher dem Tod des Kaisers gewidmet. Dieser Triumphbogen, der aus Steinen des abgebrochenen Vorstadttores erbaut wurde, vereint somit die elementaren menschlichen Empfindungen Trauer und Freude wie die zwei Seiten einer Medaille.

Die barocke Annasäule inmitten der Maria-Theresien-Straße

Ich befinde mich nun auf der Maria-Theresien-Straße, Innsbrucks breitem Prachtboulevard mit zahlreichen Geschäften und noblen Palais, und gehe in Richtung Annasäule. Das barocke Mariendenkmal zählt zu den bekanntesten Postkartenansichten der Stadt und steht genau in der Mitte der Maria-Theresien-Straße, die erst 2009 zur Fußgängerzone wurde. Gleich daneben befindet sich das Neue Rathaus, wobei das Adjektiv „neu“ nur im Kontext zum Vorgängerbau in der Herzog-Friedrich-Straße Gültigkeit hat. Das Alte Rathaus stammt aus dem 14. Jahrhundert und wurde 1897 vom heutigen Bürgermeistersitz abgelöst. Ziemlich neu ist allerdings die Umgestaltung des Neuen Rathauses durch den französischen Architekten Dominique Perrault im Jahr 2002. Dabei entstanden auch die Rathausgalerien, eine überdachte Shopping-Mall mit bunten Glasfenstern, die eine freundliche Atmosphäre schaffen, und ein 37 Meter hoher Turm. Im obersten Stockwerk dieses Zubaus befinden sich das Feinschmeckerrestaurant „Lichtblick“ und die „360°-Bar“. Letztere klingt für mich nach schönem Ausblick, also fahre ich hinauf in den siebten Stock. Rund um die Bar führt ein schmaler Balkon, der mir tolle Ausblicke in alle Himmelsrichtungen bietet. Ich schaue über die Türme der Altstadt, auf die Dächer der neueren Stadtteile und auf die andere Seite des Inn, wo sich die Stadtteile Mariahilf und Hötting befinden, angeschmiegt an den Steilabfall der imposanten Nordkette.

Über den Adolf-Pichler-Platz gehe ich weiter zum Marktgraben und zum Burggraben. In den dicken alten Gemäuern befindet sich auch der Sitz des Tourismusbüros „Innsbruck-Info“, wo ich meine Innsbruck Card abhole, die mir freien Zutritt zu den meisten Attraktionen und Museen der Stadt und sogar zu den Seilbahnen ermöglicht.

Die Herzog-Friedrich-Straße, vielleicht die bedeutendste Altstadtgasse, führt direkt vor das Goldene Dachl, den Prunkerker Kaiser Maximilians I., der im Jahr 1490 als Landesfürst von Tirol die habsburgischen Regierungsgeschäfte übernahm. Sein „güldendes Dachl“ wurde um 1500 fertigge-

Das Goldene Dachl ist das bekannteste Wahrzeichen von Innsbruck.

stellt. Es diente dem Regenten als idealer Ort, um Turniere und andere Vergnüglichkeiten jener Zeit von einer erhabenen Position aus zu beobachten.

Kaum ein Weg führt am bedeutendsten historischen Wahrzeichen der Stadt vorbei. Ich bin nicht extra wegen dem Goldenen Dachl in die Tiroler Landeshauptstadt gereist, doch als ich davorstehe, kann ich nicht anders und muss es von allen Seiten fotografieren, sogar vom nahen Stadtturm aus. Es ist ein überaus dankbares Fotomotiv, beinahe jeder Schnappschuss gelingt. Kein Wunder, dass es so beliebt ist.

Vorbei an der Ottoburg, einem mittelalterlichen Wohnturm mit rot-weiß-rot gestrichenen Fensterläden, der heute ein Restaurant beherbergt, gelange ich zur Innbrücke, der Namensgeberin der Stadt. Ich überquere sie nicht, sondern schlendere am Herzog-Siegmund-Ufer des Inn hinunter zur Markthalle. Mittlerweile ist es Mittagszeit und angenehm warm. Viele Menschen bevölkern die Sitzgelegenheiten am Marktplatz, und auch der Schanigarten des angrenzenden Marktcafés ist bereits gut besucht. Ich blicke über den türkisfärbigen Inn ans andere Ufer, wo sich an der Mariahilfstraße verschiedenfärbige Häuser aneinanderreihen. Ihre zumeist zeltförmigen Dächer harmonieren perfekt mit den schneeweißen Gipfeln der Nordkette im Hintergrund. Ich kann kaum glauben, dass es möglich ist, binnen kürzester Zeit mitten vom Innsbrucker Stadtzentrum dort hinauf zu gelangen, und mache mich auf den kurzen Weg zum Congress Innsbruck, dem Messe- und Veranstaltungszentrum der Stadt. Gleich daneben befindet sich die Talstation der Hungerburgbahn. Die Fahrt mit dieser Standseilbahn bis zur Bergstation Hungerburg dauert kaum mehr als zehn Minuten. „Burg“ steht dort oben übrigens keine, der Name bezieht sich angeblich auf eine Jausenstation, die wegen ihrer kleinen Portionen den Beinamen „Hungerburg“ bekam, der später auf den heutigen Stadtteil von Innsbruck überging.

Alle Stationen der Hungerburgbahn – eine befindet sich in der Nähe des Eingangs zum berühmten Innsbrucker Alpenzoo – wurden von der britisch-irakischen Stararchitektin Zaha Hadid gestaltet. Die Fahrt hinauf zu diesem wunderbaren Ausblick auf die Stadt, vor allem auf das Olympische Dorf, kostet inklusive Rückfahrt 10,90 Euro. Wer ein KlimaTicket besitzt, braucht nicht zu bezahlen. Es ist allerdings die einzige Seilbahn, deren Benutzung im KlimaTicket Österreich inkludiert ist.

Von der auffälligen, flügelförmigen Bergstation sind es nur wenige Schritte bis zur Talstation der Nordkettenbahnen. Die Mittelstation Seegrube liegt bereits auf 1905 Metern Seehöhe. In der Kabine bin ich von zahlreichen Wintersportlern umgeben. Sie nutzten die komfortable Möglichkeit, direkt vom Stadtzentrum aus, ohne umständliche Anreise mit dem Auto, Skifahren oder Snowboarden zu gehen.

Beinahe alle Liegestühle auf der Sonnenterrasse des Selbstbedienungsrestaurants neben der Seilbahnstation Seegrube sind belegt, und auch beim nahen Skilift herrscht reger Andrang. Schon von der Seegrube aus betrachtet, wirkt Innsbruck wie in weite Ferne entrückt, doch ich will noch höher hinauf, bis zum Hafelekar, und nehme ohne Umschweife auch noch die zweite Kabinenseilbahn. Genau auf Augenhöhe mit dem Patscherkofel, dem berühmten Skiberg südlich von Innsbruck, erreiche ich die letzte Bergstation. Beim Aussteigen befinde ich mich nun inmitten schroffer Karwendel-Spitzen, die zum südlichsten Teil der Karwendel-Kette gehören, doch da sie von Innsbruck aus betrachtet im Norden emporragen, werden diese Berge hier auch „Nordkette“ genannt.

Obwohl der Gipfel des Hafelekar auf beachtlichen 2334 Metern Seehöhe liegt, ist es von der Bergstation nur ein kurzer Spaziergang dorthin. Beim Gipfelkreuz komme ich mit einem Innsbrucker ins Gespräch. Er drückt mir sein Handy in die Hand und bittet mich, ihn vor der Rumer Spitze zu fotografieren, die sich östlich des Hafelekars auftürmt. Er erzählt mir von seiner abenteuerlichen Besteigung dieses Berges und von der panischen Angst, die er beim Abstieg empfunden hatte.

Ebenso schnell, wie ich hinaufgekommen bin, gelange ich auch wieder nach unten, und das ist auch gut so, denn allzu viel Zeit bleibt mir nicht mehr bis zur Abfahrt meines Zuges zurück nach Wien. Gleich gegenüber der Hungerburg-Talstation betrete ich den viel gerühmten Innsbrucker Hofgarten. Hier wachsen angeblich Pflanzen, die noch von Kaiserin Maria Theresia persönlich gepflanzt wurden. Momentan befinden sie sich allerdings noch im Winterschlaf. Nur die alten, ehrwürdigen Bäume lassen erahnen, dass der Hofgarten nicht erst gestern angelegt wurde, sondern auf eine lange Vergangenheit zurückblickt.

Die zackigen Hausdächer an der Mariahilfstraße harmonieren perfekt mit den Gipfeln der Nordkette.

Von der Bergstation der Nordkettenbahnen ist es nur ein kurzer Spaziergang zum Gipfel des Hafelekars.

Beim Ausgang Kaiserjägerstraße gehe ich weiter zur Universitätsstraße. Ich werfe einen kurzen Blick auf das moderne Gebäude der SOWI, der Sozial- und Wirtschaftswissenschaftlichen Fakultät der Universität Innsbruck. Der preisgekrönte Bau aus den späten 1990er-Jahren zählt zu den Vorzeigeobjekten des „modernen Innsbruck". Noch neuer und moderner ist das Haus der Musik gegenüber der Hofburg. Diese Heimstätte für Musik- und Theater wurde erst 2018 erbaut und befindet sich in unmittelbarer Nähe zum Tiroler Landestheater.

Durch die Stiftsgasse komme ich zur Riesengasse am Rande der Altstadt. Planlos lasse ich mich durch ein paar verwinkelte Gassen treiben und verliere dabei ein wenig die Orientierung. Bis zur Abfahrt meines Zuges bleiben nur noch fünfzehn Minuten. Ich frage eine Passantin, wie lange ich bis zum Hauptbahnhof brauche. „Fünf Minuten, höchstens zehn!", antwortet die sportliche Tirolerin. Ich stehe auf der Museumstraße, genau gegenüber dem Tiroler Landesmuseum Ferdinandeum.

Mein Zug hat zehn Minuten Verspätung, kein Grund zu übertriebener Eile also! Bei der Einfahrt des Zuges fällt mein Blick auf den Bergisel. Schade, dass ich diese Skisprungschanze nicht besichtigen konnte! Der Ausblick von der Aussichtsplattform über das Inntal soll fantastisch sein, aber ausgerechnet heute war sie geschlossen. Ein triftiger Grund also, um bald wieder nach Innsbruck, in die „Hauptstadt der Alpen" zu kommen und die moderne, ebenfalls von Zaha Hadid geplante Skisprungschanze aus der Nähe zu betrachten und das Tirol-Panorama, das Andreas-Hofer-Denkmal, und und und …

Der Zug Richtung Salzburg ist voll, doch bereits in Jenbach steigen viele Menschen aus, und ich komme wieder in den Genuss einer Vierer-Sitzgruppe ganz für mich alleine. Solange die Sonne noch zwischen hohen Berggipfeln hindurchlugt,

blicke ich gedankenverloren aus dem Fenster. Bei Einbruch der Dämmerung schließe ich meine Augen und döse eine Zeit lang vor mich hin. Bin ich froh, dass ich jetzt nicht hinter dem Lenkrad meines Autos sitzen muss!

In Salzburg steige ich in einen noch schnelleren Zug um, der mich in weniger als zweieinhalb Stunden zurück ins nebelgraue Wien bringt.

Mit Fresken geschmückte Lauben in der Herzog-Friedrich-Straße

Persönlicher Tipp des Autors: Wer ein KlimaTicket besitzt, kann auch die Hungerburg-Bahn gratis benützen. Die Fahrt wird mit wunderbaren Ausblicken auf die Stadt und das Olympische Dorf belohnt. Die auffälligen Stationsgebäude wurden von der britisch-irakischen Stararchitektin Zaha Hadid gestaltet. Eine Station befindet sich übrigens in der Nähe des Eingangs zum sehenswerten Innsbrucker Alpenzoo.

Mein Fahrplan: 8. 3. 2022: Wien Hbf. ab 06:30, Innsbruck Hbf. an 10:44. **Retour:** um 17:14, Wien Hbf. an 21:30

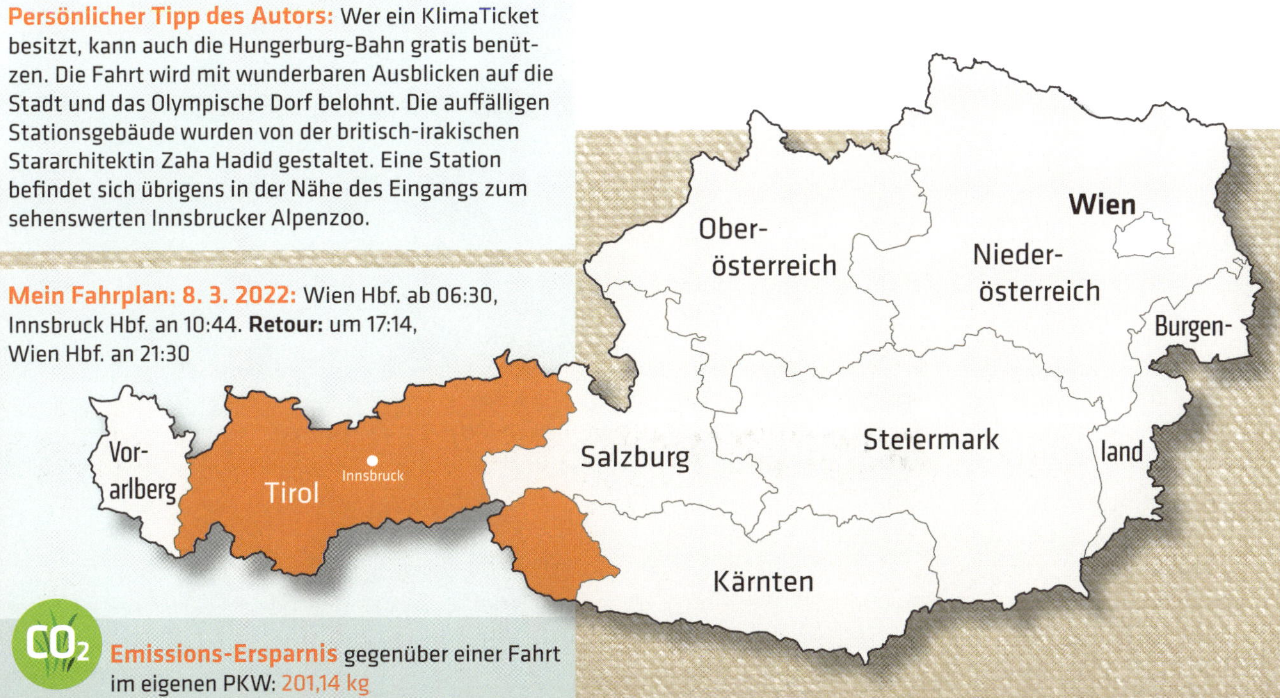

CO_2 **Emissions-Ersparnis** gegenüber einer Fahrt im eigenen PKW: 201,14 kg

AM SEMMERINGER BAHNWANDERWEG

Auf der niederösterreichischen Seite des Semmerings verläuft ein familienfreundlicher Bahnwanderweg, der vom gleichnamigen Höhenkurort entlang der ältesten Hochgebirgsbahn der Welt nach Payerbach oder Gloggnitz führt. 1998 wurde die Semmeringbahn als bislang einzige Bahnstrecke zum Weltkulturerbe der UNESCO ernannt. Da mehrere Bahnstationen direkt am Wanderweg liegen, besteht die Möglichkeit, die Länge der Wanderung individuell zu planen. Ich werde heute rund zehn Kilometer weit bis zum Bahnhof Breitenstein spazieren. Auf die nostalgische Bahnfahrt über Viadukte und durch kleine Tunnels freue ich mich mindestens ebenso wie auf die spektakulären Aussichtspunkte während der Wanderung, etwa den berühmten „20-Schilling-Blick".

Da ich bereits zehn Minuten vor der Abfahrt meines Zuges am Wiener Hauptbahnhof eintreffe, nutze ich die Gelegenheit, um wieder einmal beim alten Markuslöwen vorbeizuschauen, der in der Bahnhofshalle nahe des Haupteingangs beim Südtiroler Platz steht. Einsam und alleine steht er unweit der Ticketschalter. Von seinen sieben steinernen Artgenossen, mit denen er gemeinsam den alten Südbahnhof bewachte, kamen die meisten nach dem Zweiten Weltkrieg abhanden. Den zweiten Wiener Südbahnhof aus der Nachkriegszeit zierte nurmehr dieser eine Markuslöwe, der 2014 auf seinen aktuellen Standort am neuen Hauptbahnhof übersiedelt wurde. Ganz unscheinbar hält er hier auch die Erinnerung an Venedig wach, das erst durch den Bau der Südbahn für die Menschen im Wiener Raum in erreichbare Nähe rückte. Gleichzeitig ist dieser freundliche Löwe aber auch ein Verweis auf den Geburtsort von Carl Ritter von Ghega, dem Erbauer der Semmeringbahn. Dieser geniale Ingenieur wurde in der Lagunenstadt geboren, und bei meinem heutigen Ausflug wird von ihm noch öfter die Rede sein.

Mein Zug fährt von Bahnsteig 7 ab. Beinahe wäre ich in den Schnellzug nach Bregenz eingestiegen, der auf demselben Gleis in den Sektoren A und B bereitsteht, während mein Zug weiter hinten in den Abschnitten C und D dieses Bahnsteigs auf seine Fahrgäste wartet. Auf dem Weg dorthin komme ich bei der Lokomotive vorbei, die uns heute über den Semmering ziehen wird. Sie trägt die Aufschrift „Spirit of Hungary".

Der erste Teil meiner Fahrt verläuft besonders kurzweilig, denn mir gegenüber sitzt ein sportlich gekleidetes Pärchen, mit dem ich mich angeregt über unsere bevor-

„20-Schilling-Blick": Auf dem Viadukt über die Kalte Rinne fährt ein Zug in den Farben des KlimaTickets.

Der Markuslöwe am Wiener Hauptbahnhof ist ein Relikt des Südbahnhofs.

stehenden Ausflüge unterhalte. Die beiden möchten eine Schneeschuhwanderung auf der Rax unternehmen. In Wiener Neustadt steigen sie in den Zug nach Reichenau um, und ich widme mich nun der „altmodischen Beschäftigung des Hinausschauens aus dem Fenster“, wie es der 2006 verstorbene Publizist und kritische Geist Günther Nenning einmal ausgedrückt hat. Nenning war überzeugter Bahnfahrer und auch politisch sehr aktiv.

In Gloggnitz wechsle ich wegen der besseren Aussicht auf die vielen Viadukte und Tunnel der Semmeringbahn auf einen Sitzplatz an der linken Fensterseite. Den Streckenabschnitt, der nun vor mir liegt, beschreibt Heimito von Doderer in seinem Roman *Die Wasserfälle von Slunj*, in dem er seinen Romanhelden, den englischen Ingenieur Robert Clayton, mit seiner frisch angetrauten Frau Harriet über den Semmering fahren lässt:

> *Es war als stiege man über eine gewundene Treppe zum Dach eines Gebäudes empor. Das kurze zischende Vorbeifliegen der Wand in gemauerten Einschnitten gab den Blick wieder frei für ein neues Bild, das jetzt ins Treffen trat und sich in die Aussicht schob, die viele Male schwarz verschluckt und verschlossen wurde von den Tunnels. … Jetzt sah er drüben in weitem Boden die Bahntrasse liegen, über welche man eben vorhin gefahren war.*

Die viel gerühmte Bahnfahrt auf den Semmering wurde lange Zeit als eine mindestens ebenso große Attraktion wahrgenommen wie der Aufenthalt im Kurort selbst. Auch ich bin sehr angetan von dieser nos-

Alter Dieseltriebwagen am Bahnhof Semmering

talgischen Fahrt, und wie von Doderer vor sechzig Jahren beschrieben, erlebe auch ich den Anblick der Bahntrasse auf der gegenüberliegenden Seite des Tals.

Um 11:15 Uhr erreicht unser Zug den Bahnhof Semmering. Die Tür meines Waggons öffnet sich unmittelbar vor dem Denkmal für Carl Ritter von Ghega, das der Ingenieur- und Architektenverein hier am Scheitelpunkt der Strecke in fast 900 Metern Seehöhe errichten ließ. Die Semmeringbahn, lese ich auf einer Informationstafel gleich daneben, ist ein Teilstück der von Wien über Graz und Laibach nach Triest führenden Südbahn. Sie erstreckt sich zwischen Gloggnitz in Niederösterreich und Mürzzuschlag in der Steiermark auf einer Länge von 42 Kilometern. Wegen des geomorphologisch komplizierten Aufbaus des Semmerings mussten zahlreiche Schluchten, Gräben, Felswände und Bergrücken mit 14 Tunneln, 16 teils zweistöckigen Viadukten und mehr als 100 Brücken für den Schienenverkehr zugänglich gemacht werden. Diese erstaunliche menschliche Leistung konnte in nur sechs Jahren Bauzeit bewältigt werden. Bei ihrer Eröffnung im Jahr 1854 war die Semmeringbahn die erste Gebirgsbahn der Welt. Im Bahnhof Semmering ist dieser großen Ingenieursleistung eine Ausstellung gewidmet, die allerdings nur in den Sommermonaten zugänglich ist.

Ich bin nicht der Einzige, der diesen wolkenlosen Spätwintertag für eine kleine Wanderung am Bahnwanderweg nützen möchte. Vor mir spaziert eine fünfköpfige Familie, die schon nach wenigen Gehminuten am „Kinderbahnhof Semmering", einem Spielplatz mit Lokomotive und Wasserturm-Rutsche, ihren ersten Zwischenstopp einlegt.

Kurz nach der unbesetzten Haltestelle Wolfsbergkogel verschwindet die Semmeringbahn im Wolfsberg-Tunnel, während mein Weg in weitem Bogen am desolaten Kurhaus Semmering vorbeiführt. Dieser Monumentalbau erinnert an die glanzvollen Zeiten um das Jahr 1900, als am Semmering neben dem Südbahnhotel und dem Hotel Panhans auch das Kurhotel im Zentrum der gesellschaftlichen Aktivitäten stand. Bald nach der Erschließung dieser gebirgigen Gegend durch die Eisenbahn entstanden Villen und Grandhotels, die sich rasch als Treffpunkt der vornehmen Gesellschaft etablierten.

Spätestens mit dem Aufkeimen des Massentourismus ab den 1960er-Jahren ging die Ära der Grandhotels am Semmering allerdings jäh zu Ende. Die Sehnsuchtsorte der zunehmend mobiler gewordenen Gesellschaft verlagerten sich weiter in den Süden, vor allem an die Meeresstrände Italiens. Als Ausflugsziel blieb der gut erreichbare Semmering zwar weiterhin attraktiv, doch dafür brauchte es nun keine prunkvollen Hotels mehr. Bis 1988 konnte das Kurhaus als Erholungsheim für Bundesbedienstete genutzt werden, danach wurde es zum Spekulationsobjekt und wechselte häufig die Besitzer. Die sanierungsbedürftigen Mauern dieses Hauses warten bis heute geduldig auf Revitalisierung und ein zeitgemäßes Nutzungskonzept.

Während ich weitergehe, beschäftigt mich die Frage, welcher der vielen Kogel hinter mir wohl der Semmering sein könnte. Die Antwort kommt schneller als erwartet, denn die Doppelreiterwarte bietet neben faszinierenden Ausblicken auf die Semmeringbahn auch eine Panoramakarte, auf der alle markanten Punkte

Der Bahnhof Semmering ist ein beliebter Startplatz für Wanderungen.

dieser einzigartigen Kulturlandschaft eingezeichnet sind. Am Horizont erstreckt sich das Rax-Schneeberg-Massiv, zu dem das 2076 Meter hohe Klosterwappen gehört, der höchste Punkt von Niederösterreich. Auf der gegenüberliegenden Seite ragt der Hirschenkogel empor. Dieser vor allem bei Skifahrern beliebte Berg ist aufgrund der Aussichtswarte auf seiner Spitze leicht zu identifizieren. Gleich daneben steht ein eher unscheinbarer, bewaldeter Kogel. Das ist der Semmering, und mit 1166 Metern ist er einer der niedrigeren Erhebungen weit und breit.

Nur zehn Minuten nach der Doppelreiterwarte gelange ich bereits zum nächsten Aussichtspunkt, dem berühmten „20-Schilling-Blick". Der Name bezieht sich auf die Rückseite der alten 20-Schilling-Banknote der Republik Österreich. Auf einer Informationstafel direkt neben der Aussichtsterrasse ist dieser Geldschein abgebildet. Sein Anblick ruft bei mir nostalgische Erinnerungen wach. Bei seiner Einführung im Jahr 1968 war ich acht Jahre alt. Wie oft ich die kleinste österreichische Banknote bis 1989, als sie durch einen neuen Schein ersetzt wurde, in Händen hielt, kann ich nicht sagen, aber jedenfalls öfter als jeden anderen Geldschein. Der „Zwanziga" hat aus heutiger Sicht zwar nur einen Gegenwert von rund 1,45 Euro, aber wenn mich meine Erinnerung nicht trügt, dann kostete Anfang der 1970er-Jahre eine Tüte Eis nur zwei Schillinge, und ein Geldschein, mit dem man zehn Tüten Eis kaufen konnte, war sehr wohl von beträchtlichem Wert, vor allem für jemanden, der Eis über alles liebte.

Die 20-Schilling-Banknote meiner Kindheit und Jugend zeigte den wohl spektakulärsten Abschnitt der Semmeringbahn: das Viadukt über die Kalte Rinne, die pittoresk zerklüftete Polleroswand und eine Bergkulisse im Hintergrund. Diese Perspektive wurde zum Wahrzeichen der Semmeringbahn und zierte nicht nur die Banknote, sondern auch eine Briefmarke. Im Vergleich mit der Wirklichkeit sieht die Abbildung auf dem Geldschein allerdings ziemlich unspektakulär aus. Dieses überaus gelungene Zusammenspiel von Natur und Eisenbahntechnik lässt sich vom menschlichen Auge alleine in ihrer ganzen Dimension nur schwer erfassen. Die perfekte Harmonie dieses Ortes lässt sich förmlich spüren. Die Proportionen der schroffen Polleroswand und des in weite Ferne entrückten Rax-Schneeberg-Massivs wirken an meinem Standpunkt viel eindrucksvoller, als es das Motiv auf der Banknote zeigt, das offensichtlich nicht von hier aus festgehalten wurde.

Von der Plattform des „20-Schilling-Blicks" überblicke ich auch den weiteren Verlauf meiner Wanderung. Sogar

Das achtbögige Viadukt über den unteren Adlitzgraben musste nachträglich mit Stützen versehen werden.

Das zweistöckige Viadukt über die Krauselklause

der Bahnhof Breitenstein, wo in diesem Moment ein Zug durchfährt, ist mit freiem Auge gut zu erkennen. Er ist in den Farben des KlimaTickets foliert. Noch kann ich nicht wissen, dass mich genau dieser Zug, der jetzt nach Graz unterwegs ist, am frühen Abend nach Wien zurückbringen wird.

Die weiteren Highlights meiner Wanderung sind rasch aufgezählt: Ich komme am Unteren-Adlitzgraben-Viadukt vorbei, danach geht es über einen Wurzelsteig steil hinauf. Links und rechts des schmalen Pfades blüht bereits das Heidekraut, auch Erika genannt. Ich bin überrascht, dass diese hübsche Pflanze auf dem eiskalten Boden bereits jetzt zu blühen beginnt. Auf den sonnigen Plätzen der bewaldeten Hänge sehe ich auch Schneerosen.

Kurz vor dem zweistöckigen Kalte-Rinne-Viadukt, dem mächtigsten Bauwerk entlang der gesamten Strecke, erreiche ich das Ghega-Museum, das in den Wintermonaten geschlossen ist. Die völlig vereiste Stiege vom Museum hinunter zu einer Forststraße wird mir beinahe zum Verhängnis. Ich komme zu Sturz, und nur mit Mühe kann ich mich am Handlauf festhalten. Glücklicherweise bleibe ich unverletzt.

Kurz nach dem Viadukt über die Kalte Rinne bekomme ich auch das Krausel-Viadukt aus nächster Nähe zu Gesicht. Ich habe es bereits vom „20-Schilling-Blick“ aus bewundert. Dann erreiche ich die Streusiedlung Breitenstein am Semmering. Der nächste Regionalzug, der hier hält, bringt mich zurück zum Bahnhof Semmering, wo ich kurz darauf in einen Schnellzug steige, der mich in nur 75 Minuten von dieser UNESCO-Weltkulturerbestätte zurück nach Wien bringt.

Während der Fahrt versuche ich mir die Dimensionen der Semmeringbahn, die mir häppchenweise auf zahlreichen Informationstafeln entlang des Bahnwanderweges vermittelt wurden, noch einmal vor Augen zu führen. Die wachsende Bedeutung der Eisenbahn wurde in Österreich bereits um 1830 erkannt, und schon damals dachte man über eine Bahnverbindung von der Hauptstadt

Der „20-Schilling-Blick“ ist das Wahrzeichen der Semmeringbahn.

Ein ÖBB-Cityjet auf dem zweistöckigen Viadukt über die Krauselklause

Wien in die damals österreichische Hafenstadt Triest nach. Da eine Streckenführung über Ungarn politisch zu riskant erschien, fiel 1841 die Entscheidung, die Südstrecke über den Semmering zu bauen. Obwohl viele Schluchten und Bergrücken die Verlegung der Schienenstränge erschwerten, konnten die Baupläne des genialen Eisenbahningenieurs Carl Ritter von Ghega bereits im Revolutionsjahr 1848 genehmigt werden. Beim Bau der Semmeringbahn gab es weder Bohrmaschinen noch Dynamit, alle Tunnel mussten in schweißtreibender Handarbeit nur mithilfe von Schwarzpulver gegraben werden. Bis zu 20 000 Arbeiter waren mit dem Bau beschäftigt, mehr als tausend verloren dabei ihr Leben, weniger durch Unfälle als durch Krankheiten wie Typhus und Cholera. Bereits 1854 konnte die Semmeringbahn dem Verkehr übergeben werden, einige Jahre früher als die Kaiserin-Elisabeth-Bahn, die heutige Westbahn. 1998 wurde die Semmeringbahn als bislang einzige Bahnstrecke zum Weltkulturerbe der UNESCO ernannt, denn diese Strecke ist bis heute nahezu unverändert in Betrieb – ein Paradebeispiel für Nachhaltigkeit.

Bei der Einfahrt nach Wien schimmert der metallische Glanz der markanten Dachkonstruktion des Hauptbahnhofs geheimnisvoll in der Abenddämmerung. Es war schön, kurz weg zu sein, aber es ist ebenso schön, wieder nach Hause zu kommen, vor allem, wenn die Reise an einem so beeindruckenden Bauwerk wie dem Hauptbahnhof Wien zu Ende geht. Viel Neues habe ich beim heutigen Ausflug erfahren, doch eine Frage blieb außen vor: Was ist eigentlich aus dem Projekt „Semmering-Basistunnel" geworden, an dem schon seit 2012 gegraben wird?

Wenn von nun an alles nach Plan läuft, sollten die Bauarbeiten im Jahr 2028 endlich abgeschlossen sein. Dann werden die meisten Züge zwischen Gloggnitz und

Mürzzuschlag nicht mehr auf der pittoresken Semmeringbahn fahren, sondern durch ein finsteres Loch, und dabei eine halbe Stunde Zeit einsparen. Natürlich ist Zeit ein knappes Gut, doch ich finde, dass in Zügen zugebrachte Stunden keine verlorene Zeit sind, denn sie lassen sich sehr bequem mit Lesen, Dösen oder aus dem Fenster Schauen verbringen. Außerdem nutzen viele Menschen ihre Zugfahrten heutzutage auch zum Arbeiten am Computer. Steckdosen an allen Sitzplätzen und freien Internet-Zugang steuern die ÖBB kostenlos bei.

Ich habe die kurven- wie aussichtsreiche Fahrt über Viadukte und durch kleine Tunnels heute jedenfalls sehr genossen und freue mich schon auf die nächste Fahrt auf der Südbahnstrecke über den Semmering. Gleichzeitig ist mir durchaus bewusst, dass die Verkürzung der langen Fahrzeit nicht das einzige Argument ist, das für den Bau des Semmering-Basistunnels spricht. Besonders im Güterverkehr gibt es auf diesem Teilabschnitt der Südbahn große Einschränkungen. Das Transportsystem „Rollende Landstraße“ benötigt zur Beförderung kompletter Sattelschlepper spezielle Züge, die auf der Ghega-Bahn nicht eingesetzt werden können. Außerdem müssen derzeit viele Güterzüge mit Vorspanntriebwägen über den Semmering gezogen oder geteilt werden, was durch die dabei entstehenden Zusatzkosten die Konkurrenzfähigkeit der Bahn auf der Südstrecke, die zu den meistbefahrenen Bahnstrecken Österreichs zählt, stark beeinträchtigt. Die engen Kurven der Welterbe-Gebirgsbahn führen obendrein zu einem starken Schienenverschleiß, und die vielen Viadukte verursachen hohe Erhaltungskosten. Aus wirtschaftlicher Sicht ist das 3,5 Milliarden Euro (Stand 2020) teure Tunnelprojekt vermutlich also doch keine schlechte Lösung, und Bahn-Liebhaber werden auch nach Inbetriebnahme des Basistunnels weiterhin auf der denkmalgeschützten Semmeringbahn fahren können.

Stellwerk des bei Wanderern sehr beliebten Bahnhofs Breitenstein

Persönlicher Tipp des Autors: Der Bahnwanderweg beginnt beim Bahnhof Semmering und tangiert den Kurort nur am Rande. Er lässt sich allerdings bequem mit einem Rundgang durch den Ort kombinieren, vielleicht mit einem Abstecher zu einem der legendären Grandhotels wie dem Panhans oder dem Südbahnhotel.

Mein Fahrplan am 13. 3. 2022: Wien Hbf. ab 09:58, Semmering Bf. an 11:13. **Retour:** von Bf. Breitenstein um 16:31, Wien Hbf. an 18:02

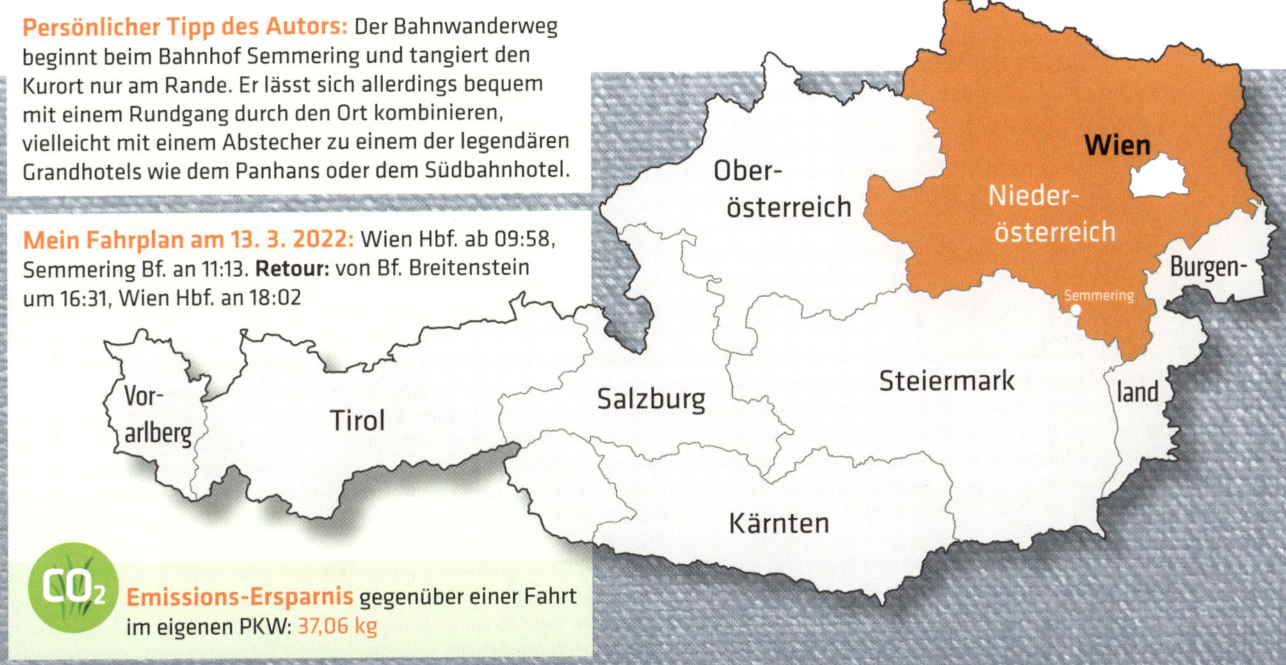

CO_2 **Emissions-Ersparnis** gegenüber einer Fahrt im eigenen PKW: 37,06 kg

NG ZU
TEN!
800-2771
www.ivv.at
HEMP
family
PIZZA & KEBAP
HAUS
KURZPARKZONE

AUF DER VIA LAURIACUM DURCH ENNS

Hoch über der Enns-Einmündung in die Donau erhebt sich die Stadt mit der ältesten Stadturkunde Österreichs. Bereits 1212 bekam Enns Stadtrechte verliehen, doch schon zu Beginn unserer Zeitrechnung errichteten die Römer an diesem zuvor von Kelten besiedelten Ort das Legionslager Lauriacum. In der angrenzenden Zivilstadt lebten um das Jahr 200 rund 20 000 Menschen. Heute lassen sich die eindrucksvollen Dimensionen dieser bedeutenden Römersiedlung auf dem Stadtwanderweg Via Lauriacum bequem zu Fuß erkunden. Am Hauptplatz neben dem Stadtturm, dem weithin sichtbaren Wahrzeichen von Enns, befindet sich das sehenswerte Museum Lauriacum, das eine der bedeutendsten römischen Schausammlungen Mitteleuropas beheimatet.

Der schnellste Weg, um per Bahn von Wien nach Enns zu gelangen, führt über den Linzer Hauptbahnhof. Nur 74 Minuten dauert die Fahrt in die oberösterreichische Landeshauptstadt auf der neuen Weststrecke. Auf den Monitoren des Railjet-Express 160 ist auch die aktuelle Fahrgeschwindigkeit abzulesen: Mit bis zu 231 Stundenkilometern fliegen wir durch die Landschaft. Die Namen kleiner Bahnstationen sind kaum zu entziffern, denn auch sie werden teilweise mit über 200 „Sachen" durchfahren. Nur in größeren Bahnhöfen drosselt der Schnellzug sein Tempo ein wenig, durch Amstetten zum Beispiel fahren wir „nur" mit 160 km/h. Kurz nach St. Valentin wird auf der linken Seite in Fahrtrichtung am Horizont ein markanter Turm sichtbar. Ob das schon der Ennser Stadtturm ist? Ein paar Augenblicke später verfliegen meine Zweifel: Er ist es! Aus der Distanz ist der Blick auf Enns besonders schön. Obwohl die gesamte Altstadt in leicht erhöhter Position auf dem Stadtberg thront, überragen ein paar besonders markante Bauwerke die Hausdächer: Schloss Ennsegg zum Beispiel, mit seinem zinnenbekrönten weißen Turm oder die schlanke Kirchturmspitze der Stadtpfarrkirche St. Marien. Zentral im Mittelpunkt steht jedoch der 60 Meter hohe Stadtturm. Meine Vorfreude, dort hinaufzusteigen, wächst.

Doch zunächst heißt es für mich in Linz umsteigen in eine Schnellbahngarnitur der Linie S 1, die auf der alten Westbahnstrecke zurück Richtung St. Valentin führt. Ich habe beschlossen, nicht in Enns auszusteigen, sondern fahre noch eine Station weiter bis Ennsdorf, denn ein Blick auf den Stadtplan zeigte mir, dass beide Bahnhöfe zirka gleich weit von der Ennser Altstadt entfernt sind. Von Ennsdorf gehe ich mit der Morgensonne im Rücken auf die Stadt zu. Zunächst führt mein Weg auf der Westbahnstraße parallel zur Enns. Genau in Flussmitte verläuft hier die Grenze zwischen Nieder- und Oberösterreich, bis

Im Mittelpunkt und weithin sichtbar: der 60 Meter hohe Stadtturm

Über die Ennsbrücke führt mein Weg hinauf in die Altstadt.

zur Ennsbrücke befinde ich mich also auf niederösterreichischem Boden.

Ich erreiche eine Kapelle, an deren Seite eine Plakette an 33 unbekannte Juden erinnert, die während der letzten Kriegstage im April 1945 vom Konzentrationslager Mauthausen unter unmenschlichen Bedingungen nach Gunskirchen marschieren mussten. Bereits im Gemeindegebiet von Ennsdorf kamen sie zu Tode. Vor allem für viele ungarische Juden war der Weg von Mauthausen ins KZ-Nebenlager Gunskirchen ein Todesmarsch. Die kleine Kapelle am Straßenrand macht mir die geografische Nähe zu Mauthausen bewusst. Am nördlichen Donauufer, nahe der Enns-Einmündung oberhalb der Marktgemeinde Mauthausen, befand sich das größte Konzentrationslager der Nationalsozialisten auf österreichischem Boden.

Mit dem Erreichen der Brücke über die Enns gelange ich bereits an den nächsten geschichtsträchtigen Ort auf meiner bisher noch so kurzen Wanderung. Auf beiden Seiten der Brücke befinden sich Gehwege, über die ich bequem ans andere Ufer gelangen kann. Das klingt so selbstverständlich, doch nach dem Zweiten Weltkrieg verlief hier zehn Jahre lang die Demarkationslinie zwischen der sowjetischen und der US-amerikanischen Besatzungszone. Die unscheinbare Brücke wurde zu einer riskanten Barriere zwischen dem Ost- und dem Westteil unseres Landes, denn vor allem die russischen Kontrollen verliefen oft willkürlich und waren gefürchtet. Niemand, der hier die Brücke passieren wollte, konnte sicher sein, nicht verhaftet zu werden. Für manche Landsleute endete der vermeintlich kurze Weg über die Ennsbrücke in Sibirien, in einem sowjetischen Straflager.

Ich überquere die Enns, unkontrolliert und unbeschadet. Noch bevor ich die Ortstafel „Enns“ erreiche, sticht mir ein Gedenkstein aus Granit ins Auge. Die Inschrift „Lauricum Florianus 4. Mai 304“ erinnert an die Zeit der Christenverfolgung unter Kaiser Diokletian. Florian von Lorch war ein pensionierter Offizier der römischen Armee, der sich geweigert hatte, dem christlichen Glauben abzuschwören. Er wurde zum Tode verurteilt und sollte bei lebendigem Leibe verbrannt werden. Da er prophezeite, die Flammen würden ihn in den Himmel tragen, ließen die Soldaten von ihrem Plan ab und warfen ihn stattdessen mit einem Stein um den Hals von der Ennsbrücke in den Fluss. Der Heilige Florian ist heute nicht nur der Schutzpatron der Feuerwehrleute, er wird auch von Bierbrauern, Rauchfangkehrern, Bäckern und Schmieden verehrt und um Hilfe angerufen.

Nahe der Enns erinnert ein Gedenkstein an den Heiligen Florian.

Ich gehe den Wiener Berg hinauf Richtung Altstadt, vorbei an einer Koppel mit Eseln und Pferden, die ihre besten Jahre bereits hinter sich zu haben scheinen. Auf ihrer Scheune prangt das Firmenlogo einer Pferdefleischhauerei, das mir nicht unbekannt ist, denn auch in Wien gibt es von diesem Betrieb mehrere Filialen.

Die Altstadt von Enns liegt auf einem Bergplateau und ist obendrein auch noch von einer Stadtmauer umgeben, die ins 12. Jahrhundert zurückreicht. Für ihren Bau wurden Steine des römischen Legionslagers verwendet. Ich erreiche die ehemalige landesfürstliche Burg, die neueren Forschungen zufolge erst nach 1500 erbaut wurde. Diese neue Ennsburg prägt das Erscheinungsbild der Altstadt trotz mehrerer Umbauten bis heute. In der Wiener Straße blicke ich durch ein Haustor auf die wuchtigen Arkaden im Inneren der ehemaligen Burganlage, die längst in Wohn- und Geschäftshäuser verwandelt wurde.

Gleich daneben befindet sich das Hotel Lauriacum. Der Name ist allgegenwärtig in Enns. So hieß das römische Legionslager, das nach der noch viel älteren keltischen Siedlung Laurikon benannt wurde. In einer Auslage hat das Hotel Lauriacum Fotos seiner Zimmer ausgestellt. Im Doppelzimmer „Nairobi" dominieren Leopardenmuster das Interieur, im „Miami" sind es in Pastelltönen gehaltene Möbel im Art-Decó-Look – das Hotel setzt anscheinend lieber auf exotisches Flair statt auf Kelten und Römer.

Eine sehenswerte Hausfassade nach der anderen säumt die Wiener Straße, der ich nun zum Hauptplatz folge. Mein Blick ist nach vorne gerichtet, magisch angezogen vom Stadtturm, der mit jedem Schritt näher noch mächtiger erscheint. Das 60 Meter hohe Wahrzeichen der Stadt Enns wurde 1568 fertiggestellt, in einer wirtschaftlichen Blütezeit. Der Stadtturm ersetzte die baufällig gewordene Scheiblingkirche. Auf eine neue Kirche an diesem zentralen Ort konnten die protestantischen Bürger verzichten, auf einen neuen Turm allerdings nicht. Von seinen drei Funktionen hat sich im Laufe der Jahrhunderte nur eine leicht verändert: Weiterhin dient er als Uhrturm und als Glockenturm, nur als Wachturm hat er ausgedient. Stattdessen ist der Ennser Stadtturm zum Aussichtsturm mutiert. Eine Zwei-Euro-Münze verschafft Zutritt. 157 Stufen gilt es zu erklimmen, teilweise sind sie ziemlich hoch, vor allem die Steinstufen bis zur Glockenstube. Wer

Die Reste der ehemaligen landesfürstlichen Burg wurden in Wohn- und Geschäftshäuser verwandelt.

Das Museum Lauriacum beherbergt eine der bedeutendsten römischen Schausammlungen in Mitteleuropa.

es dennoch bis ganz nach oben schafft, vorbei an den Glocken, von denen alle 15 Minuten eine schlägt, und dem alten Uhrwerk, wird mit Aussichten in alle Himmelsrichtungen belohnt. Wer gerne fotografiert, ist hier oben möglicherweise dennoch ein wenig enttäuscht – durch das engmaschige Gitter passt höchstens die kleine Linse einer Handykamera.

Bis zum Jahr 2005 war der Stadtturm von Klara Höllmüller, der letzten Türmerin, bewohnt. Im Gegensatz zu ihren durchwegs männlichen Vorgängern musste sie zwar nicht mehr die Stadt bewachen, doch sie hatte die Aufgabe, das Uhrwerk zu betreuen und regelmäßig die Glocken zu läuten. 2012 wurde die ehemalige Türmerwohnung nach längerem Leerstand in ein originelles Hotelzimmer verwandelt, das vor allem bei Brautpaaren sehr begehrt sein soll. Es wird vom „Verein für Reurbanisierung und Stadtreparatur" vermarket, der unter dem Namen „Pixelhotels" noch weitere ungewöhnliche Übernachtungsmöglichkeit im Angebot hat.

Bevor ich die vielen Stufen des Stadtturms wieder hinuntersteige, blicke ich auf die schön geschlossenen Häuserfronten am Hauptplatz. Im Kern sind viele dieser Gebäude spätgotisch, doch ihre Fassaden wurden zumeist barockisiert. Nicht selten sind die neuen Hausvorderfronten deutlich höher als die Häuser. Sie wurden einfach vor die alten Fassaden gesetzt. Steht man davor, kann man gelegentlich durch die obersten Fenster den Himmel sehen.

Gleich neben dem Stadtturm befindet sich die Tourismus-Information. Hier besorge ich mir einen altmodischen, gedruckten Stadtplan und lasse mich über die Stadtrundgänge beraten. Die freundliche Dame hinter dem Schalter empfiehlt mir den Stadt-Erlebnisweg oder den Rundweg Via Lauriacum, der die Dimensionen des römischen Legionslagers eindrucksvoll vermittelt. Es diente zum Schutz des Donaulimes, der Nordgrenze des Römischen Reiches, und entwickelte sich zum wichtigsten Militärstützpunkt zwischen Regensburg und Wien. Erst 2021 wurde der westliche Teil der ehemaligen Nordgrenze des römischen Reiches in den erlauchten Kreis der Weltkulturerbe-Stätten aufgenommen. Den Vorschlag für die Aufnahme in die UNESCO-Liste haben Deutschland, Österreich und die Slowakei gemeinsam ausgearbeitet. Im Museum Lauriacum soll demnächst ein Limes-Informationszentrum eingerichtet werden. Der Donaulimes lässt sich in der Altstadt von Enns im Bereich der heutigen Dr.-Karl-Renner-Straße, Stadlgasse und dem unteren Teil der Mauthausener Straße verorten.

Direkt vor dem Museum beginnt mein Spaziergang auf den Spuren der römischen Geschichte. Die zirka zweistündige Tour wird mich zu allen wichtigen Punkten der antiken Siedlung führen. Alle bedeutenden Funde, die mit diesen Stationen in Zusammenhang stehen, sind im Museum ausgestellt. Auf den abschließenden Rundgang durch dieses Haus, das eine der bedeutendsten römischen Schausammlungen in Mitteleuropa beheimatet, freue ich mich besonders.

Vorbei am Schloss Ennsegg, in dem heute die Musikschule, das Standesamt und ein italienisches Restaurant untergebracht sind, gelange ich über den frei zugänglichen Schlosspark zum Georgenberg, den nördlichsten Ausläufer des Ennser Stadtberges. Auf diesem Höhenrücken befand sich eine jungsteinzeitliche Siedlung, lange bevor die Römer auf diesem markanten Geländesporn ein Heiligtum errichteten. Der beschauliche Ort bietet Ausblicke, die weit über die Enns hinaus bis zum Ötscher reichen. Im Jahr 1186 wurde hier die Georgenberger Handfeste beschlossen. Diese Urkunde schuf die Grundlage für die Entwicklung zum heutigen Österreich. Genaueres dazu ist in den Geschichtsbüchern nachzulesen. Mein Weg führt weiter ans Nordeck des römischen Lagers. Auf dieser einzigen größeren, heute noch unverbauten Fläche des Legionslagers ist ein mittlerweile etwas abgeflachter Graben erhalten geblieben. Die Station 5 auf dem Römerrundweg, die Kalkbrennöfen, habe ich leider übersehen. Sie gelten aber als ein wichtiges Relikt, denn Unmengen von Kalk wurden alleine für die Errichtung der Lagermauer benötigt.

Vorbei am ehemaligen Zentralgebäude, der Principia des Legionslagers, in dem sich auch das Bad und das Spital befanden, führt mein Weg nun in den Ennser Stadtteil Lorch, zur Basilika St. Laurenz, dem viel-

Der Turmhügel am Georgenberg war unter anderem Standort der alten Ennsburg.

Mauerreste des Vorgängerbaus von St. Laurenz

leicht interessantesten Punkt auf der Via Lauriacum. Wo sich heute die gotische Basilika befindet, die um die Wende vom 13. zum 14. Jahrhundert aus einer romanischen Kirche hervorging, stand ursprünglich ein vornehmes römisches Haus. Gegen Ende des 4. Jahrhunderts wurde genau an dieser Stelle das erste Gotteshaus errichtet. Die Kirche zählte zu den bedeutendsten frühchristlichen Stätten in Österreich. Mauerreste dieses Gebäudes sind in der heutigen Kirche hinter dem Altar der Basilika frei zugänglich, und im Hauptaltar ist ein uralter Steintrog zu erkennen. Darin befinden sich die Reliquien des Heiligen Florian und weiterer 40 Christinnen und Christen, die im Jahr 304 in Lauriacum den Märtyrertod sterben mussten.

Direkt neben der Basilika St. Laurenz befindet sich ein Beinhaus mit Außenbalkon, auf dem eine ungewöhnliche Ecce-Homo-Darstellung zu sehen ist: Neben dem dornengekrönten Christus steht Pontius Pilatus in türkischen Gewändern. Offensichtlich ließ sich der Künstler, der diese Terracotta-Darstellung kurz nach 1683 geschaffen hat, von der Zweiten Türkenbelagerung Wiens inspirieren.

Über die Lauriacumstraße erreiche ich die stark befahrene Dr.-Renner-Straße, die einstmals Teil des Donaulimes gewesen ist. Mein Weg führt nun wieder hinauf auf den Stadtberg, in die Altstadt. Ich bewundere die schönen alten Häuser in der Linzer Straße, die mich schnurstracks zum Hauptplatz führt, ins Museum Lauriacum, das im ehemaligen Rathaus von Enns untergebracht ist. Für die Oberösterreichische

St. Laurenz steht auf den Grundmauern einer Kirche aus dem 4. Jahrhundert.

Landesausstellung 2018 wurde die Schausammlung „500 Jahre römische Zivilisation“ neu gestaltet. Ich bin überrascht von der Vielzahl der Exponate, die es hier zu sehen gibt, denn von außen wirkt das Haus gar nicht so riesig. Meine Zeit reicht heute nur für einen Schnelldurchgang, denn in der Nebensaison schließt das Museum bereits um 15 Uhr seine Pforten. All die sehenswerten Exponate, die Grabreliefs, Glasgefäße, Silberbecher oder die bemerkenswerten römischen Wandmalereien in aller Ruhe anzusehen, sind ein guter Grund für einen weiteren Besuch der Stadt.

Generell ist bei einem Enns-Besuch Zeit ein wesentlicher Faktor, denn schließlich gehört die Stadt der Cittàslow-Bewegung an, die vom Slowfood-Gedanken inspiriert ist. Mit dem Ziel, die Lebensqualität im städtischen Zusammenleben zu verbessern, werden maßgeschneiderte Konzepte erarbeitet. Eines der Schlagworte des Cittàslow-Programms lautet: „Weniger Lärm!“ Auch der Vertrieb regionaler Produkte wird gefördert, und mit Pop-Up-Shops wird erfolgreich gegen innerstädtischen Geschäftsleerstand angekämpft. „Individualität statt Massenware“ lautet hier das Motto.

Enns weist eine hohe Dichte an regionalen Lebensmittelläden auf.

Für mich ist es nun dennoch Zeit zum Zug! Der Weg zum Bahnhof führt zunächst durch die Bräuergasse. Im Freihaus steht das Tor weit offen, also trete ich ein und bewundere den fantastischen Innenhof. Kurz darauf komme ich am Bäckerturm vorbei, einem von fünf verbliebenen Wehrtürmen der Stadtmauer, und zwanzig Minuten später bin ich am Bahnhof. Hier habe ich die Möglichkeit, entweder auf den nächsten Regionalzug nach St. Valentin zu warten oder nach Linz zurückzufahren und dort in einen Schnellzug umzusteigen. Der Zug nach Linz kommt zuerst.

Persönlicher Tipp des Autors: Enns darf sich mit dem Attribut „Cittàslow“ schmücken, und das bedeutet, dass die Stadt neben ihren historischen Sehenswürdigkeiten auch zahlreiche kulinarische Leckerbissen bietet. Die Dichte an Gastronomiebetrieben und Hofläden ist für eine 12 000-Einwohner-Stadt ungewöhnlich hoch.

Mein Fahrplan am 21. 3. 2022: Wien Hbf. ab 07:30, Ennsdorf Bf. an 09:13 (über Linz Hbf.). **Retour:** Enns ab 16:31, Wien Hbf. an 18:05 (über Linz Hbf.)

CO_2 **Emissions-Ersparnis** gegenüber einer Fahrt im eigenen PKW: 73,60 kg

LINZ HAT SICH SO SCHÖN VERÄNDERT!

„Linz verändert" lautet der Slogan, mit dem sich die oberösterreichische Hauptstadt um Gäste bemüht. Wie kaum eine andere österreichische Stadt hat sich Linz in den letzten Jahren selbst einem tiefgreifenden Wandel unterzogen. Ihr graues Stahlstadt-Image ist endgültig passé. Spätestens seit dem Kulturhauptstadtjahr 2009 geben in Linz Kunst und Kultur den Ton an. Besonders sichtbar wird das an den hochkarätigen Kulturbauten entlang der Donau. Linz überrascht aber auch mit viel Grün, etwa auf dem Magdalenaberg, der zu einem gemütlichen Spaziergang auf der Trasse der historischen Pferdeeisenbahn einlädt. Auch der Pöstlingberg lässt sich mühelos ins Programm meines Tagesausflugs integrieren, denn er ist direkt vom Stadtzentrum per Bahn bequem zu erreichen.

Ich kenne die Stadt schon seit Kindheitstagen. Aus der Perspektive meiner Heimatstadt Amstetten war Linz die nächstgelegene größere Stadt. Meine früheste Erinnerung ist ein Ausflug auf den Pöstlingberg, nicht wegen der Wallfahrtskirche oder dem fantastischen Ausblick, sondern wegen der Fahrt mit der Grottenbahn, die für mich und meinen Bruder ein unvergessliches Erlebnis war. Auch der Urfahranermarkt ist mir noch gut im Gedächtnis. Dort verspeiste ich meine erste Riesenschaumrolle.

Am häufigsten fuhren wir zum Einkaufen nach Linz. Meine ersten Laufschuhe kaufte ich im Klima-Eck, einem alteingesessenen Schuhgeschäft, das es wohl längst nicht mehr gibt. Später, als mein politisches Bewusstsein erwachte, zog es mich gelegentlich in den Alternativladen, ein kleines, aber gut sortiertes Buchgeschäft bei der Donaulände. Auch frühe Krankenhausaufenthalte verbinde ich mit Linz, eine Blinddarmoperation zum Beispiel. Als mein bester Jugendfreund den Führerschein geschafft hatte, fuhren wir als erstes nach Linz, zu einem Konzert von Klaus Doldingers „Passport". Auch nach meiner Übersiedelung nach Wien bin ich regelmäßig in dieser Stadt gewesen. So gut wie alle meine Reisediashows in den 1990er-Jahren präsentierte ich auch in Linz, zumeist im Ursulinenhof. Mein letzter Aufenthalt fand im Jahr 2015 statt, aus einem traurigen Anlass. Wir nahmen Abschied von einer langjährigen Freundin, die kurz darauf im Krankenhaus der Elisabethinen verstarb.

Ich kenne Linz ganz gut, denke ich noch, als ich heute um halb acht Uhr morgens aus dem Zug steige. Aber wenige Minuten später stehe ich ziemlich verloren vor dem neuen Bahnhofsgebäude. Außer den beiden steinernen Löwen kann ich nichts erkennen, was mir noch vertraut gewesen wäre. Ähnlich wie die Gegend rund um den neuen Wiener Hauptbahnhof ist auch in Linz ein modernes Bahnhofsviertel mit mehreren Hochhäusern entstanden. Und ich dachte

Blick über die Donau Richtung Pöstlingberg. Links das Neue Rathaus, rechts das Ars Electronica Center

immer, dass nur in China die Städte ihr Erscheinungsbild so schnell ändern!

Ich gehe zurück in die Bahnhofshalle, fahre mit der Rolltreppe zur Straßenbahnhaltestelle hinunter und bin froh, dass ich nicht mit dem Auto anreisen musste. Vor allem in Stoßzeiten ist die Mühlkreis Autobahn A 7, die von der Westautobahn nach Linz hineinführt, häufig verstopft. Meine Ankunft am zentral gelegenen Linzer Hauptbahnhof mit seiner guten Anbindung an Straßenbahnen und Buslinien verläuft hingegen völlig stressfrei. Nur zehn Minuten später sitze ich bereits in einem Wagen der Straßenbahnlinie 1 und fahre Richtung Universität. Um einen Fahrschein brauche ich mich dank KlimaTicket nicht zu kümmern, denn es inkludiert auch die Benützung aller städtischen Verkehrsmittel. Bald erreiche ich die Landstraße, die geschäftige Lebensader der Stadt, die von allen vier Linzer Straßenbahnlinien durchfahren wird. Neugierig blicke ich kurz nach dem Volksgarten aus dem Straßenbahnfenster: Nein, das Klima-Eck gibt es, wie vermutet, nicht mehr, aber die imposante Ursulinenkirche steht nach wie vor auf ihrem Platz und schräg dahinter der Alte Dom. Kaum zehn Minuten später fahre ich über den weitläufigen Linzer Hauptplatz und anschließend auf der Nibelungenbrücke über die Donau hinüber in den Stadtteil Urfahr. Erst bei der Station St. Magdalena steige ich aus, kurz vor der Endstation Johannes-Kepler-Universität.

Über die Hofbauerstiege gehe ich auf den Magdalenaberg. Unter der gleichnamigen Kirche steht eine uralte Linde, und gleich daneben finde ich, was ich unbedingt sehen wollte: die Relikte der alten Pferdeeisenbahn, die hier am 1. August 1832 als zweite öffentliche Eisenbahnlinie auf dem europäischen Festland von Kaiser Franz I. höchstpersönlich eröffnet wurde. Bereits acht Jahre zuvor wurde übrigens im Wiener Prater eine kurze, ebenfalls von Pferden gezogene Schaubahn errichtet. Sie hatte vor allem den Zweck, Geldgeber für den Bau der Pferdeeisenbahn vom tschechischen Budweis nach Linz-Urfahr anzulocken, und nachdem das gelungen war, wurde sie demontiert. Bereits 1836 wurde die Pferdeeisenbahn von Budweis nach Linz bis nach Gmunden im Salzkammergut verlängert,

Die Dreifaltigkeitssäule markiert den Mittelpunkt des Linzer Hauptplatzes

Erinnerungstafel an die Pferdeeisenbahn am Magdalenaberg

was vor allem für den Salztransport nach Böhmen wichtig war. Neben dem Güterverkehr diente sie auch dem Personentransport. Die 128 Kilometer lange Fahrt von Linz nach Budweis dauerte damals 14 Stunden und war eine kostspielige Angelegenheit, die sich nur wenige Menschen leisten konnten. Bis 1872 war die Pferdeeisenbahn in Betrieb.

Nachdem ich die Informationstafeln gelesen habe, gehe ich ein Stück auf der gut erhaltenen Trasse der alten Bahnlinie. Auf ihr verläuft heute ein Stadtwanderweg, der zunächst auf der Pferdebahnpromenade durch eine vornehme Wohngegend führt. Viele der modernen Häuser bieten fantastische Fernblicke über die Stadt bis zu den Alpen – vom Toten Gebirge über das Sensengebirge bis zu den Ennstaler Alpen reicht die Palette der schroffen Berggipfel am Horizont. Ich muss zugeben, dass ich in Linz keine so beeindruckende Alpenkulisse erwartet hatte.

Wo sich die Trasse der Pferdeeisenbahn durch den idyllischen Mischwald des Magdalenaberges zu schlängeln beginnt, wurde ein Modell des Schienenstranges verlegt. An dieser Stelle kehre ich um, denn auf mich wartet noch eine ganze Reihe anderer Linzer Sehenswürdigkeiten.

Mit der Straßenbahn der Linie 2 fahre ich zurück zum Hauptplatz. Dort steige ich um in die neue Pöstlingbergbahn, die seit ihrer Modernisierung vor einigen Jahren direkt vom Zentrum abfährt. Die 1898 eröffnete Bahnstrecke sollte ursprünglich als Zahnradbahn betrieben werden, doch es kam anders, und somit ist die Pöstlingbergbahn heute eine der steilsten elektrischen Reibungsbahnen der Welt. Auch dieses Bahnvergnügen ist im KlimaTicket Österreich inbegriffen. Während der Fahrt durch die grüne Vorstadtidylle erhasche ich einen Blick auf das Gebäude der Anton Bruckner Privatuniversität aus dem Jahr 2015. Der Bau ist eines der Paradebeispiele für zeitgenössische Architektur in Linz. Seine weiße Fassade besticht durch eine lamellenartige, vertikale Gliederung. An diesem Standort, wo sich einst Schloss Hagen befand, in dem

Wo heute die Pöstlingbergbahn endet, stand früher ein Kastell.

Wolfgang Amadeus Mozart, Adalbert Stifter und Franz Schubert ein und aus gingen, finden alljährlich über 500 Musikveranstaltungen statt.

Selbstverständlich gibt es auch die Möglichkeit, zu Fuß auf den Pöstlingberg zu gehen. Der Stadtwanderweg verläuft großteils parallel zur Bahnstrecke. Die Endstation der Pöstlingbergbahn macht einen ungewöhnlichen Eindruck: Sie ist Teil eines ehemaligen Forts aus dem 19. Jahrhundert, in dem auch die berühmte Grottenbahn untergebracht ist. Sogar die Aussichtsplattform gehörte einst zu dieser Befestigungsanlage. Ich blicke hinunter zur Donau, die Richtung Osten eine Schlinge um die Stadt legt. Dieser topografischen Besonderheit verdankt Linz wohl seinen Namen, der vermutlich aus einem keltischen Wort für „Krümmung“ oder „Biegung“ hervorgeht. Auch das römische „Lentos“ leitet sich davon ab. Auf dem 539 Meter hohen Aussichtsberg steht im Mittelpunkt des baulichen Ensembles eine Kirche – die barocke Wallfahrtskirche „Zu den Sieben Schmerzen Mariä“ mit ihren beiden Türmen. Um sie herum scharen sich mehrere Ausflugslokale, zum Beispiel das „Pöstlingberg Schlössl“, in dem gehobene Gastronomie geboten wird, garniert mit schönen Ausblicken über die Stadt und weit hinein ins Linzer Becken.

Meine Rückfahrt mit der Pöstlingbergbahn, der Linie 50, endet nach rund 25 Minuten auf einem separaten Gleis direkt im Herzen der Stadt, am Linzer Hauptplatz. Er zählt zu den größten umbauten Plätzen Österreichs und wurde bereits vor 800 Jahren angelegt. Nachdem ich den Platz in seiner vollen Länge – immerhin sind das mehr als 200 Meter – abgeschritten bin und die Harmonie der barocken Häuserfronten ausgiebig betrachtet habe, fallen mir am Weg zurück die beiden Brückenkopfgebäude auf, die den Hauptplatz zur Donau hin abschließen. Sie verweisen auf ein finsteres Kapitel

Das „Pöstlingberg Schlössl“ verfügt über einen riesigen Wintergarten.

Am Ende des Hauptplatzes die Brückenkopfgebäude, heute Sitz der Kunstuniversität Linz. Rechts das Alte Rathaus

der Linzer Stadtgeschichte, denn sie stammen aus der NS-Zeit, in der Adolf Hitler, der seine Jugendjahre hier verbrachte, Linz zur „Führerstadt" ausbauen lassen wollte. Wie zum Trotz leuchten die denkmalgeschützten Brückenkopfgebäude seit ihrer Renovierung in strahlendem Weiß. Innen wurden sie mehrere Jahre lang umfassend renoviert, denn seit 2019 sind beide Häuser Sitz der Kunstuniversität Linz.

Das Alte Rathaus auf Höhe der Dreifaltigkeitssäule, die den Mittelpunkt des Hauptplatzes markiert, blickt auf eine lange Geschichte zurück. Im ersten Stock dieses altehrwürdigen Gebäudes aus dem frühen 16. Jahrhundert, direkt über den Räumlichkeiten der Linzer Tourismus-Information, befindet sich ein unscheinbares Balkönchen, das kaum der Rede wert wäre, hätte nicht Adolf Hitler von hier aus am 12. März 1938 den Anschluss Österreichs ans Deutsche Reich verkündet – drei Tage vor seiner berühmt-berüchtigten Rede am Wiener Heldenplatz, die zum Inbegriff der nationalsozialistischen Machtergreifung wurde.

Vom Hauptplatz gehe ich auf die Nibelungenbrücke, von der ich mir schöne Ausblicke erhoffe und auch nicht enttäuscht werde: Auf der rechten Brückenseite des Urfahraner Ufers der Donau sticht in unmittelbarer Nachbarschaft zur schlichten Pfarrkirche das Ars Electronica Center ins Auge. Dieses „Museum der Zukunft" blickt bereits auf eine mehr als 25-jährige Vergangenheit zurück. Dass Linz erst kürzlich in den erlauchten Kreis der UNESCO Cities of Media Arts aufgenommen wurde, liegt zu einem Gutteil am Ars Electronica Center, wo schon seit den 1990er-Jahren auf den spannenden Dialog zwischen Technologie, Kunst und Bürgerbeteiligung gesetzt wird.

Ich muss mich jetzt entscheiden zwischen einem Besuch des AEC oder des anderen großen Juwels in der Perlenkette der

Das Ars Electronica Center und die Josefskirche (Stadtpfarrkirche Urfahr)

Linzer Museen, dem Lentos. Meine Wahl fällt auf Letzteres, auf das futuristische Kunstmuseum am Donauufer, das von der Nibelungenbrücke aus in voller Länge zu bewundern ist. Und lang ist dieses Glasgebäude tatsächlich: 130 Meter – viel Platz für den Nachfolgebau der Neuen Galerie der Stadt Linz. Das Lentos zählt zu Österreichs besten Museen für zeitgenössische und moderne Kunst.

Direkt an der Donaulände liegt das Kunstmuseum Lentos.

Über die Linz-App auf meinem Mobiltelefon aktiviere ich die Linz-Card, die mir freien Eintritt in alle Museen der Stadt und vieles mehr ermöglicht. Zuerst besuche ich im Lentos die aktuelle Sonderausstellung, die dem Werk der 1944 im KZ Auschwitz verstorbenen Avantgardekünstlerin Friedl Dicker-Brandeis gewidmet ist. Danach widme ich mich der Dauerausstellung, in der viele Höhepunkte der hauseigenen Sammlung präsentiert werden. Neben den Werken von Berühmtheiten wie Andy Warhol oder Keith Haring ist hier ein guter Überblick über heimische künstlerische Positionen von Klimt und Schiele bis zur Gegenwart zu sehen. Selbstverständlich dürfen in dieser Schau Arbeiten der gebürtigen Linzerin VALIE EXPORT nicht fehlen. Besonders fasziniert mich aber die 15-teilige Schwarz-Weiß-Fotoserie mit dem Titel „Wiener Stadtspaziergang" des Aktionskünstlers Günter Brus aus dem Jahr 1965, die ich bislang nur aus den Medien kannte.

Nach dem Museumsbesuch nehme ich auf der Terrasse des Café-Restaurants Lentos Platz und genehmige mir ein spätes Mittagsessen – erstmals in diesem Jahr im Freien und mit wunderschönem Blick über die Donau in Richtung Urfahr.

Den restlichen Nachmittag verbringe ich mit einem Rundgang durch die kleine Linzer Altstadt, die sich hinter dem Hauptplatz zwischen Promenade und Hofgasse

Blick auf die Terrasse des neuen Südtrakts des Linzer Schlosses

versteckt. Schließlich lande ich oben beim Schloss. Die „Burg zu Linze" wurde bereits im Jahr 799 erstmals erwähnt. Später kam sie in den Besitz der Babenberger und schließlich der Habsburger. Heute beherbergt der mehrmals umgebaute Monumentalbau das oberösterreichische Universalmuseum und ein Restaurant. Von der öffentlich zugänglichen Terrasse des neuen Südtraktes, der sich harmonisch in die alten Gemäuer einfügt, blicke ich über die Dächer und Türme der Linzer Innenstadt.

Für meinen geplanten Spaziergang auf den Freinberg bin ich heute schon zu müde, deshalb verschiebe dieses Vorhaben auf meinen nächsten Linz-Trip. Vielleicht kann ich ja im September zu den Linzer Klangwolken im Donaupark kommen und mir dann tagsüber auch die Outdoor-Galerie aus Graffiti-Kunstwerken im Hafen anschauen. Wer hätte gedacht, dass sich Linz so schön verändert hat – ich komme gerne wieder!

Persönlicher Tipp des Autors: Im KlimaTicket ist auch die Fahrt mit der Pöstlingbergbahn inkludiert. Dieses beschauliche Bahnvergnügen beginnt am Hauptplatz und führt hinauf zu einem der beliebtesten Aussichtspunkte der Stadt. Wer mit Kindern unterwegs ist, kann am Pöstlingberg in die Grottenbahn umsteigen und mit einem Drachenzug durch ein märchenhaftes Zwergenland fahren.

Mein Fahrplan am 22. 3. 2022: Amstetten Bf. ab 07:01, Linz Hbf. an 07:29. **Retour:** Linz Hbf. ab 16:30, Wien Hbf. an 17:44

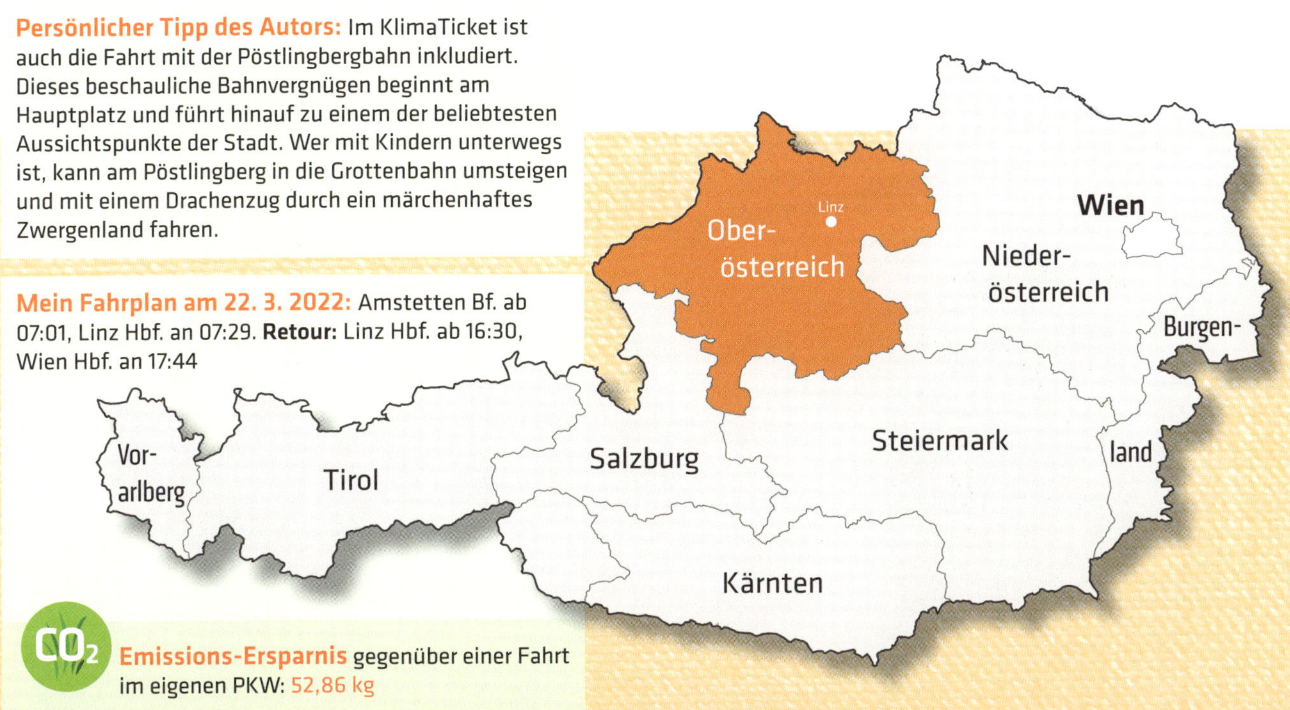

CO_2 **Emissions-Ersparnis** gegenüber einer Fahrt im eigenen PKW: 52,86 kg

EISENSTADT – KLEIN, ABER OHO!

Dass ausgerechnet die burgenländische Landeshauptstadt am Fuße eines Gebirges liegt, überrascht mich! Bei meiner Anreise über Wulkaprodersdorf stelle ich fest, dass sich Eisenstadt an die Ausläufer des Leithagebirges anlehnt, jenes Höhenrückens, der Niederösterreich vom Burgenland trennt. Auch Schloss Esterházy sehe ich bereits vom Zug, und etwas weiter nördlich steht eine Aussichtswarte. Ob ich von dort oben vielleicht sogar das „Meer der Wiener" – den Neusiedler See – sehen kann? Der Steppensee liegt nur wenige Kilometer entfernt von der „kleinsten Großstadt der Welt" – ein Slogan, der Eisenstadt wie auf den Leib geschneidert ist, denn für eine Kleinstadt mit knapp 15 000 Einwohnerinnen und Einwohnern hat Eisenstadt vor allem kulturell ungewöhnlich viel zu bieten. Auf meiner Besichtigungswunschliste stehen der Kalvarienberg, der jüdische Friedhof und das Wohnhaus von Joseph Haydn.

Dank meines KlimaTickets habe ich mich bereits so an die Vorzüge des Bahnfahrens gewöhnt, dass mir die sogenannte „Freiheit auf vier Rädern" im Traum wie ein Schreckensszenario erscheint: In der Nacht vor meinem Ausflug nach Eisenstadt träumte ich von einer Zugfahrt durch den Westen Österreichs. In Innsbruck wurden alle Fahrgäste aufgefordert, den Zug zu verlassen und die Reise in Mietautos fortzusetzen. Kurz darauf sah ich mich in einem PKW sitzen. Hektisch suchte ich in verstopften Straßen nach dem kürzesten Weg aus der Stadt, konnte ihn aber nicht finden, denn ich hatte weder ein Navi noch einen Straßenatlas …

Der elektrische Triebwagen des Regionalexpresszugs nach Deutschkreutz, der bei meiner Ankunft am Bahnsteig des Hauptbahnhofs Wien schon zur Abfahrt bereitsteht, sieht anders aus als erwartet: Im Gegensatz zu den in Rot und Weiß gehaltenen Farben der ÖBB-Zuggarnituren, ist der funkelnagelneue Ventus-Triebwagen in knalligem Grün und Gelb lackiert. Neben den Eingangstüren prangt das Logo der GySEV/Raaberbahn. Das Kürzel GySEV steht für Győr-Sopron-Ebenfurti-Vasút oder auf Deutsch: Raab-Oedenburg-Ebenfurther Eisenbahn, kurz ROeEE. Heute befindet sich dieses Eisenbahnunternehmen mit Sitz in Sopron mehrheitlich im Besitz des ungarischen Staates, aber auch die Republik Österreich und das Bauunternehmen Strabag halten Anteile.

Der Schaffner meines Zuges trägt eine Uniform der Raaberbahn. Mit leichtem ungarischem Akzent erzählt er mir, dass die Raaberbahn erst vor Kurzem einen Zehnjahresvertrag für den Fahrbetrieb auf der Pottendorfer Linie zwischen Wien und Ebenfurth abgeschlossen hat.

Kurz nach der Abfahrt passieren wir den neuen Terminal Wien Süd in Blumental, den „Hauptbahnhof des Güterverkehrs" in der

Die Spitalskirche in der Esterhazystraße gehört dem Konvent der Barmherzigen Brüder.

Der Bahnhof Eisenstadt liegt ein wenig außerhalb des Ortszentrums.

Ostregion. Auf Dutzenden Gleisen werden hier seit 2016 unzählige Container mit Portalkränen manövriert.

Die Fahrt durchs Wiener Becken ist landschaftlich durchaus attraktiv. Auf der rechten Seite blicke ich auf Wienerwaldberge. Kurz vor Ebreichsdorf zeigt sich bereits der Schneeberg. Oder ist es die Rax? Ohne anzuhalten, fahren wir durch Weigelsdorf und Wampersdorf. Links am Horizont zieht sich das Leithagebirge in die Länge. Wie ein Riegel schiebt sich der bewaldete Höhenrücken vor den Neusiedler See.

Schließlich erreicht der Zug Ebenfurth an der Leitha. An diesem Bahnknoten zweigen wir von der Pottendorfer Linie ab, die nach Wiener Neustadt führt. Von nun an fährt mein Zug auf dem Streckennetz der Raaberbahn weiter. Ebenfurth liegt heute an der Grenze zwischen Niederösterreich und dem Burgenland, bis vor gut 100 Jahren verlief hier allerdings noch die Staatsgrenze zu Ungarn. Zur Zeit ihrer Inbetriebnahme im Jahr 1879 lag die Raaberbahn fast zur Gänze auf ungarischem Territorium. Ebenfurth, die Endstation dieser Bahnlinie, war bis 1921 der erste Bahnhof auf österreichischer Seite. Seitdem das Burgenland zu Österreich gehört, führen die Schienen dieser Bahnlinie durch zwei verschiedene Länder.

Wir erreichen Neufeld, die erste Ortschaft im Burgenland. Vielen Wienern ist der Neufelder Badesee ein Begriff. Ich sehe ihn heute zum ersten Mal. Den nächsten Streckenabschnitt kenne ich vom Vorbeifahren mit dem Auto, denn parallel zur Bahnlinie verläuft bis Müllendorf die Autobahn A3. Die Ortschaft am Südhang des Leithagebirges liegt in einer landschaftlich sehr ansprechenden Gegend. Wie sich herausstellt, könnte ich bereits hier in Müllendorf den Zug verlassen und auf direktem Weg in ein, zwei Stunden nach Eisenstadt wandern. Per Bahn geht es natürlich schneller, doch die Fahrt ist mit einem beträchtlichen Umweg verbunden. Obwohl die burgenländische Landeshauptstadt schon zum Greifen nahe ist, führt die Raaberbahnstrecke an ihr vorbei in Richtung Süden. Im Bahnknoten Wulkaprodersdorf verlasse ich den REX 6 und steige um in den REX 64, der bereits am Nebenbahnsteig wartet. Nun bin ich auf der Pannoniabahn unterwegs, die erst im Jahr 2009 durchgehend elektrifiziert wurde. In einem Respektabstand zum Neusiedler See führt sie hinauf nach Parndorf, zur Ostbahn. Auf der Heimfahrt werde ich die Pannoniabahn in ihrer gesamten Länge kennenlernen. Fürs Erste endet meine Fahrt aber bereits nach knapp sieben Kilometern.

Der Bahnhof Eisenstadt liegt außerhalb des Stadtzentrums und lässt sich seine bewegte Geschichte kaum anmerken. In den letzten Monaten des Jahres 1956, nach der Niederschlagung des ungarischen Volksaufstandes, kamen mehr als 100 000 Flüchtlinge hier durch. Der Bahnhof Eisenstadt war damals Ausgangspunkt für direkte Bahntransporte nach England, Belgien und andere europäische Staaten.

In unmittelbarer Nähe zum Bahnhof warten kleine Citybusse auf Fahrgäste. Sie tragen keine Nummern, sondern Namen, was ich sehr sympathisch finde. Auch ihre Fahrpläne sind perfekt auf die Ankunftszeiten der Züge abgestimmt. Als ich beim Einsteigen mein KlimaTicket vorweise, informiert mich der Chauffeur der Linie „Vitus", mit der ich zum Schloss Esterházy fahren möchte, dass die Benützung aller öffentlichen Verkehrsmittel in Eisenstadt bis Ende April wegen der hohen Spritpreise gratis ist.

Aus dramaturgischer Sicht mag es vielleicht ein Fehler sein, die Stadtbesichtigung gleich mit dem wichtigsten Wahrzeichen der burgenländischen Landeshauptstadt zu beginnen, aber Schloss Esterházy liegt nun einmal direkt an einer wichtigen Verkehrsader. Ursprünglich stand an dieser Stelle eine Burg, die im 17. Jahrhundert in das Eigentum der Familie Esterházy gelangte. Sie wurde vom renommierten Barockbaumeister Carlo Martino Carlone in ein Schloss verwandelt, das über drei Jahrhunderte als Residenz eines der einflussreichsten Adelsgeschlechter Ungarns diente. Repräsentativer Mittelpunkt des prunkvollen Schlosses ist der Haydnsaal, einer der schönsten und akustisch besten Konzertsäle der Welt. Die Wirkstätte des berühmten Komponisten Joseph Haydn zählt zu den Glanzlichtern der Dauerausstellung im Schloss Esterházy, wo zahlreiche alte Möbel, kostbares Porzellan, Tafelsilber und andere über Jahrhunderte gesammelte Artefakte zu sehen sind.

Unweit des Schlosses steht das prächtige Rathaus. Gleichzeitig mit dem Erwerb der Herrschaft durch Ladislaus Esterházy im Jahr 1648 wurde Eisenstadt zur Freistadt erhoben. Aus dieser Zeit stammt auch das Rathaus. Ein auffälliges Freskenband ziert die Fassade dieses bürgerlichen Gegenstücks zum Schloss. Die allegorischen Darstellungen auf dem beachtenswerten Renaissancebau symbolisieren unter anderem Charaktereigenschaften wie Weisheit, Stärke und Gerechtigkeit.

Das Rathaus befindet sich in der Hauptstraße. Das klingt nach Durchzugsverkehr, doch längst wurden motorisierte Fahrzeuge aus ihr verbannt. Die Hauptstraße ist heute Fußgängerzone und die beliebteste Flaniermeile eines Städtchens, das sich selbst zur „kleinsten Großstadt der Welt" erklärt hat.

Bereits am Vormittag sind die zahlreichen Gastgärten auf dieser quirligen Straße gut besucht. In der Tourismus-Information besorge ich mir den Stadtplan und Unterlagen über die wichtigsten Sehenswürdigkeiten der Stadt, setze mich in ein Kaffeehaus und lege mir ein Besichtigungsprogramm zurecht. Die wichtigsten Attraktionen liegen nahe genug beisammen, um sie gemütlich zu Fuß entlang des Haydn-Pfades zu erkunden.

Mein erster Weg führt zurück zum Schloss und weiter zur Esterházystraße. Durch einen Torbogen gelange ich ins ehemalige jüdische Viertel. Zunächst gehe ich ins Landesmuseum Burgenland. Dieses Universalmuseum verwahrt Tausende Arte-

Die Fürstenresidenz der Esterházys befindet sich heute im Besitz einer Privatstiftung.

Ein Freskenband ziert die Fassade des Eisenstädter Rathauses.

fakte aus über 10 000 Jahren Menschheitsgeschichte eines Landstrichs, der erst vor Kurzem seine 100-jährige Zugehörigkeit zu Österreich feierte. Der Häuserblock, in dem das historische und kulturelle Gedächtnis des jüngsten österreichischen Bundeslandes seit dem Jahr 1939 untergebracht ist, gehörte zuvor jüdischen Eigentümern. Vier der fünf Häuser waren im Besitz des Weinhändlers Sándor Wolf, der auch als Kunstsammler und Mäzen tätig war und hier ein Privatmuseum gründete. Sein Schicksal steht stellvertretend für jenes der gesamten jüdischen Gemeinde Eisenstadts. Nach der Beschlagnahmung und Enteignung seines Besitzes floh er nach Palästina, wo er bereits 1946 starb. Ich besuche die aktuelle Sonderausstellung „Unsere Amerikaner – Burgenländische Auswanderergeschichten“. Die Entscheidung, aus wirtschaftlichen Gründen ihre Heimat zu verlassen, ist vielen Menschen sehr schwergefallen. Damals war das nicht anders als heute.

Vorbei am Österreichischen Jüdischen Museum in der Unterbergstraße gehe ich hinauf zum Kalvarienberg, der auf den ersten Blick wie eine Kirche mit einem auffällig geschwungenen Dach aussieht. Doch dieser Eindruck täuscht, denn die Bergkirche versteckt sich hinter dem Eisenstädter Kalvarienberg, diesem künstlich aus Steinen errichteten Berg mit seinen überdachten Treppen und Gängen. Sie führen an kleinen Kapellen und Grotten vorbei, in denen die Leidensgeschichte Christi dargestellt wird. Vom Vorplatz des Kalvarienberges steige ich zum Vorraum der Gnadenkapelle empor, um die vergoldete Kopie des Gnadenbildes Maria Einsiedeln zu betrachten. Bereits im 18. Jahrhundert war es Ziel zahlreicher Wallfahrten.

An die Rückseite des Kalvarienberges wurde später die Bergkirche angebaut, die auch Kalvarienbergkirche heißt. Ihre kantigen Formen bilden einen scharfen Kontrast zu den sanften Rundungen des Kalvarien-

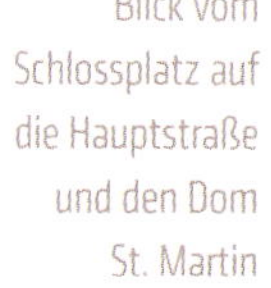

Blick vom Schlossplatz auf die Hauptstraße und den Dom St. Martin

Hinter dem Kalvarienberg versteckt sich die Bergkirche.

berges an der Ostseite der Kirche. Die Bergkirche hat noch einen dritten Namen: Haydnkirche. Denn schließlich werden hier die sterblichen Überreste des berühmten Komponisten Joseph Haydn aufbewahrt.

Haydn war fast 30 Jahre lang Kapellmeister bei den Esterházys. Seine Wirkungsstätte hatte er vor allem im nahegelegenen Schloss, aber auch im Winterpalais der Fürstenfamilie in Wien und auf deren Landsitz Schloss Esterháza bei Fertőd in Westungarn.

Eine Frage, die sich bei jedem Ausflug irgendwann stellt: Wo gehe ich heute mittagessen? Meistens frage ich bei Einheimischen nach, welches Lokal sie mir empfehlen können. Der Tipp, den ich diesmal bekomme, ist mit einer kleinen Wanderung verbunden. Sie führt mich hinauf zur Gloriette, die ursprünglich ein Marientempel gewesen ist und später als Jagdschloss diente. Heute wird die Gloriette als Restaurant geführt. Bevor ich im Gastgarten Platz nehme, gehe ich noch ein kurzes Stück durch ein Föhrenwäldchen weiter bis zur Parapluie-Wiese, auf der die Jubiläumswarte steht. Schon durchs Zugfenster sah ich den 2012 neu errichteten hölzernen Turm. Er ermöglicht mir Ausblicke in alle Himmelsrichtungen. Im Südosten ist tatsächlich der Neusiedler See zu erkennen, der immer seichter wird.

Nach einem köstlichen Mittagsmahl im höchstgelegenen Restaurant Eisenstadts – es liegt immerhin auf knapp 300 Metern Seehöhe – gehe ich die Gloriettealle hinunter bis zur Carl-Moreau-Straße. Beim Portier des Krankenhauses der Barmherzigen Brüder hole ich den Schlüssel, der mir Zugang zum älteren der beiden jüdischen Friedhöfe von Eisenstadt ermöglicht. Ich suche nach dem Grabstein von Hirz Kamen, der am 23. Tammus 5439 verstorben ist. In unserer Zeitrechnung ist das der 3. Juli 1679 gewesen, lese ich auf der Informationstafel, die diesen Grabstein als den Ältesten ausweist. Der bedeutendste, weil auch international bekannte, Grabstein hier ist jener von Rabbi Meir Eisenstadt, der am 27. Siwan 5504, also am 7. Juni 1744, verstorben ist. Jeder einzelne der insgesamt über 1000 Steine ist mit kleinen Standortnummern versehen und daher leicht zu identifizieren.

Als Nächstes führt mein Weg in den weitläufigen Park von Schloss Esterházy. Beim Leopoldinenteich finde ich eine freie Parkbank. Hier lasse ich mich nieder, genieße die wärmenden Strahlen der Sonne und betrachte den Leopoldinentempel, der zu Beginn des 19. Jahrhunderts in Form eines griechischen Rundtempels erbaut wurde. Er steht auf einer Anhöhe auf der gegenüberliegenden Seite des Teiches, in dem es vor Fischen nur so wimmelt. Nachdem ich mich ein wenig ausgeruht habe, setze ich den beschaulichen Parkspaziergang zum sogenannten Maschinenhaus fort. 1803 hatte Nikolaus II. Esterházy von einem Englandaufenthalt eine Dampfmaschine mitgebracht, für die nach Plänen des Hofarchitekten Charles de Moreau ein eigenes Maschinenhaus errichtet wurde. Die Maschine ist seit Langem verschollen, das Gebäude wird heute als Freibadkantine genutzt. Seit 2021 hat es einen neuen Pächter, den Szenegastronom Aaron Jandrisits, der abends hier auch eine Bar betreibt.

Ich verlasse den Schlosspark in der Nähe des Josef-Hyrtl-Platzes. Der Name erinnert an den gebürtigen Eisenstädter Anatom und Wohltäter Josef Hyrtl. Seine Statue steht vor einem bemerkenswerten Wohnbau aus der Zwischenkriegszeit, dem denkmalgeschützten Schweizerhof, der architektonisch an Bauten aus der Ära des Roten Wien erinnert. Vis-à-vis dieser Wohnhausanlage für Landesbeamte fällt mir ein auffälliger Ziegelbau aus dem 19. Jahrhundert mit der Aufschrift „Eichamt“ auf.

Ich gehe weiter zur Landesgalerie Burgenland, wo derzeit die Ausstellung „Grenzland im Fokus – 100 Jahre Burgenland“ gezeigt wird. Alte Schwarz-Weiß-Fotografien, die teilweise sehr exotisch anmuten, bieten Einblicke in die Kulturgeschichte des jüngsten österreichischen Bundeslandes, die stark von ihren pannonischen Einflüssen geprägt wird.

Von der Landesgalerie im Untergeschoss des Kultur- und Kongresszentrums Eisenstadt ist es nicht weit bis zum Autobusbahnhof am Domplatz. Langsam muss ich ans Heimfahren denken, doch ein Punkt steht noch auf meiner Besichtigungswunschliste: das Wohnhaus von Joseph Haydn. Es befindet sich in der nach ihm benannten Gasse, in der noch mehrere andere sehenswerte

Grabsteine am älteren der beiden jüdischen Friedhöfe

Das Haydn-Wohnhaus ist heute ein Museum. Rechts die Franziskanerkirche

Häuser mit Barockfassaden stehen. Leider fahren durch diese schmale Gasse viel zu viele Autos. Sie stören die Atmosphäre, die von den alten Gemäuern ausgeht, und machen es schwer, sich in die Zeit zurückzuversetzen, als der fürstliche Kapellmeister Joseph Haydn hier wandelte, auf seinem kurzen Weg zu seiner Dienststätte auf Schloss Esterházy. Er erwarb das Haus im Jahr 1766 und bewohnte es zwölf Jahre lang mit seiner Frau Maria Anna Theresia. Erst vor Kurzem wurden einzelne Bereiche der Dauerausstellung „haydn@home" durch Rauminstallationen und multimediale Elemente ergänzt, zur noch besseren Erfassung der Lebenswelt und des schöpferischen Kosmos von Joseph Haydn, an dem in Eisenstadt ohnehin kaum ein Weg vorbeiführt.

Mein Weg führt hingegen mit dem Citybus „Fanny" in wenigen Minuten direkt zum Bahnhof. Im Stundentakt verkehren von hier Züge direkt zum Wiener Hauptbahnhof. Den ersten Teil der Strecke bis Parndorf fahre ich auf der Pannoniabahnlinie, die in der Vergangenheit mehrmals in den Listen einstellungsgefährdeter Bahnen aufschien. Seit der Elektrifizierung dieser Strecke im Jahr 2009 scheint diese Gefahr endgültig gebannt zu sein.

Die Pannoniabahn war ursprünglich Teil der westungarischen Bahnverbindung von Sopron nach Bratislava. Zwischen Leithagebirge und Neusiedler See geht es vorbei an den bekannten Weinbauorten Donnerskirchen, Purbach, Breitenbrunn und Jois. Mein Blick ist hin- und hergerissen zwischen dem Panorama der bewaldeten Hügel auf der linken Fensterseite und dem ausgedehnten Schilfgürtel rechts, der den Steppensee dahinter teilweise nur erahnen lässt. Da die Schienen in gehörigem Abstand zur Bundesstraße B 50 verlaufen, habe ich das Gefühl, mitten durch die pannonische Landschaft zu gleiten. Ich bin fasziniert von der Schönheit dieser Gegend. Vielleicht komme ich schon in ein paar Wochen wieder, wenn die Kirschen blühen!

Kaum neigt sich ein Ausflug seinem Ende zu, drängen sich bereits neue Ziele auf. Auch wenn ich weiß, dass sich nicht alles ausgehen wird in meinem Auszeitjahr mit dem KlimaTicket, ist es dennoch beruhigend zu wissen, noch nicht alles gesehen zu haben!

Persönlicher Tipp des Autors: Bei der Rückfahrt von Eisenstadt nach Wien mit der Pannoniabahn über Parndorf bietet sich ein Zwischenstopp für einen Heurigen-Besuch in einem der vielen Weinorte entlang der Strecke an. Die Züge verkehren im Stundentakt.

Mein Fahrplan am 21. 3. 2022: Wien Hbf. ab 09:23, Eisenstadt an 10:26 (über Wulkaprodersdorf).
Retour: Eisenstadt ab 17:27, Wien Hbf. an 18:43 (über Parndorf)

CO_2 **Emissions-Ersparnis** gegenüber einer Fahrt im eigenen PKW: 20,40 kg

Lendkai
Tizza Covi &
Rainer Frimmel
Kunst

GRAZ – VOM UHRTURM ZUM SCIENCE TOWER

Der Frühling beginnt in Graz deutlich früher als in vielen anderen Teilen Österreichs. Wenn in Wien noch Graupelschauer über die Stadt ziehen, sitzt man in Graz bereits in Gastgärten. Durch die engen Altstadtgassen weht ein Hauch von Süden, der sich auch in der Architektur widerspiegelt. In Graz verbindet sich mediterranes Flair mit dem für die Steiermark so typischen Grün. In keiner anderen Stadt finden sich so viele bemerkenswerte Bauwerke aus unterschiedlichen Stilepochen auf so engem Raum. Die Grazer Altstadt verfügt über den besterhaltenen Stadtkern Mitteleuropas, aber auch moderne Architektur gedeiht auf diesem Humus vorzüglich. Seit 2011 trägt die ehemalige europäische Kulturhauptstadt auch den Titel „City of Design", und zahlreiche Filmschaffende und Filmbegeisterte pilgern jedes Jahr im April zur Diagonale, dem Festival des österreichischen Films.

Graz ist kaum weiter von Wien entfernt wie Linz, und dennoch benötigt der Zug für die Fahrt in die steirische Metropole doppelt so lange: knapp über zweieinhalb Stunden. Das liegt vor allem daran, dass die Südstrecke über den Semmering führt. Für Bahnromantiker ist die gemächliche Fahrt über den Berg ein Hochgenuss, doch Menschen, die aus beruflichen Gründen regelmäßig auf dieser Strecke unterwegs sind, haben kaum noch Blicke für landschaftliche Reize, sie kämen stattdessen viel lieber schneller ans Ziel und können die Fertigstellung des Semmering-Basistunnels kaum erwarten.

Mir ist die Semmeringstrecke ans Herz gewachsen, seit ich im März dieses Jahres auf dem Bahnwanderweg unterwegs war. Durchs Zugfenster sehe ich das Ghega-Museum bei Breitenstein und die Holzstiege daneben, die mir bei meiner Spätwinterwanderung beinahe zum Verhängnis wurde.

In Mürzzuschlag sind derzeit umfangreiche Bauarbeiten im Bereich des Bahnhofsgebäudes im Gange. In Zusammenhang mit der Errichtung des Semmering-Basistunnels wird der Bahnhof bis 2024 komplett erneuert. Von Mürzzuschlag bis Graz dauert die Fahrt noch eine gute Stunde. Ich lese in meinem Reiseführer oder blicke aus dem Fenster und lasse meinen Gedanken freien Lauf. Dabei kommt mir in den Sinn, dass ich beinahe Grazer geworden wäre. Schon seit Ewigkeiten habe ich nicht mehr an diese Zeit gedacht! Im Jahr 1980 waren wir eine eingeschworene Clique fünf junger Männer. Mit einer Ausnahme gingen wir alle in dieselbe Klasse eines Maturajahrgangs der Handelsakademie Amstetten. Nach der Schule wollten wir in eine Universitätsstadt übersiedeln und dort eine Wohngemeinschaft gründen. Graz stand ganz oben auf unserer Liste der in-

Das Kulturhauptstadtjahr 2003 hat Graz nachhaltig verändert.

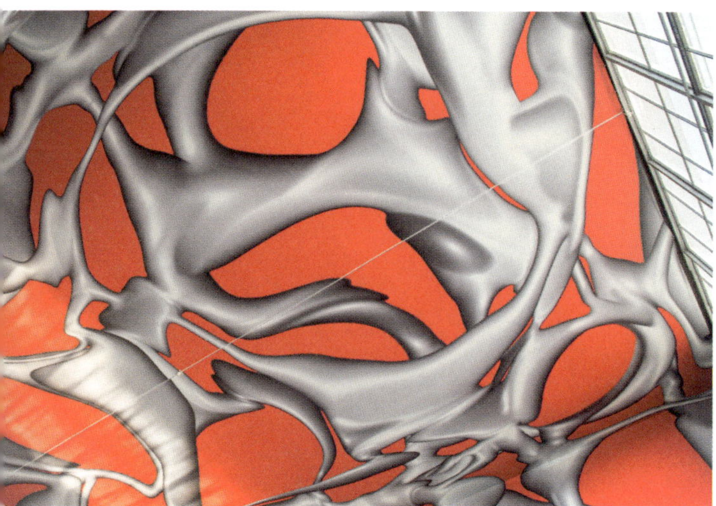

Die Decke in der Bahnhofshalle am Hauptbahnhof wurde von Peter Kogler gestaltet.

frage kommenden Städte, vermutlich weil diese Stadt geografisch sehr weit von der kleinbürgerlichen Atmosphäre in unserem Heimatort entfernt war. Wir waren auf der Suche nach einem idyllischen Bauernhof, auf dem wir unsere Selbstversorgerfantasien ausleben wollten. Möglichst nahe der Grazer Altstadt sollte er sein und selbstverständlich gut mit öffentlichen Verkehrsmitteln erreichbar, am besten im 15-Minuten-Takt bis spät in die Nacht. So herrlich naiv sind wir damals gewesen!

Selbstverständlich scheiterte unser Plan kläglich. Drei von uns gingen schließlich nach Wien und zwei nach Graz. Heute leben alle fünf aus meiner Amstettner Schülerclique in Wien.

Der Zug fährt bereits in den Grazer Bahnhof ein, und ich kehre in die Gegenwart zurück. Ich betrete die Bahnhofshalle, den wichtigsten Empfangsraum der Stadt für alle öffentlich Anreisenden. Als Graz im Jahr 2003 europäische Kulturhauptstadt war, wurde die Bedeutung der Halle durch ein Kunstwerk von Peter Kogler gewürdigt, das auch nach 20 Jahren nichts von seiner Strahlkraft verloren hat: Bis heute überzieht ein mit Inkjet gestaltetes Kunststoffgewebe Decke und Wandteile der Eingangshalle mit computergenerierten Formen, die wie virtuelle Flüssigkeiten über meinem Kopf zu schweben scheinen.

Nach einem kurzen Moment des Innehaltens und Betrachtens gehe ich über den weiten Bahnhofsvorplatz und nehme die nächste Straßenbahn zum Hauptplatz. Über die Annenstraße geht es zum Südtiroler Platz, der sich in fast allen Landeshauptstädten Österreichs in Bahnhofnähe befindet: in Innsbruck ebenso wie in Klagenfurt, Linz, Salzburg und auch in Wien – nur in Bregenz und Graz ist das anders.

Auf der Erzherzog-Johann-Brücke überquere ich die Mur und erhasche dabei auch einen ersten flüchtigen Blick auf das Wahrzeichen der Stadt, den Uhrturm, der hoch oben auf dem Schlossberg thront. Eine andere Grazer Berühmtheit aus jüngeren Tagen hätte ich im Vorbeifahren in der überfüllten Straßenbahn beinahe übersehen: das Kunsthaus Graz, das in der Stationsdurchsage auch auf Englisch als „Museum of Modern Art“ angekündigt wird, wobei speziell im Wort „modern“ der steirische Dialekt durchklingt, und aus dem „o“ ein „au“ macht.

Am Hauptplatz steige ich aus und gerate nach dem Gedränge in der Straßenbahn gleich ins nächste, denn der Hauptplatz mit seinen bemerkenswert schönen Häusern ist neben dem Jakominiplatz der wichtigste Knotenpunkt des öffentlichen Verkehrs. Ein Ankerpunkt inmitten dieses ständigen Kommens und Gehens ist der Erzherzog-Johann-Brunnen. Abgesehen vom überlebensgroßen Standbild des „steirischen Prinzen“, der ein großer Förderer des Herzogtums Steiermark war, sind auf dieser monumentalen Brunnenanlage an den vier Ecken allegorische Darstellungen der Flüsse Mur, Drau, Enns und Sann zu

Hinter der Erzherzog-Johann-Brücke steht der „Friendly Alien“ – das Kunsthaus Graz.

Bei den Luegg-Häusern am Hauptplatz kann man ums Eck in die Sporrgasse „lugen".

sehen. Letztere benennt einen Nebenfluss der Save im heutigen Slowenien, der historischen Region Untersteiermark. Die Stiegen am Brunnensockel sind begehrte Rastplätze für Flaneure und werden von Einheimischen auch gerne als Treffpunkt benutzt. Mein Blick ist hin- und hergerissen zwischen den vielen prächtigen Häusern, die den Hauptplatz säumen. Besonders dominant wirkt das Rathaus, allein schon aufgrund seiner Größe: Es beansprucht die gesamte Ostseite des Platzes. Die Fassade des klassizistischen Bauwerks wurde gegen Ende des 19. Jahrhunderts im späthistoristischen Stil umgestaltet.

Schräg gegenüber vom Rathaus stechen zwei barocke Bauwerke mit auffälligen Stuckelementen auf der Fassade hervor. Sie heißen Luegg-Häuser und stehen an der Ecke zur Sporgasse, die sich an die Ausläufer des Schlossbergs schmiegt. Bevor ich meinen Stadtspaziergang beginne, möchte ich auf den Schlossberg, um die Grazer Altstadt zunächst von oben in Augenschein zu nehmen. Dafür gibt es mehrere Möglichkeiten, zum Beispiel den steilen „Kriegssteig" am Schlossbergplatz, der im Zick-Zack-Kurs über viele Stufen nach oben führt. Gleich daneben befindet sich allerdings auch ein Lift, den ich mit meinem KlimaTicket sogar gratis benutzen darf. Während der Auffahrt kann ich durch die gläserne Kabine im Liftschacht eine Rutsche sehen. Sie bietet die originelle Möglichkeit, den Schlossberg auf dem eigenen Hosenboden in Windeseile zu verlassen! Lediglich 40 Sekunden dauert dieses Abenteuer, bei dem es mit 25 km/h wieder nach unten geht.

Der Schlossberg ist nicht nur wegen seiner Aussicht interessant, sondern auch aufgrund seiner Geschichte. Auf diesem markanten Punkt stand einst die Kleine Burg. Von ihrem altslawischen bzw. slowenischen Namen „gradec" leitet sich das Wort „Graz" ab. Die Kleine Burg wurde im 16. Jahrhundert zur uneinnehmbaren Festung ausgebaut, die selbst den Türken und später

Hinauf zum Grazer Uhrturm am Schlossberg

Kaiser Napoleon standhielt. Dennoch erzwangen die Franzosen 1809 die Schleifung der Befestigungsanlage. Den Glockenturm auf dem Gipfelplateau des Schlossberges und den Uhrturm konnten Grazer Bürger allerdings freikaufen.

Aus nächster Nähe vernehme ich einen Glockenschlag im Uhrturm. Die Zeit abzulesen, fällt mir schwer, denn der Stundenzeiger ist größer als der Minutenzeiger. Ursprünglich war es üblich, auf Turmuhren nur die Stunden anzuzeigen. Der Minutenzeiger kam erst später hinzu und ist aus Kosten- sowie Platzgründen kleiner ausgefallen. Beim Nachlesen der Geschichte des Uhrturms konnte ich in Erfahrung bringen, dass die Stundenglocke, die ich um elf Uhr läuten hörte, aus dem Jahr 1382 stammt und immer noch zu jeder vollen Stunde schlägt.

Ich umrunde den Uhrturm auf der Bürgerbastei des Schlossberges, die in Kriegszeiten von Grazer Bürgern bewacht wurde. Erst seit 1930 ist dieser Abschnitt der Wehranlage öffentlich zugänglich, und heute ist das der blumenreichste Teil der Anlage. Der Blick von hier auf die historische Grazer Altstadt ist besonders eindrucksvoll. Sie wurde 1999 ins UNESCO-Weltkulturerbe aufgenommen, ist nahezu komplett erhalten und bietet mit ihrer einmaligen Ziegeldachlandschaft einen unvergesslichen Anblick. Nur der markante neue Dachaufbau des Traditionskaufhauses Kastner & Öhler in der Sackstraße stört die Harmonie ein wenig.

Hier oben, auf diesem grandiosen Aussichtspunkt, erschließt sich mir auch der Sinn jener Worte, die ich auf dem Weg zum Schlossbergplatz am Betonboden las: *Es nehmen, dicht bei Graz, die Berge überhand.* In der Tat bietet der Blick vom Schlossberg ein eindrucksvolles Panorama, das im Westen vordergründig aus einer Reihe bewaldeter Hügel besteht. Mein Blick schweift hinüber zur Fürstenstand-Warte am Plabutsch, einem der Grazer Hausberge, und weiter zur Burgruine Gösting am Steinkogel. Die beiden Erhebungen sind beliebte Ziele für stadtnahe Wanderungen. Ganz im Norden ist auch der 1445 Meter hohe Schöckl zu sehen, der von St. Radegund aus auch per Seilbahn erreichbar ist. Ihn erspähe ich allerdings erst von der Plattform beim Hackher-Löwen, am Nordrand des Schlossberg-Plateaus. Auf dem Weg dorthin komme ich am Starcke-Haus vorbei, bei der Kasemattenbühne und am Glockenturm. Wieder höre ich Glockengeläut aus unmittelbarer Nähe. Es ist zwölf Uhr mittags –

Blick auf die berühmten Grazer Altstadtdächer. Links die Stiegenkirche

die gute Stunde, die ich am Schlossberg zugebracht habe, verging wie im Fluge. Höchste Zeit, ins Stadtzentrum zurückzukehren. Wieder nehme ich den gläsernen Lift, in dessen beleuchteten Schacht sich die bereits erwähnte 170 Meter lange Rutsche schlängelt.

Vom Schlossbergplatz führt mein Weg nun durch die Sackstraße wieder zurück Richtung Hauptplatz. Die Sackstraße ist der älteste noch immer bestehende Straßenzug in Graz. Er wurde nach und nach verlängert. Im „ersten Sack" lebten vorwiegend Adelige. Im Großen Palais Attems der gleichnamigen italienischen Adelsfamilie haben heute zwei bedeutende Grazer Kulturinstitutionen ihren Sitz: die Styriarte, ein Sommerfestival für klassische und alte Musik, und der Steirische Herbst, ein spartenübergreifender Veranstaltungsreigen, bei dem internationale zeitgenössische Kunst im Mittelpunkt steht.

Auf der gegenüberliegenden Seite der Sackstraße stehen weitere Prunkbauten mit wunderschönen Innenhöfen. Sie beherbergen unter anderem das Museum für Geschichte und das Graz Museum. In Letzterem ist zurzeit eine Ausstellung über Jochen Rindt zu sehen. Der legendäre Formel-1-Rennfahrer, der bei seinen Großeltern in Graz aufwuchs und sehr beliebt war, starb 1970 beim Training zum Großen Preis von Monza. Im Museum für Geschichte läuft derzeit die Sonderausstellung „Film und Kino in der Steiermark", die unter anderem in Kooperation mit dem Grazer Filmfestival Diagonale entstand. Erst gestern wurde die diesjährige Diagonale in der Helmut-List-Halle eröffnet. Das Festival, das seit 1998 alljährlich in Graz stattfindet, bietet eine Jahresrückschau des österreichischen Filmschaffens, das von einem vielfältigen Rahmenprogramm begleitet wird.

Blick durch die Herrengasse: links das Landhaus, der älteste Renaissancebau der Stadt, dahinter das Rathaus

Die Zwillingswendeltreppe in der Grazer Burg: ein Meisterwerk spätmittelalterlicher Handwerkskunst

Nächste Station auf meinem Weg durch die Sackstraße ist das Kaufhaus Kastner & Öhler. Mit der Rolltreppe fahre ich Stockwerk um Stockwerk hinauf bis ins Dachgeschoss und besichtige so ganz nebenbei das traditionsreiche Stammhaus dieser österreichischen Kaufhauskette, das zuletzt im Jahr 2010 umgebaut wurde. Das Café Freiblick auf der Dachterrasse ist mir bereits am Schlossberg aufgefallen. Mit etwas Glück finde ich einen freien Tisch. Bis mein Essen serviert wird, genieße ich den schönen Blick auf den Uhrturm und auf die berühmten roten Ziegeldächer der Grazer Altstadt aus unmittelbarer Nähe.

Nach dem Mittagessen spaziere ich zur Herrengasse, um den frei zugänglichen Arkadenhof im Landhaus zu besichtigen. Von diesem dreigeschossigen Meisterwerk der Renaissance führt mein Weg direkt zur Grazer Burg, der ehemaligen Residenz der Habsburger vor ihrem Umzug nach Wien. Ein Detail, das ich mir näher ansehen möchte, ist die gotische Zwillingswendeltreppe. Auch dieses Meisterwerk spätmittelalterlicher Handwerkskunst ist frei zugänglich. Es befindet sich im ersten Burghof gegenüber der Stiege III, wo heute der steirische Landeshauptmann residiert. Die steinernen Stufen der Treppe sind ziemlich hoch und daher nicht ganz einfach zu erklimmen. Die beiden Handläufe leisten vor allem beim Abstieg gute Dienste. Die große Bedeutung dieser Doppelwendeltreppe beruht auf der hohen Qualität ihrer Ausführung. Sie entstand im Jahr 1499 unter dem späteren Kaiser Maximilian I., dem große Experimentierfreude nachgesagt wird.

Über den Freiheitsplatz gelange ich in die Hofgasse, wo mir vor allem das prunkvoll verzierte Holzportal mit der Aufschrift „Hofbäckerei Edegger-Tax seit 1569“ auffällt. Über der Eingangstür dieses ältesten heute noch bestehenden Bäckereibetriebs in Graz prangt ein vergoldeter Doppeladler. Der bis heute bestehende Familienbetrieb bekam einst den Titel eines „k. u. k. Hofbäckers“ verliehen.

Die Hofgasse mündet auf Höhe der Stiegenkirche in die Sporgasse ein. Im Mittelalter übten in dieser relativ kurzen Gasse, die vor langer Zeit Teil der römischen Fernhandelsroute Strata hungarica gewesen sein soll, Waffenschmiede und Sporenmacher ihr Handwerk aus, heute sind hier allerlei traditionsreiche Geschäfte angesiedelt. Bei Hausnummer 22 werfe ich einen Blick in den sehenswerten Arkadenhof des ehemaligen Ordenshauses des Deutschen Ritterorderns, der mit rundgeschliffenen Steinen aus der Mur, den sogenannten Murnockerln, gepflastert ist.

Der Nachmittag schreitet voran. Die sonnigen Plätze in den zahlreichen Schanigärten sind alle belegt. Die frühlingshafte Atmosphäre zaubert Heiterkeit in die Gesichter der Lokalbesucher. Im Kontrast dazu ist die hohe Zahl der Bettler nicht zu übersehen, die an allen Altstadtecken auf Almosen hoffen.

Ich gehe auf der Erzherzog-Johann-Brücke über die Mur. Die Geländer sind auf beiden Seiten über und über mit sogenannten Liebesschlössern behangen – Vorhängeschlösser mit Gravuren der Namen von Verliebten, die ewige Verbundenheit symbolisieren sollen. Mein Blick ist allerdings vor allem auf das markante Gebäude vor mir gerichtet: das Kunsthaus Graz. Wie ein Außerirdischer steht die bläulich schimmernde „Blase“ des „Friendly Alien“ am Murufer und erinnert daran, dass das Kulturhauptstadtjahr 2003 keine Blase gewesen ist, die nach dem großen Rummel platzte. Dieses Großereignis hat das kulturelle Leben in Graz nachhaltig verändert, und die aufsehenerregende Architektur des Kunsthauses steht symbolhaft für den Beginn der neuen Ära.

An der Straßenbahnstation Südtiroler Platz hält just in dem Moment, in dem ich meinen Blick vom neuen Grazer Wahrzeichen abwende, eine Straßenbahn der Linie 6. Sie fährt in die Smart City, einen der neuen Stadtteile. Der Ballungsraum der steirischen Hauptstadt verzeichnete in den vergangenen zehn Jahren österreichweit den größten Zuwachs, noch vor Wien und Linz. Spontan steige ich in die 6er-Straßenbahn, und als ich sechs oder sieben Stationen später wieder aussteige, bin ich überrascht. Nicht vom Anblick des neuen Science-Towers, den ich schon von Bildern her kenne, und auch nicht von der Helmut-List-Halle gleich daneben. Das für mich völlig neue Graz-Feeling geht von einem Wohn- und Geschäftshaus im Süden der Smart City in der Waagner-Biro-Straße aus. In seiner äußeren Form erinnert der im Jahr 2020 fertiggestellte Baukomplex an ein Industriegebäude – ein subtiler Verweis auf die Geschichte des Ortes, denn schließlich befinde ich mich hier auf den ehemaligen Gründen des Stahlbauunternehmens Waagner-Biro. Besonders auffällig sind die beiden Wände aus schachbrettmusterartig gestapelten Schiffscontainern. Sie werden von den Bewohnerinnen und Bewohnern als Abstellboxen verwendet.

Im weitgehend energieautarken Science Tower sind Umwelttechnologie-Unternehmen angesiedelt.

Von der Waagner-Biro-Straße gibt es einen rückwärtigen Zugang zum Hauptbahnhof. Mein Zug steht schon zur Abfahrt bereit.

Persönlicher Tipp des Autors: Nahe dem Erich-Edegger-Steg befindet sich seit dem Kulturhauptstadtjahr 2003 die architektonisch ansprechende „Murinsel“ – eine schwimmende Muschel, die über zwei Stege mit beiden Ufern der Mur verbunden ist. Die Plattform beherbergt unter anderem ein Café.

Mein Fahrplan am 06. 4. 2022: Wien Hbf. ab 06:58, Graz Hbf. an 09:33. **Retour:** Graz Hbf. ab 18:26, Wien Hbf. an 21:02

Emissions-Ersparnis gegenüber einer Fahrt im eigenen PKW: 58,60 kg

SCHNELL NACH ST. PÖLTEN

Vom Wiener Hauptbahnhof dauert die Fahrt in die niederösterreichische Landeshauptstadt auf der neuen Weststrecke weniger als eine halbe Stunde, und vom Hauptbahnhof St. Pölten bis zum Rathausplatz im Herzen der barocken Altstadt sind es zu Fuß nur zehn Minuten. Ich schlendere durch Fußgängerzonen und entdecke lauschige Plätze. Nach dem Mittagessen spaziere ich ins moderne Landhausviertel. Es wurde zehn Jahre nach der Ernennung St. Pöltens zur Landeshauptstadt von Niederösterreich im Jahr 1986 eröffnet und liegt am Ufer der Traisen. Vom Klangturm, der zweiten, weithin sichtbaren Landmarke der Stadt, blicke ich weit übers Land und im Kulturbezirk besuche ich das Museum Niederösterreich, in dem das Haus der Geschichte und das Haus für Natur unter einem Dach vereint sind.

Mein Zug ist heute ungewöhnlich voll, die meisten Sitzplätze sind reserviert. Viele Reisende sind mit großen Koffern unterwegs, denn heute beginnen die Osterferien. Ich finde dennoch einen Sitzplatz, und bereits um 10 Uhr stehe ich auf dem St. Pöltner Bahnhofsplatz. Hinter mir der denkmalgeschützte Bahnhof, der nach mehrjähriger, umfassender Renovierung seit 2011 in neuem Glanz erstrahlt. Vor mir steht eine große graue Infotafel der Stadtverwaltung, die mich „herzlich willkommen" heißt. Sie ist Teil eines neuen Leitsystems für Besucher wie mich. Auf einer Übersichtskarte markiert ein roter Punkt meinen Standort, und mein erstes Ziel liegt direkt vor meiner Nase: die Kremser Gasse, eine freundliche Fußgängerzone, die mehrere architektonische Besonderheiten aufzuweisen hat. Schon in der Römerzeit verlief hier eine wichtige Verkehrsverbindung. Auf Höhe des heutigen Bahnhofs befand sich bis 1857 das Kremser Tor. Es musste dem Bahnbau weichen, der die Kremser Gasse zur wichtigsten Geschäftsstraße von St. Pölten machte.

Die Trasse der Kaiserin-Elisabeth-Westbahn von Wien nach Salzburg durch St. Pölten zu führen, war für die Prosperität der heutigen Landeshauptstadt enorm wichtig. Von diesem Zeitpunkt an verlief die wichtigste Reiseroute von der Residenzstadt Wien in Richtung Westen nicht mehr entlang der Donau, sondern durchs Alpenvorland. Der Eisenbahn verdankt St. Pölten auch den Aufstieg zur bedeutenden Industriestadt, der mit einem rasanten Anstieg der Bevölkerungszahlen einherging. Direkt an der Weststrecke zu liegen und obendrein auch noch zu einem wichtigen Bahnknotenpunkt zu avancieren, war für Städte wie St. Pölten oder das weiter westlich gelegene Amstetten von immenser Bedeutung. Erst in den 1970er-Jahren, zu Wirtschaftswunderzeiten, als der Individualverkehr zur „Heiligen Kuh" erkoren wurde, war die Bezeichnung „Eisenbahnerstadt" plötzlich kein Ehrentitel mehr, sondern schmeckte ein wenig nach

Die Hauptfassade der Franziskanerkirche dominiert den Rathausplatz. Links die Dreifaltigkeitssäule

Rückständigkeit. Doch dieser Irrtum wird gerade korrigiert, und wie zeitgemäß Bahnfahren heute sein kann, beweist die viergleisige Hochgeschwindigkeitsstrecke der Neuen Westbahn sehr eindrucksvoll.

Bereits nach wenigen Schritten fällt mir in der Kremser Gasse ein außergewöhnliches Gebäude auf. An der gelben Fassade im Obergeschoss des Wohnhauses ist eine Frau abgebildet, die eine Schale hält, aus der eine Äskulapnatter trinkt. Dieses auffällige Relief stammt vom Secessionisten Ernst Stöhr. Es ziert die Schaufront des Hauses seines Bruders Hermann, der ein wohlhabender Primararzt war. Das Gebäude wurde von Joseph Maria Olbrich, einem der berühmtesten Architekten der Wiener Secession, geplant und zählt heute zu den bedeutendsten Werken des österreichischen Jugendstils.

Ein paar Häuser weiter, in der Kremser Gasse 19, stehe ich vor dem Geburtshaus von Julius Raab, jenes Mannes, von dem der viel zitierte Ausspruch „Wüst du was götn, kommst aus St. Pötn" stammt. Julius Raab ist als „Staatsvertragskanzler" in die österreichische Nachkriegsgeschichte eingegangen.

Wo die Kremser Gasse in den Riemerplatz einmündet, an der Ecke zur Wiener Straße, erblicke ich das erste Barockjuwel auf meinem Altstadtbummel: die Löwenapotheke, die bereits seit 1545 besteht und somit das älteste Geschäft von St. Pölten ist. Ihre Fassade wurde in der ersten Hälfte des 18. Jahrhunderts von Josef Munggenast, einem Neffen von Jakob Prandtauer, umgestaltet. So wie diesem Bauwerk erging es vielen Häusern im alten St. Pölten: Die Schichten früherer Stilepochen wurden nahezu ausnahmslos barockisiert.

Der umgebaute St. Pöltner Hauptbahnhof erstrahlt seit 2011 in neuem Glanz..

Jugendstil-Ikone in der Kremser Gasse 41: das Stöhr-Haus von Joseph Maria Olbrich

1692 ließ sich der Tiroler Baumeister Jakob Prandtauer in St. Pölten nieder. In seinem Dunstkreis agierten nicht nur sein Neffe Munggenast, sondern auch andere bedeutende Baukünstler aus jener Epoche wie Paul Troger, Daniel Gran und viele weitere. Sie setzten den von Prandtauer eingeschlagenen Weg in ganz Niederösterreich erfolgreich fort. Obwohl im Zweiten Weltkrieg 40 Prozent der Bausubstanz von St. Pölten durch Bomben zerstört wurden, sind erstaunlich viele Häuser aus der Zeit des Hochbarock erhalten geblieben. Ein Paradebeispiel dafür ist der Riemerplatz, an dem sich mehrere historische Verkehrswege kreuzen. Heute berühren sich hier unter anderem die Kremser Gasse, die Wiener Straße und die Linzer Straße. Die beiden letztgenannten geben Rückschlüsse auf den Verlauf der ehemaligen Reichstraße. Kaum zu glauben, dass auf diesem idyllischen Platz bis ins Jahr 1930 der gesamte Überlandverkehr aus allen Himmelsrichtungen zusammentraf. Das erste Haus am Platz bestand ursprünglich aus vier Gebäuden. Die restaurierte Fassade stammt wiederum von Josef Munggenast, der vor allem durch die Barockisierung zahlreicher niederösterreichischer Klosterbauten große Bekanntheit erlangte.

Am idyllischen Riemerplatz kreuzten sich mehrere historische Verkehrswege.

Ich setze meinen Rundgang durch die Linzer Straße fort, in der sich auch das ehemalige Institut der Englischen Fräulein befindet, das 1706 für den Unterricht von adeligen Mädchen gegründet wurde. Für Architekturkenner zählt die prächtige Fassade mit den üppigen Plastiken zu den absoluten Höhepunkten des Barock in Niederösterreich.

Über die Prandtauerstraße erreiche ich das Herz der Stadt, den Rathausplatz. Er wurde Mitte der 1990er-Jahre neu gestaltet und wirkt aufgeräumt und offen, was auch daran liegt, dass er nicht von parkenden Autos verstellt wird. Der großflächige Platz gehört den Fußgängern und den vielen Schanigärten an seinen Rändern. Vom Gastronomiebereich des Programmkinos Cinema Paradiso über das Café Central oder das La Dolce Vita auf der anderen Seite des Platzes sind hier zahlreiche Lokale zu finden. Eines der Gebäude trägt noch das Firmenschild von Rudolf Leiner. Es erinnert an das ehemalige Stammhaus der Möbelkette. Doch hinter der Fassade steht bereits das Immobilien-Megaprojekt Rossmarkthöfe in den Startlöchern, das 2022 beginnen soll und auf 9000 Quadratmetern Fläche einen breiten Nutzungsmix vorsieht.

Mein Weg führt ins Rathaus, und zwar direkt ins Bürgermeisterzimmer. Obwohl es tatsächlich vom jeweiligen amtierenden St. Pöltner Bürgermeister als Büro genutzt wird, kann es besichtigt werden – vorausgesetzt, der Herr Bürgermeister befindet sich gerade außer Haus! Ich habe Glück und darf hinein. Auch dieser Raum erhielt eine barocke Ausgestaltung, vor allem die Decke gilt als Meisterwerk. Durch die

Das Mary Ward Gymnasium im ehemaligen Institut der „Englischen Fräulein“

Entspannte Atmosphäre im Schanigarten des Cinema Paradiso

Fenster des Bürgermeisterzimmers blicke ich über den Rathausplatz. Auf der gegenüberliegenden Seite stehen die Franziskanerkirche und in der Platzmitte die Dreifaltigkeitssäule.

Der Rathausplatz existiert in seiner heutigen Form seit dem 13. Jahrhundert, doch wie archäologische Funde beweisen, wurde er bereits zur Römerzeit genutzt. Gegen Ende des ersten Jahrhunderts unserer Zeitrechnung entstand rund um den heutigen Dom die Siedlung Cetium. Unter Kaiser Hadrian wurde sie erweitert und in Aelium Cetium umbenannt. Im Gegensatz zu den vielen ehemaligen Garnisonsstandorten entlang der nördlichen Grenze des Römischen Reiches war Aelium Cetium den Veteranen vorbehalten, also ein Alterssitz für römische Soldaten. Einer der bekanntesten von ihnen war ein pensionierter Kanzleivorstand namens Florian. Er starb als Märtyrer im Jahr 304 in Lauriacum, der heutigen Stadt Enns, weil er seinem christlichen Glauben nicht abschwören wollte.

Großzügig angelegte Gastgärten versprühen mediterranes Flair.

Apropos Enns: Als mich vor wenigen Wochen ein Ausflug in diese Stadt am gleichnamigen Fluss führte, wurde mir glaubhaft versichert, Enns sei die Stadt mit den ältesten verbrieften Stadtrechten Österreichs. Nun bin ich in St. Pölten, und auch hier behaupten die Einheimischen, ihre Stadt sei die älteste in Österreich, denn Bischof Konrad von Passau verlieh St. Pölten bereits 1159 ein Stadtrechtsprivileg. Allerdings umfasste dieses Privileg nicht alle Stadtrechte und wurde daher von der Geschichtswissenschaft lange Zeit nicht beachtet. Außerdem ist dieses Dokument nur in einer Abschrift in einem Passauer Urkundenbuch aus dem 13. Jahr-

Die Mariensäule am lauschigen Herrenplatz ist von Schanigärten umzingelt.

hundert erhalten. Also haben beide Städte recht: Enns besitzt die älteste im Original erhaltene Stadturkunde Österreichs. Sie stammt aus dem Jahr 1212, und deshalb scheint St. Pölten tatsächlich die älteste Stadt Österreichs zu sein!

Neben der Portiersloge im Rathaus St. Pölten stehen mehrere Steigen mit Äpfeln, die für Rathausangestellte zur freien Entnahme bestimmt sind. Die kleinen Appetithappen erinnern mich daran, dass es höchste Zeit ist, mir ein nettes Lokal zum Mittagessen zu suchen. Ich habe die Qual der Wahl und entscheide mich für einen Schanigarten am Herrenplatz. Rund um eine Mariensäule teilen sich vier verschiedene Lokale diesen verträumten Platz, der ebenfalls von großteils barockisierten Bürgerhäusern umgeben ist. Nur das Haus Herrenplatz 4 tanzt aus der Reihe: Es wurde 1913/14 von einem Schüler Otto Wagners im ausklingenden Jugendstil erbaut. Ich sitze im Café Schubert, das alles bietet, was ich mir unter klassischer Wiener Kaffeehauskultur vorstelle. Nach dem Mittagessen führt mich ein kurzer Abstecher zum Dom. Zwei Männer verschwinden durch eine Tür im Seitenschiff. In der Hoffnung, durch diese geheimnisvolle Pforte zum hohen Turm des Doms zu gelangen, folge ich ihnen. Allerdings lande ich im Kreuzgang, wo ich mittelalterliche Grabplatten betrachte und nach dem Rundgang wieder ins Freie zurückkehre.

Am Kardinal-König-Platz sitzt hoch oben auf einem Podest ein Passauer Wolf. Er ist das Wappentier von St. Pölten und verweist auf einen früheren Besitz des Bistums Passau. Ich spaziere die Wiener Straße entlang bis zur Brücke über die

An der Nordseite der Domkirche schließt der Kreuzgang des Bistumsgebäudes an.

Traisen. Parallel zum Fluss zieht sich das Landhausviertel hin. Die Geschichte des neuen niederösterreichischen Regierungssitzes begann mit plumpen Vergleichen wie diesem: „Ein Land ohne Hauptstadt ist wie ein Gulasch ohne Saft." So warb der damalige Landeshauptmann Siegfried Ludwig im Jahr 1984 für eine eigene Landeshauptstadt. Zwei Jahre später, nach einer erfolgreichen Volksbefragung, wurde St. Pölten im niederösterreichischen Landtag zur neuen Hauptstadt erklärt. Die Vorgeschichte ist schnell erzählt: Im Jahr 1922 wurde Wien zu einem eigenen Bundesland erhoben und von Niederösterreich getrennt. Der Sitz des niederösterreichischen Landtags und der Landesregierung verblieb jedoch bis Mitte der 1990er-Jahre weiterhin in der Wiener Innenstadt. Nach der einstimmigen Ernennung von St. Pölten zur neuen Landeshauptstadt ging es Schlag auf Schlag: Zwei Jahre nachdem Ernst Hoffmann als Sieger des internationalen Architekturwettbewerbes hervorgegangen war, erfolgte 1992 der symbolische erste Spatenstich durch Siegfried Ludwig im Beisein Tausender Zuseher. Wie viele Gulaschkanonen dabei im Einsatz waren, ist nicht überliefert. Bis zur feierlichen Eröffnung des neuen Landhausviertels am 15. November 1996, dem Landesfeiertag Leopoldi, wurden in der kurzen Bauzeit von nur vier Jahren Unmengen Erde bewegt, Tausende Tonnen Stahl und Beton, von den Kilometern Kabeln und Drähten gar nicht zu reden. Finanziert wurde das umgerechnet 630 Millionen Euro teure Großprojekt (damals hatten wir noch den Schilling als Währung) vor allem durch die Privatisierung des niederösterreichischen Energieversorgers EVN und durch Immobilienverkäufe in Wien. Im Mai 1997 tagte der niederösterreichische Landtag erstmals im neuen Landtagssitzungssaal, der aussieht wie ein spitz zusammenlaufendes Schiff, das am Traisenufer vor Anker liegt.

Der Klangturm im Regierungsviertel ist das Wahrzeichen des „neuen" St. Pölten.

Ich gehe die Neue Herrengasse entlang, eine der beiden Hauptstraßen im Regierungsviertel, an denen sich vorwiegend Verwaltungsgebäude aneinanderreihen. Optisch sehen sie alle gleich aus, zur besseren Unterscheidbarkeit wurden die einzelnen Häuser nach niederösterreichischen Bezirken benannt, zum Beispiel „Haus Zwettl".

Im Zentrum des neuen Viertels ragt ein gläserner Turm empor. Es ist der Klangturm, das Wahrzeichen des „neuen" St. Pölten. Mit knapp 77 Metern ist er nur unwesentlich niedriger wie die Spitze des St. Pöltner Doms, die zweite weithin sichtbare Landmarke der Stadt. Die Klanginstallationen, die auf verschiedenen Ebenen des Turms eingerichtet wurden, sind schon seit Längerem nicht mehr in Betrieb, dafür aber die frei zuglängliche Aussichtsplattform. Von oben bietet sich nicht nur ein wunderbarer Blick auf das Regierungsviertel und den angrenzenden Kulturbezirk, sondern weit hinein ins Land. Im Südwesten

Der Landtags-sitzungssaal sieht aus wie ein Schiff.

ist sogar der Ötscher zu erkennen, der besonders markant aus der Bergkulisse hervorsticht. Deutlich näher, nämlich direkt am anderen Ufer der Traisen, liegt die Rainer-Siedlung. Sie besteht aus Dutzenden kleinen weißen Wohnhäusern, die vom damals bereits über 90-jährigen Doyen der österreichischen Architekturszene Roland Rainer geplant wurden.

Zum Auftakt meines Besuches im Kulturbezirk, der aus Festspielhaus, Landesmuseum, Landesbibliothek und Landesarchiv besteht, sehe ich mir an der Südfront des Hauses 1a noch Hans Kuppelwiesers „Hohlkopfwand“ an. Sie besteht aus mehreren Reihen hohler Aluminiumköpfe, die alle gleich aussehen und deren Gesichter zur kahlen Wand zeigen, sodass sie das sprichwörtliche Brett vorm Kopf haben.

Mein Weg führt nun am Festspielhaus vorbei, das mit seiner eindrucksvollen gläsernen Fassade die meisten anderen Gebäude in den Schatten stellt, besonders nachts, wenn die Frontfassade wie ein von innen beleuchteter Eisberg das Regierungsviertel überstrahlt. Einen ganz eigenen Charakter hat auch das 2002 fertiggestellte Museum Niederösterreich mit seinem wellenförmigen Vordach. Für die Landesausstellung 1996 hatte Star-Architekt Hans Hollein bereits die Shedhalle geplant, die später mit dem Gebäude des Landesmuseums vereint wurde. Darin befinden sich heute das Haus der Geschichte und das Haus für Natur. In Aquarien und Terrarien leben verschiedene Tierarten, zahlreiche andere Vertreter der heimischen Tierwelt wie Bär, Luchs oder Wolf sind in präparierter Form zu sehen. Auf verschlungenen Wegen gehe ich durch die Etagen des Hauses, verliere gelegentlich ein wenig die Orientierung, ehe ich mich in der Sonderausstellung „Wildnis Stadt“ wiederfinde. Nicht zum ersten Mal im Rahmen meines Ausflugsreigens mit dem KlimaTicket verlasse ich auch dieses Ausstellungshaus mit dem Vorsatz, bald wiederzukommen, um mich ausführlicher mit dem reichen kulturellen Erbe unseres Landes zu beschäftigen.

Im Haus für Natur sind viele Vertreter der heimischen Tierwelt zu bewundern.

Ich begebe mich auf den Weg Richtung Bahnhof. Die Abfahrtszeiten der Züge zurück nach Wien habe ich weder im Kopf, noch mache ich mir die Mühe, am Handy nachzusehen, denn ich weiß, dass mehrmals pro Stunde Railjets oder Cityjets abfahren. Die langsameren Züge steuern den Wiener Westbahnhof an und verkehren auf der alten Westbahntrasse, die anderen fahren zum Hauptbahnhof, zum Flughafen Wien-Schwechat oder weiter zu Destinationen im östlichen Ausland.

Über den Siegfried-Ludwig-Platz gehe ich durch die Lederergasse bis zur Dr.-Karl-Renner-Promenade, wo auf meinem Weg zum Bahnhof noch ein weiteres architektonisches Highlight auf mich wartet: die ehemalige Synagoge, ein stattlicher Jugendstilbau aus dem Jahr 1913. Ihr Inneres wurde während des Novemberpogroms von Nationalsozialisten weitgehend zerstört und die jüdischen Mitbürger von St. Pölten in weiterer Folge vertrieben oder in Konzentrationslager deportiert. Auch 90 nicht-jüdische Bürger, die während der NS-Zeit Widerstand geleistet hatten, wurden damals hingerichtet – gemessen an der Einwohnerzahl mehr als irgendwo sonst in Österreich. Erst Anfang der 1980er-Jahre erfolgte eine umfassende Restaurierung der ehemaligen Synagoge, deren Schicksal jahrzehntelang unklar blieb. Heute wird das Haus, in dem sich seit 1988 das Institut für jüdische Geschichte Österreichs befindet, auch für Kulturveranstaltungen und Konzerte genutzt. Auf der Vorderfront der Fassade steht in hebräischer Schrift „Öffnet mir die Tore der Gerechtigkeit, ich will eintreten und Gott danken“.

In der Nähe des Bahnhofs kommt mir Hugo Portisch in den Sinn. Der bedeutende österreichische Journalist verstand es wie kein zweiter, komplizierte Zusammenhänge aus Wirtschaft und Politik auch für Laien verständlich darzustellen. Der Großvater von Hugo Portisch war in der Nähe von St. Pölten Bauer und Schmied. Für den jungen Portisch ist der St. Pöltner Bahnhof die Verbindung zur Welt gewesen. Als er nach dem Zweiten Weltkrieg wieder in die Stadt kam, gab es

Die ehemalige Synagoge – ein stattlicher Jugendstilbau aus dem Jahr 1913

diesen Bahnhof nicht mehr. Fliegerbomben hatten ihn zerstört. St. Pölten war auch sonst für den Zeitzeugen Hugo Portisch kaum wiederzuerkennen: „Fast die halbe Stadt lag in Trümmern, und was von den Bomben verschont geblieben war, schien dennoch grau und baufällig. Barocke Pracht war hier nur zu erahnen. Wie diese Stadt 50 Jahre später aussehen würde, war nicht einmal zu erahnen", schreibt Portisch im Vorwort eines großen Bildbandes über St. Pölten.

Persönlicher Tipp des Autors: Die gute Erreichbarkeit der Traisen-Metropole macht St. Pölten auch zu einem idealen Ausgangspunkt für Ausflüge in die Umgebung, zum Beispiel mit der „Himmelstreppe", den goldenen Garnituren der Mariazellerbahn. Das KlimaTicket ist auch auf Österreichs längster Schmalspurbahn gültig. Sie führt von St. Pölten durch das idyllische Pielachtal in den Wallfahrtsort Mariazell.

Mein Fahrplan am 11. 4. 2022: Wien Hbf. ab 09:30, St. Pölten Hbf. an 09:58. **Retour:** St. Pölten Hbf. ab 17:32, Wien Hbf. an 18:02

CO_2 **Emissions-Ersparnis** gegenüber einer Fahrt im eigenen PKW: 29,30 kg

SALZBURG OHNE NOCKERL

Wenn ich die Augen schließe und an Salzburg denke, erscheint zu allererst ein Bild der Altstadt mit ihren unglaublich vielen Kirchtürmen. Die barocke Repräsentationsarchitektur der Mozart- und Festspielstadt Salzburg verweist auf die überragende Machtstellung des Klerus und auf die günstige Lage am Schnittpunkt dreier historischer Wege. Der Handel mit Salz, dem „weißen Gold", begründete den Reichtum der Stadt. Mein Tagesausflug hat zwei Höhepunkte: Ich besteige den Kapuzinerberg, und ich fahre mit der Festungsbahn hinauf zur Hohensalzburg. Von dort spaziere ich auf dem Mönchsberg bis zum Museum der Moderne – durchwegs im Grünen und mit fabelhaften Ausblicken auf die Altstadt, die von der Salzach in zwei Teile geteilt wird – einer schöner wie der andere, wie ich beim Lokalaugenschein zwischen meinen beiden Hausberg-Touren feststelle.

Gestern Abend waren meine Frau und ich bei Pia und Mike eingeladen, einem befreundeten Pärchen. Nach einem herrlichen Abendessen verwöhnten sie uns zum Nachtisch mit Mozartkugeln aus der Salzburger Café-Konditorei Fürst. Sie waren die perfekte Einstimmung auf meinen heutigen Tagesausflug. Während wir uns die mit Marzipan gefüllten Schokoladekugeln auf der Zunge zergehen ließen, tauschten wir Bahnerlebnisse aus, denn die beiden sind KlimaTicket-Inhaber der ersten Stunde. Mike erzählte, dass die Voestalpine eine neue Methode im Schienenbau entwickelt und patentiert hat, die die Herstellung von 100 Meter langen Schienen ermöglicht. Diese sogenannten „Flüsterschienen" machen das Bahnfahren auf den österreichischen Hauptstrecken noch angenehmer, denn durch sie ist das charakteristische „Ta-Tak, Ta-Tak, Ta-Tak", das durch die Schienennähte verursacht wird, kaum noch zu hören.

Die Anfahrt zum Wiener Hauptbahnhof ist mir mittlerweile zur Routine geworden. Kurz nach 6 Uhr früh verlasse ich das Haus, und bereits 15 Minuten später fahre ich die Rolltreppe zu Bahnsteig 8 hoch, wo der Railjet Express 660 nach Bregenz bereits zur Abfahrt bereitsteht. Pünktlich und ganz sanft rollen wir auf Flüsterschienen mit den ersten Sonnenstrahlen aus dem Bahnhofsareal.

Mittlerweile hat im Osten Österreichs endgültig der Frühling Einzug gehalten. Der Regen der letzten Tage lässt die Landschaft in allen nur erdenklichen Grünschattierungen erscheinen. Nur die Alpengipfel am Horizont tragen immer noch ihr Schneeweiß. Bevor wir den St. Pöltner Hauptbahnhof erreichen, erblicke ich den Klangturm im Regierungsviertel am Ufer der Traisen, der angenehme Erinnerungen an meinen letzten Ausflug wachruft.

Ungewöhnlicher Blick auf den berühmten Salzburger Dom vom Kapuzinerberg

Kurz vor 9 Uhr verlasse ich am Salzburger Hauptbahnhof den Zug und blicke auf den gläsernen Turm des arte Hotels, in dem es eine Trainspotting-Lounge gibt. Dort könnte ich vor der Rückfahrt meinen Salzburg-Ausflug ausklingen lassen. In der Abenddämmerung bei einem kühlen Getränk mit Blick auf den Zugverkehr zu sitzen, stelle ich mir sehr romantisch vor.

Mein erster Weg führt mich zur Tourist-Info am Bahnhof, wo eine vorbestellte Salzburg Card für mich bereitliegt. Ich frage die freundliche Dame am Schalter, wie lange der Aufstieg auf den Kapuzinerberg dauert: „Sportler schaffen das in drei Minuten, alte Omas brauchen eine gute Viertelstunde “, lautet ihre sympathische Antwort. Sie empfiehlt mir, zum Mirabellgarten einen Bus am Terminal C zu nehmen. Bevor ich in einen der „Obusse“ einsteige – Salzburg verfügt über das fünftgrößte Oberleitungsbusnetz weltweit! – bleibt mir gerade noch Zeit für einen Blick auf das Hotel Europa. Auf jedem der schachbrettmusterartig angeordneten Fenster der acht oberen Stockwerke steht ein Buchstabe. Zusammen ergeben sie das Wort „Zusammengehörigkeitsgefühl“ – welch nette Botschaft gleich zum Auftakt meines Ausflugs! Auf Empfehlung eines anderen Fahrgastes steige ich bereits eine Station vor dem Mirabellplatz aus und begebe mich auf kürzestem Weg durch den Kurgarten zum Schloss Mirabell. Schon nach wenigen Schritten stehe ich vor einer der bekannten Postkartenansichten der Stadt: Ich blicke über den Mirabellgarten und die Turmspitzen des Salzburger Doms hinauf zur Festung Hohensalzburg.

Bevor ich den Mirabellgarten betrete, besuche ich auf der Wasserbastei den Zwergerlgarten. Knapp 20 skurrile Zwergenfiguren aus weißem Untersberger Marmor sind hier versammelt. Diese Meisterwerke eines unbekannten Künstlerkollektivs wurden 1811 versteigert und erst zu Beginn des 20. Jahrhunderts nach und nach wieder zurückgeholt. Vor mehr als 330 Jahren war der älteste Zwergengarten Europas Teil des Mirabellgarten-Konzepts von Johann Bernhard Fischer von Erlach. Heute bewachen zwei Pallone-Spieler den Zugang zur kreisförmig angelegten Zwergenversammlung. Sie heißen „Zwerg mit Stachelärmel“ und „Zwerg mit Ball“. Das längst in Vergessenheit geratene Pallone-Spiel kam aus Oberitalien nach Salzburg und wurde vor

Auf dem Marko-Feingold-Steg über die Salzach

Blick über die Salzach auf den Giselakai. Dahinter versteckt sich die Steingasse am Fuße des Kapuzinerberges.

allem von adeligen Jugendlichen praktiziert. Was diese barocke Zwergenschar von ihren zeitgenössischen Nachfahren, den Gartenzwergen, unterscheidet, sind ihre entstellten Körper. Sie erinnern an kleinwüchsige Menschen, die an Fürstenhöfen als besonders loyale Diener ihrer Herren angestellt wurden.

„Bedächtig stille Menschen gehen am Abend durch den alten Garten" – diese Zeile aus Georg Trakls Gedicht *Musik im Mirabell* steht auf einer Marmortafel unweit von Schloss Mirabell. In diesem ehemaligen Lustschloss, das nach dem großen Stadtbrand im Jahr 1818 in deutlich schlichterem Stil neu errichtet wurde, residiert heute die Stadtverwaltung. Ich flaniere durch den Mirabellgarten zum Landestheater und gehe weiter zum Marko-Feingold-Steg (früher: Markatsteg) über die Salzach. Genau wie auf der Grazer Murbrücke sind auch hier die Geländer über und über mit bunten Liebesschlössern behängt. Im Frühjahr 2019 hat die Stadtverwaltung eine Tonne (!) dieser Liebesbekundungen entfernt, um die Geländer vor Bruch zu schützen.

Vor dem berühmten Café Bazar sitzen Menschen gemütlich bei einem späten Frühstück im Schanigarten. Entlang des Elisabethkais komme ich zur Staatsbrücke, wo mir eine Kunstinstallation von Marina Abramović auffällt: Neben acht metallenen Stühlen, die für Besucher gedacht sind, ragt ein Sessel 15 Meter hoch in die Lüfte. Er soll die Vorstellungskraft der Menschen beflügeln, indem er symbolisch über die oft beklagte Enge in Salzburg hinausreicht. Das Kunstwerk ist Teil des Salzburger „Walk of Modern Art".

Mein Weg führt nun ein kurzes Stück die Linzer Gasse entlang bis zum Durchgang zum Kreuzweg auf den Kapuzinerberg. Zirka zehn Minuten benötige ich für den Aufstieg bis zur Kapuzinerkirche, und damit reihe ich mich auf der Skala der Dame vom Tourismusbüro genau zwischen „sportlich" und „alte Oma" ein.

Ich folge dem Basteiweg durch einen lichten Buchenwald. Schon nach wenigen Hundert Metern öffnet sich im frischen Grün der Buchenblätter ein Sichtfenster zur Festung Hohensalzburg – was für ein Anblick, zumal sich genau dahinter der Hohe Staufen, ein mächtiger Berggipfel, erhebt! Nach ein paar steileren Serpentinen mündet der Basteiweg in eine schmale Straße, die mich zum Stefan-Zweig-Weg führt. Der berühmte österreichische Schriftsteller bewohnte von 1919 bis 1934 ein Haus am Kapuzinerberg, das die Familie wegen antisemitischer Anfeindungen verlassen musste. Anschließend komme ich dorthin, wo ich eigentlich von Anfang an hinwollte: zur Hettwer-Bastei südlich des Kapuzinerklosters. Von hier blicke ich über die Dachterrasse des Hotel Stein am Giselakai über die Salzach auf die geschlossene Häuserfront am Rudolfskai und die dahinterliegende Altstadt. Aus dieser Perspektive sticht vor allem die Kollegienkirche heraus. Sie gehört zu den Hauptwerken des Barockbaumeisters Fischer von Erlach.

Über die Imbergstiege mit ihren weit über 200 Stufen steige ich hinab zur Steingasse. Diese historische Verkehrsverbindung Richtung Süden zählt auf der rechten Altstadtseite zu den ältesten Gassen. Ihre uralten Häuser und die Enge vermitteln einen authentischen Eindruck der Düsternis, die auch in der Salzburger Altstadt auf der linken Salzach-Seite vorherrschend war, bevor Fürsterzbischof Wolf Dietrich von Raitenau

Die enge Steingasse vermittelt authentisches Altstadt-Flair.

zahlreiche Bürgerhäuser niederreißen ließ, um Platz für den neuen Dom und die großzügigen Plätze um ihn herum zu schaffen.

In der Steingasse 31 lebte bis 1994 der Publizist und Zukunftsforscher Robert Jungk und lange vor ihm Joseph Mohr, der Textdichter des Weihnachtsliedes *Stille Nacht, heilige Nacht*. Viele der alten Häuser in der Steingasse, die sich direkt an den Kapuzinerberg anlehnt, atmen Geschichte.

Von einer der unzähligen Kirchenglocken in Salzburg ertönt das Mittagsgeläut. Höchste Zeit, mir ein angenehmes Gasthaus zu suchen. Ich möchte die „Humboldt Stubn" besuchen, weil dort vorwiegend Lebensmittel aus biologischem Anbau auf den Tisch kommen. Um dorthin zu gelangen, muss ich auf der Staatsbrücke die Salzach überqueren. Anschließend gehe ich durch die berühmte Getreidegasse, vorbei an Mozarts Geburtshaus, zahlreichen Souvenir-, Kunsthandwerk- und Modegeschäften mit auffälligen schmiedeeisernen Zunft- oder Hauszeichen. Das Speiselokal meiner Wahl befindet sich in unmittelbarer Nähe zum Mönchsbergaufzug. Ich nehme im Schanigarten Platz und bestelle eine Spargelsuppe und als Hauptspeise Paprika gefüllt mit Couscous. Nach dem Essen fragt die junge Kellnerin: „Passt bei Dir eh alles?" Offensichtlich sind in Salzburg nicht nur oben auf den Bergen alle per Du, sondern auch unten in der Stadt. Meine ehrliche Antwort lautet: „Danke, es war köstlich!"

Auf dem Weg zur Talstation der Festungsbahn gehe ich durch den mittelalterlichen Stadtkern mit seinen wohltuend weitläufigen Plätzen. Die ehemals verwinkelten, finsteren Altstadtgassen mussten unter Fürsterzbischof Wolf Dietrich bereits vor 400 Jahren weichen. Ich durchschreite den Alten Markt, der mit seinen Schanigärten und dem alten Marktbrunnen in seiner Mitte italienisches Lebensgefühl versprüht. Die Osteria Frederico Fellini ist gut besucht, und auch im traditionsreichen Café Tomaselli sind Plätze im Freien ebenso rar wie in der Café-Konditorei Fürst gleich gegenüber. Von hier kommen also die köstlichen Original Salzburger Mozartkugeln her, die ich bereits gestern Abend in Wien verkosten durfte!

Schanigarten einer Café-Konditorei am Alten Markt

Seit 15 Jahren zieht der „Mann auf der Kugel" am Kapitelplatz die Blicke auf sich.

Vom Alten Markt gehe ich weiter zum Residenzplatz, und wieder ist es ein Brunnen, der mir als Erstes ins Auge sticht: Kein Wunder, handelt es sich beim Residenzbrunnen doch nicht nur um den größten Brunnen Salzburgs, sondern um eines der bedeutendsten barocken Brunnendenkmäler Europas!

Im auffälligen Turm der Neuen Residenz ist das Salzburger Glockenspiel untergebracht, das mit seinen 35 Glocken seit dem Jahr 1704 mehrmals täglich verschiedene Musikstücke über die Salzburger Altstadt erklingen lässt. Hinter dem Dom vorbei führt mein Weg nun zum Kapitelplatz. Sein auffälligstes Detail ist eine überdimensionale „goldene Mozartkugel", auf der eine männliche Figur steht. Dieses Kunstwerk von Stephan Balkenhol ist ebenfalls Teil des Salzburger „Walk of Modern Art". Neben dem „Mann auf der Kugel" besteht das Gesamtkunstwerk mit dem Namen „Sphaera" aus dem Jahr 2007 auch aus einer weiblichen Figur, der „Frau im Fels", die im nahe gelegenen Toscanini-Hof in einer Felsnische postiert ist.

Auch bei der nächsten Sehenswürdigkeit auf meinem Weg spielen Felsnischen eine wichtige Rolle, denn sie bilden den archaischen Blickfang im stimmungsvollen Klosterbezirk von St. Peter. Bereits vor 1700 Jahren wurden hier von Einsiedlern, die vermutlich mit römischen Legionären aus Kleinasien ins Land kamen, Gebetshöhlen aus dem Mönchsbergfelsen geschlagen. Sie belegen eindrucksvoll, wie tief in Salzburg die katholischen Wurzeln zurückreichen. Als Jahrhunderte später der Heilige Rupert in Salzburg eintraf, gründete er genau hier im Jahr 696 das Stift St. Peter. Die heutige Benediktiner-Erzabtei gilt als das älteste bestehende Kloster im deutschen Sprachraum, und der Petersfriedhof, der die Klosterkirche umgibt, ist die älteste christliche Begräbnisstätte in Salzburg.

Vorbei an unzähligen schmiedeeisernen Kreuzen führt mein kleiner Rundgang durch St. Peter zum Ausgang nahe der Festungsbahn. In weniger als einer Minute Fahrzeit bringt mich die Standseilbahn hinauf zur Hohensalzburg. Auf einem 120 Meter hohen Gebirgsstock bewacht

Blick vom Mönchsberg über den Festspielbezirk zur Hohensalzburg

dieses Wahrzeichen die Stadt, die ihren frühen Reichtum den Salzvorkommen und ihrer verkehrsgünstigen Lage an drei historischen Handelsrouten verdankt. Die Zeit, als die Festung Hohensalzburg ein letzter Zufluchtsort in diesem geistlichen Fürstentum war, ist längst vorüber. Heute zieht sie Besucher aus aller Welt in ihren Bann, denn schließlich zählt sie zu den größten vollständig erhaltenen Burgen Europas.

Mich reizt an dieser Befestigungsanlage vor allem der Ausblick. Durch das ehemalige Verlies komme ich über den Reckturm auf eine Aussichtsplattform. Schroffe Gipfel wie der 1972 Meter hohe Untersberg reichen nahe an die Mozartstadt heran. Ich versuche mir vorzustellen, wie mühselig das Leben der Säumer gewesen sein muss, die mit Fässern voll Salz auf ihren Lasttieren tagelang auf gefährlichen engen Pfaden Richtung Italien unterwegs gewesen sind. Im Gegensatz zu den mächtigen Erzbischöfen, die diese Wege kontrollierten, ist über das Schicksal der Säumer wenig bekannt.

Auf dem Oskar-Kokoschka-Weg verlasse ich die mittelalterliche Befestigungsanlage, die niemals eingenommen werden konnte, und wende mich dem Mönchsberg zu, der sich vom Festungsberg entlang der Salzach bis nach Mülln zieht.

Nach so vielen Basteien, Burghöfen und Schlossgräben steht mir der Sinn nach einem Spaziergang im Grünen. Auf dem Weg zur Richterhöhe, dem höchsten Punkt des Mönchsberges, stehe ich plötzlich vor einem buddhistischen Erleuchtungs-Stupa. Ich umrunde dieses Friedensmonument und gehe weiter zur Richterhöhe, wo wieder wuchtige Wehrbauten die Landschaft dominieren. Der Josefsturm ist ebenfalls Teil der historischen Befestigungsanlage. Später komme ich am ehemaligen Falkenturm vorbei, der im 20. Jahrhundert ein beliebter Künstlertreff war. Von 1979 bis 1987 lebte der spätere Literaturnobelpreisträger Peter Handke in dem heute als Kupelwieserschlössl bekannten Gebäude.

Unterhalb der Karolinenhöhe blicke ich auf den Stadtteil Riedenburg hinunter. Im Schatten des Rainberges schmiegt sich eine moderne Wohnhausanlage an die Felsen. Der Rainberg war ursprünglich von einem Moor umgeben und weist die ältesten Spuren menschlicher Besiedelung auf dem Gebiet der heutigen Landeshauptstadt Salzburg auf. Vom 5. Jahrtausend vor Christus bis zur Römerzeit belegen Funde eine durchgehende menschliche Nutzung.

Keine fünf Gehminuten später blicke ich bereits wieder auf die andere, bekanntere

Seite der Stadt hinunter. Hinter dem spitzen Turm der Franziskanerkirche erkenne ich die Westfassade des Salzburger Doms, den Schauplatz der berühmten *Jedermann*-Aufführungen während der Salzburger Festspiele.

Bald erreiche ich das Mönchsberghaus „Stadtalm" der Naturfreunde, ein Ausflugslokal mit großzügigem Gastgarten hoch über den Dächern der Altstadt. Hier kehre ich ein und lösche meinen Durst mit einem kühlen Hopfengetränk. Direkt unter mir verläuft die Getreidegasse, wo sich gerade Heerscharen von Touristen Richtung Mozart-Haus schieben. Ich fühle mich sehr wohl hier oben, weit weg vom Lärm der Stadt und dennoch stets auf Tuchfühlung mit ihren architektonischen Juwelen, die von hier, nahe dem Bürgerwehr-Söller, besonders hübsch in der Nachmittagssonne funkeln.

Während ich weitergehe, läutet mein Handy. Es ist meine Frau, die mich über die Fotoausstellung „True Pictures?" informiert, die derzeit im Museum der Moderne am Mönchsberg zu sehen ist. Kurz darauf stehe ich bereits vor dem Eingang zu diesem Tempel der Kunst. Das Museum der Moderne Salzburg zeigt an seinen beiden Standorten – Rupertinum und Mönchsberg – Ausstellungen zur Klassischen Moderne und zum Kunstschaffen von der Nachkriegszeit bis zur Gegenwart. Das Haus am Mönchsberg wurde 2004 eröffnet. Zehn Jahre später konnte dank einer großzügigen Spende auch der ehemalige Wasserturm daneben für Museumszwecke adaptiert werden. Er heißt seitdem Amalie-Redlich-Turm und beherbergt auch ein Künstlerstudio samt Wohnung.

Neben der Fotoausstellung über nordamerikanische Fotografie zeigt das Museum derzeit eine Werkschau des Medienkünstlers Richard Kriesche. Mit seinem Namen kann ich zunächst nicht viel anfangen. Erst beim Rundgang durch die Ausstellung wird mir bewusst, dass ich mit seinen publikumswirksamsten Werken aufgewachsen bin: den TV-Spots für den Schuherzeuger Humanic. Den langgezogenen Ausruf „Fraaanz" habe ich heute noch im Ohr.

Nach dem Museumsrundgang führt mein Weg in den Stadtteil Mülln hinunter. Den ursprünglich ebenfalls geplanten Besuch im Augustinerbräu nahe der Müllner Kirche hebe ich mir auf fürs nächste Mal, ebenso wie den Abstecher in die Trainspotting Lounge im arte Hotel. Salzburg bietet einfach zu viel Programm für nur einen Tagesausflug!

Persönlicher Tipp des Autors: Ein Spaziergang auf dem Mönchsberg vereint Kulturgenuss mit einem Aufenthalt im Grünen und bietet neben atemberaubenden Aussichten auf das Zentrum der Mozartstadt auch ein paar außergewöhnliche Möglichkeiten zur Einkehr: zum Beispiel im gemütlichen Gastgarten der „Stadtalm" oder im glamourösen Restaurant M32 im Gebäude des Museums der Moderne.

Mein Fahrplan am 29. 4. 2022: Wien Hbf. ab 06:30, Salzburg Hbf. an 08:52. **Retour:** Salzburg Hbf. ab 18:08, Wien Hbf. an 20:40

Emissions-Ersparnis gegenüber einer Fahrt im eigenen PKW: 131,16 kg

WEITRA IM WALDVIERTEL

Weithin sichtbar thront über der ältesten Braustadt Österreichs Schloss Weitra auf einem steilen Granitplateau. Eine nahezu intakte Burgmauer und das Ensemble der Bürgerhäuser am Rathausplatz tragen viel zur stimmungsvollen Atmosphäre in dieser mittelalterlichen Kleinstadt bei, die einst zu den wichtigsten Orten im heutigen Waldviertel zählte. In den Sommermonaten lässt der nahe Hausschachenteich entspannte Urlaubsstimmung ohne allzu viel Trubel aufkommen, und durchs idyllische Gabrielental führen an beiden Ufern der Lainsitz Wanderwege. Am zweiten Tag meines Ausflugs werde ich mit Freunden die verschiedenen Landschaftsformen rund um Weitra im Laufschritt erkunden – vielleicht schaffen wir es sogar auf den Mandlstein! Der Anreisetag ist der Stadtbesichtigung gewidmet.

Diesmal ist vieles anders: Erstens fahre ich nicht wie gewohnt zum Wiener Hauptbahnhof, um meinen Ausflug zu beginnen, sondern zum Franz-Josefs-Bahnhof. Zweitens bin ich diesmal nicht alleine unterwegs, sondern in Begleitung von Pia und Mike, einem befreundeten Pärchen. Und drittens ist bei diesem Ausflug eine Übernachtung geplant. Die Kuenringerstadt Weitra ist zwar nicht aus der Welt, doch sie liegt im nördlichen Waldviertel, und speziell an Wochenenden sind öffentliche Verkehrsverbindungen in dieses „Outback of Austria" ziemlich rar.

Würde ich diesen Ausflug alleine unternehmen, hätte ich ihn um ein paar Tage nach hinten verschoben, denn seit gestern regnet es nahezu ohne Unterbrechung, und auch morgen ist keine Wetterbesserung in Sicht. Pia und Mike haben aus beruflichen Gründen allerdings nicht die Möglichkeit, am Montag und Dienstag „blau" zu machen.

Wir sind am Franz-Josefs-Bahnhof verabredet, den wir uns vor der Abfahrt unseres Zuges ein wenig genauer ansehen. Das gesamte Areal befindet sich seit geraumer Zeit im Umbau. Hier entsteht das Althan Quartier, ein neues Stadtteilzentrum. Im Erdgeschoss des momentan im Bau befindlichen Gebäudekomplexes Francis wird der Franz-Josefs-Bahnhof seinen aktuellen Standort beibehalten. 1978 war er der erste Bahnhof Wiens, bei dem nicht mehr der Bahnbetrieb im Mittelpunkt stand, sondern die bestmögliche Verwertung der Liegenschaft als Geschäfts- und Dienstleistungsstandort. In der Folge kam es zur Überbauung des Bahnhofsareals. Die verspiegelte Fassade des monumentalen Bauwerks verströmt den Chic der 1980er-Jahre und ist längst nicht mehr zeitgemäß. Bleibt zu hoffen, dass sich das Erscheinungsbild des Franz-Josefs-Bahnhofs nach der Fertigstellung des Althan Quartiers deutlich verbessern wird, denn derzeit macht der fensterlose FJB, wie er kurz genannt wird, einen sehr düsteren Eindruck. Wenn es

Blick vom Böhmberg auf Schloss Weitra und Teile der Altstadt

dann auch noch regnet, wie gerade jetzt, wirkt die Szenerie noch trister. Dabei feiert dieser Bahnhof heuer sein 150-jähriges Jubiläum. Er wurde 1872 als Endstation der Franz-Josefs-Bahn errichtet, die zu Zeiten der Donaumonarchie über Budweis und Pilsen in die ehemalige Garnisonsstadt Eger (tschechisch: Cheb) in der Region Karlsbad im äußersten Westen des heutigen Tschechien führte. Bereits 1871 wurde eine Abzweigung dieser Bahnlinie von Gmünd in Richtung Norden nach Prag dem Verkehr übergeben. Diese Direktverbindung zwischen den Residenzstädten Wien und Prag war bis zum Ende der Monarchie sehr beliebt. Nach 1918 verlor die Franz-Josefs-Bahn aufgrund der neuen politischen Verhältnisse ihre überregionale Bedeutung. Der Hauptbahnhof Gmünd lag nun auf tschechischem Staatsgebiet und wurde in České Velenice umbenannt. Der Wiener Franz-Josefs-Bahnhof und die Bahnlinie bis zur österreichischen Staatsgrenze behielten ihre Namen, lediglich das Wort „Kaiser“ wurde ersatzlos gestrichen. Der alte FJB, der unmittelbar nach dem Zweiten Weltkrieg als einziger der großen Bahnhöfe Wiens seinen Betrieb gleich wieder aufnehmen konnte, wurde 1974 abgerissen. Knapp 50 Jahre später ereilt nun seinen Nachfolgebau dasselbe Schicksal.

Abbrucharbeiten auf dem Areal des Franz-Josefs-Bahnhofs

Hinter einem Kiosk mit dem bezeichnenden Namen „Buy & Run“ betreten wir das dunkle Bahnhofsportal. Am Bahnsteig 2 steht ein doppelstöckiger Cityjet der ÖBB zur Abfahrt nach České Velenice bereit. Der tschechische Grenzbahnhof ist heute Endstation der Franz-Josefs-Bahn, die seit geraumer Zeit nur mehr von lokaler Bedeutung ist.

Es ist meine erste Fahrt mit einem „Doppeldecker“ und ich freue mich auf die ungewohnten Ausblicke aus erhöhter Position. „Schau, da stehen wieder diese Wiener Slums“, sagt Pia und fügt erklärend hinzu: „Vor Kurzem hatten wir einen Amerikaner als Sitznachbar, der beim Anblick einer Kleingartensiedlung zu seiner Frau sagte: ‚Even the slums look nice in Austria!‘“

Meine reiselustigen Freunde sind passionierte Bahnfahrer und wissen viele Anekdoten von ihren zahlreichen Ausflügen mit Bahn oder Bus zu erzählen. Als Bewohner des neuen Stadtteils Sonnwendviertel genießen sie obendrein einen Standortvorteil. In nur wenigen Minuten erreichen sie zu Fuß die Bahnsteige des Wiener Hauptbahnhofs, von wo ihnen nahezu rund um die Uhr Reiseziele in alle Himmelsrichtungen offenstehen.

Wir passieren die Wiener Bahnhöfe Spittelau, Heiligenstadt und Nussdorf. Dann kommt die Haltestelle Kahlenbergerdorf, wo ich zum Leopoldsberg hochblicke, der von hier über den steilen Nasenweg zu erreichen ist. Pia und Mike sind diesen schweißtreibenden Weg schon oft hinaufgelaufen, denn die beiden sind begeisterte Trailrunner. Die Marathondistanz ist ihnen zu langweilig, sie bevorzugen holprige Pfade anstelle von Asphalt.

Wir erreichen den Bahnhof Tulln, wo eine Tafel am Bahnhofsgebäude an den bedeutenden Maler Egon Schiele erinnert, der als Sohn eines Bahnhofsvorstands seine ersten Lebensjahre im Tullner Bahnhofsgebäude verbrachte. Bereits als Kind zeichnete der junge Schiele Züge so detailliert, dass auf den erhalten gebliebenen Blättern sogar die Lokomotivtypen erkennbar sind.

Meine Lauffreunde Mike und Pia vor einer Garnitur der Waldviertelbahn

In Tulln überqueren wir die Donau und fahren kurz darauf unter der Stockerauer Schnellstraße S 5 hindurch. Unzählige Male bin ich auf dieser Straße mit dem Auto zu meinem Zweitwohnsitz nach Weitra gefahren, doch bis jetzt war mir nicht bewusst, dass sich die Wege der Auto- und Bahnfahrer nur an diesem einen Punkt nördlich von Tulln kreuzen. Die Gleise der Franz-Josefs-Bahn führen auf einer völlig anderen Route ins Waldviertel als die Straßenverbindungen über Krems oder Horn.

Bei der heutigen Fahrt auf der „Franzl-Bahn", wie sie von Anrainern liebevoll genannt wird, bekomme ich das mir so vertraute Waldviertel von einer völlig anderen Seite zu Gesicht. Zwischen Eggenburg und Gmünd liegt kein größerer Ort direkt an dieser Bahnlinie. Die drei Bezirkshauptstädte Horn, Zwettl und Waidhofen an der Thaya werden in weitem Bogen umfahren und sind auf dem Schienenweg nur über kleine Zubringerbahnen zu erreichen.

Das vorrangige Ziel dieser Eisenbahnlinie war nicht die regionale Erschließung des Waldviertels für den Personenverkehr, sie wurde vor allem nach wirtschaftlichen und militärstrategischen Überlegungen gebaut. An diesem Kardinalfehler bei der Streckenplanung waren auch die Verantwortlichen in den größeren Städten des Waldviertels beteiligt, denn sie wehrten sich vehement gegen einen Anschluss an den „Weltverkehr". Viele Orte im Waldviertel sind bis heute öffentlich schwer zu erreichen, doch mittlerweile ist ein Umdenken im Gang. Die Franz-Josefs-Bahn wird modernisiert, und die Pläne für die geplante Waldviertel-Autobahn sind wieder in den Schubladen diverser Ämter verschwunden.

Große gelbe Rapsfelder bringen Farbe in die verregnete Landschaft. Kurz vor Eggenburg ziehen die in Jahrmillionen aus Maissauer Granit geformten Kogelsteine unsere Blicke an. In seinem Buch *Mit der Eisenbahn durch Österreich* beschrieb Othmar Pruckner im Jahr 1992 auch eine Fahrt mit der Franz-Josefs-Bahn: „Der Zug durchs Waldviertel huscht an idyllisch aussehenden, durch keinerlei Fabriken oder Lager-

Ausblick vom Schlossturm über die Pfarrkirche nach Norden

hallen aus dem Gleichgewicht gebrachten Dörfern vorbei. ... Die dichte Abfolge von Bauernhöfen, Kapellen, Äckern, Hügeln, Wiesen, Kirchtürmen und Teichen könnte von keinem Landschaftsmaler besser erfunden werden.“ 30 Jahre stetigen Wirtschaftswachstums später ist diese romantische Beschreibung nicht mehr ganz zutreffend. Auch in den stillen Waldviertler Dörfern macht sich der landesweit grassierende Landschaftsfraß unangenehm bemerkbar. Auch hier, wo die Baugründe immer noch sehr günstig sind, wird Grün zu Grau versiegelt und gebaut und gebaut – allerorts wächst ein neues Wohnhaus nach dem anderen aus dem Boden.

Ankunft im Bahnhof Gmünd, der einstigen Haltestelle Gmünd Stadt. Auf dem Weg vom Bahnsteig zum Vorplatz, wo die Busse halten, kommen wir an einem großen Granitstein vorbei. Seine Inschrift erinnert an die Elektrifizierung der Franz-Josefs-Bahn zwischen Sigmundsherberg und Gmünd, die erst 1995 erfolgte.

Als ich das letzte Mal mit dem Zug ins Waldviertel reiste, verkehrte auf der Schmalspurbahn Gmünd–Groß Gerungs noch ein regulärer Personenzug der ÖBB. 2001 wurde auch der planmäßige Regelbetrieb mit einem „Schienenbus“ eingestellt. Die Weiterfahrt mit dem Bus nach Weitra ist zwar nicht so schön wie die Bahnfahrt, die mir bis heute in lebendiger Erinnerung geblieben ist, doch dafür sind wir schneller am Ziel.

Direkt hinter dem Wartehäuschen des Weitraer Busbahnhofes befindet sich ein kleiner Teich. Er ist ein Relikt des ehemaligen Stadtteiches, der bei der Bevölkerung lange als „Sauteich“ bekannt war. Viehhändler aus Weitra, sogenannte „Saubarone“, kauften in Ungarn, Serbien oder Galizien ganze Schweineherden auf, die dann von Sautreibern bis ins ferne Waldviertel getrieben und nach ihrer Ankunft in Weitra im Stadtteich gewaschen wurden. Der Waldviertler Bildhauer Carl Hermann verewigte diese längst ausgestorbene Tradition in Granit. Er schuf eine Figurengruppe, bestehend aus dem Sautreiber, ein paar Schweinchen und einem Hund, der dem Borstenvieh zum Verwechseln ähnlich sieht.

Bei unserem Altstadt-Rundgang gehen wir zunächst hinauf zum Schloss. Zur Einstimmung auf die Stadt möchte ich meinen Freunden den schönen Rundumblick vom Schlossturm zeigen. Wir schauen auf den Rathausplatz hinunter, wo vor allem das Sgraffitohaus ins Auge sticht. Unser Blick schweift über Altstadtdächer, die von einer mächtigen Eiche nahe der Stadtpfarrkirche überragt werden. Auch den östlichen Teil der Stadtmauer dominieren Baumkronen, denn parallel zu ihr verläuft die Promenade. Sie bietet die Möglichkeit, das Zentrum der alten Burgstadt im Schatten der Bäume und mit vielen Rastmöglichkeiten zu umrunden. Im Norden windet sich unterhalb der Altstadt ein Güterweg durch offene Wiesen Richtung Brühl. Im Respektabstand dazu zieht die B 41 – jene Straße, auf der wir vorhin nach Weitra gekommen sind – ihr breites Asphaltband schnurgerade in Richtung Altweitra, dem einstigen Verwaltungszentrum des kuenringischen Hoheitsgebietes. Anfang des 13. Jahrhunderts wurde es von Hadmar II. aus strategischen Gründen drei Kilometer nach Süden verlegt. Er errichtete auf dem steilen Granitplateau, auf dem wir gerade stehen, die Burgstadt Weitra.

„Dort drüben liegt Tschechien", erkläre ich Pia und Mike und zeige nach Westen. Der ehemalige Osten befindet sich von Weitra aus gesehen in westlicher Himmelsrichtung. Am Horizont entdecken wir den Sendemast am Wachberg. Nach der Ausstrahlung des TV-Mehrteilers *Alpensaga* stürmten wütende Waldviertler die ORF-Sendeanlage am Wachberg. Die sozialkritische Milieuschilderung des österreichischen Landlebens hatte die Volksseele vielerorts in der Alpenrepublik zum Kochen gebracht.

Im Gegensatz zum Wachberg-Sender ist der Sendemast am Nebelstein kaum zu erkennen. Wie es seinem Namen gebührt, versteckt sich der bekannte Aussichtsberg hinter einem Gemisch aus Wolken- und Nebelschwaden. Auch der Mandlstein ist in wolkiges Weiß verpackt. Der knapp 900 Meter hohe Berg ist Ziel unseres morgigen Laufes.

Bevor wir Schloss Weitra verlassen, besichtigen wir den großen Innenhof mit den augenfälligen Arkaden. Er ist eine beliebte Location für Kulturveranstaltungen.

Vom Schloss führt unser nächster Weg ein kurzes Stück hinaus aus der Stadt. Zwischen majestätisch hohen Bäumen schlängelt sich ein schmaler Pfad unter dem fotogenen Viadukt der Waldviertelbahn hinauf zum Hausschachenteich. Wir blicken hinüber zum Sandstrand des Badeteiches, der wetterbedingt heute völlig verwaist ist. Im Hausschachen, einem modernen Hotel-Restaurant am Rande des Golfplatzes, legen wir eine Kaffeepause ein. Über die großzügige Terrasse blicken wir auf den Teich.

Mit schrillen Pfeiftönen kündigt ein Zug aus Groß-Gerungs sein Eintreffen an, lange bevor er tatsächlich erscheint. Just in dem Moment, als wir das Lokal verlassen, nähert sich ein Nostalgie-Dampfzug dem steinernen Viadukt. Die Lokomotive bläst dicke Rauchschwaden aus ihrem Schornstein. Die Fahrgäste winken uns durch die putzig-kleinen Waggonfenster freundlich zu, während die kleine Bahn unter lautem Getöse das fotogene Viadukt überquert. Die Waldviertelbahn wird heute leider nur mehr touristisch genutzt. An wenigen Tagen im Jahr gibt es Dampflok-Sonderfahrten von Gmünd nach Groß Gerungs.

Am Abend ergattern wir im Brauhotel Weitra am Rathausplatz den einzigen noch freien Tisch. Die Stadt ist heute voll mit Feuerwehrleuten in Festtagsuniform, denn es ist Florianitag, und auch die Stadtkapelle spielt auf. „Genießen Sie gepflegte

Bei Schönwetter ist der Hausschachenteich ein beliebter Badeplatz.

Bierkultur, exzellente Küche und herzliche Gastlichkeit“, steht auf der Homepage des Brauhotels. Dass es sich dabei nicht um leere Worthülsen handelt, können Pia und Mike unisono bestätigen. Das Karpfen-Dreierlei ist ein Gedicht und erst recht die köstlichen Mohnnudeln, die wir zum Nachtisch serviert bekommen! Wir verkosten das Weitraer Brauhaus Bio-Bier, das in den Kellergewölben der kleinen Gasthausbrauerei hergestellt wird.

Um 20 Uhr wartet vor dem Eingangstor zum Rathaus ein dunkel gewandeter älterer Herr mit Filzhut und Hellebarde auf uns. Es ist „Zedi“, der Nachtwächter. Seit vielen Jahren interpretiert Herr Zederbauer den altehrwürdigen Berufsstand des Brandwächters als launiger Fremdenführer neu. Die zweite Station auf unserem Rundgang nach der Dreifaltigkeitssäule ist das berühmte Sgraffitohaus am Rathausplatz 4. In der unteren Reihe des bemalten Teils der Fassade sind die „Lebensalter des Mannes“ dargestellt, denen jeweils symbolisch ein Tier zugeordnet ist. Beim 60-jährigen, der einen dicken Geldbeutel in der Hand hält, schleicht hinter seinem Rücken ein Wolf mit einer Gans im Maul herum.

Nachtwächter „Zedi“ führt uns zum Oberen Stadttor, dessen kleine Fenster wie Augen aussehen, die uns mit freundlicher Miene zuzwinkern. Wir kommen am Haus des Schmiedemeisters Josef Mülleder vorbei, wo die Werkstatt im Erdgeschoss den Eindruck vermittelt, als wäre sie gestern noch in Verwendung gewesen. Abschließender Höhepunkt ist ein Besuch der öffentlich zugänglichen Zisterne, eines Wasserspeichers aus dem 14. Jahrhundert, der erst vor wenigen Jahren wiederentdeckt wurde. Seit 2021 erfährt die bunt beleuchtete Zisterne, die aus drei verschiedenen Quellen mit Wasser gespeist wird, als Station auf der neuen „Weitraer Biermeile“ besondere Aufmerksamkeit.

Müde fallen wir ins Bett. In der Nacht regnet es nahezu ohne Unterbrechung. Auch beim Frühstück prasseln Regentropfen ans Fenster. Mandlstein-Lauf bei diesem

Das stattliche Rathaus von Weitra wurde Ende des 19. Jahrhunderts erbaut.

Das Obere Tor der Weitraer Stadtbefestigung, die nahezu vollständig erhalten ist

Wetter? Oder vielleicht doch ein Schlossbesuch als Alternativprogramm? Die Entscheidung fällt einstimmig auf Ersteres.

Eigentlich laufe ich gerne bei Regen. Wir beginnen sehr langsam, denn der Boden ist im Gabrielental teilweise ziemlich tief. Neben uns murmelt die Lainsitz. Im Fuchstal sind die Forstwege von Holzschlägerungen tief zerfurcht und sehr unangenehm zu laufen. Hunderte Föhrenstämme liegen am Waldrand zum Abtransport bereit. Nach einer Dreiviertelstunde erreichen wir die Straße nach Wultschau, auf der wir bis zur Abzweigung nach Harbach hinunterlaufen. Plötzlich taucht hinter einem Weidezaun ein Mitläufer auf, mit dem wir nicht gerechnet haben: Ein junger, schwarzer Widder läuft direkt neben uns her, dazwischen legt er immer wieder freudige Bocksprünge ein! Offensichtlich hat er schon lange auf Laufpartner wie uns gewartet. Als wir das Ende seines Geheges erreichen, bleiben wir kurz stehen, um uns von ihm mit einer Streicheleinheit zu verabschieden. Er ist ziemlich außer Atem.

Wir biegen von der Straße ab auf einen Güterweg. Mittlerweile sind wir eine Stunde unterwegs. Auf weichem, sandigem Untergrund laufen wir durch den Reinprechtsforst am Fuße eines Höhenzugs, dessen höchste Erhebung der Mandlstein-Gipfel ist. Vor dem Forsthaus biegen wir nach links ab, und nun wartet der anstrengendste Teil unserer Tour, denn in der nächsten halben Stunde geht es nur

Pia und Mike und unser spontaner Mitläufer

bergauf. Ich bin in den letzten Jahren, seit ich gemeinsam mit meiner Frau in Weitra einen Zweitwohnsitz habe, bereits Dutzende Male auf den Mandlstein gelaufen, fast immer alleine. Obwohl ich mich ziemlich anstrengen muss, um mit Pia und Mike mithalten zu können, bin ich froh, dieses Lauferlebnis heute mit Gleichgesinnten teilen zu können.

Nach knapp 100 Minuten Laufzeit stehen wir auf der Aussichtsplattform in der Nähe des Gipfelkreuzes. Wir blicken hinüber nach Tschechien, in Richtung Dobrá Voda, zur Kirche Maria Trost in Brünnl, die zu Zeiten der Donaumonarchie ein vielbesuchter Wallfahrtsort gewesen ist. Unterhalb des Gipfelkreuzes befindet sich ein Erinnerungsort der Heimatvertriebenen aus dem Sudetenland, die vom Mandlstein wehmütig in ihre alte Heimat blickten. Daneben steht eine Informationstafel über das Grüne Band Europas, ein internationales Naturschutzprojekt entlang des ehemaligen Eisernen Vorhangs, dem im Schloss Weitra eine sehenswerte Ausstellung gewidmet ist.

Beim Bergablaufen können wir uns mühelos miteinander unterhalten. Auf den kurzen Bergaufphasen hingegen werden wir ziemlich wortkarg. Nach drei Stunden Laufzeit sind wir wieder zurück in Weitra. 500 Höhenmeter haben wir bewältigt, verteilt auf fordernde 25 Kilometer.

Nach dem Duschen verbringen wir unsere Zeit bis zur Rückfahrt nach Wien vor allem mit Essen und Trinken. Als nahezu alle unsere Vorräte verzehrt sind, brechen wir noch einmal auf in die Altstadt. Pia macht eine Café-Konditorei ausfindig, wo es die ihrer Meinung nach besten Mohnzelten im ganzen Waldviertel gibt – ein ideales Mitbringsel!

Während der Heimfahrt, bei der übrigens erstmals an diesem Wochenende die Sonne hervorblinzelt, zeige ich den beiden auf meinem Laptop, wie schön Weitra bei

Vor dem letzten Aufstieg zum Mand(e)l-stein-Gipfel

Die Ausstellung „Schauplatz Eiserner Vorhang“ in Schloss Weitra wurde 2019 neu gestaltet.

Sonnenschein gewesen wäre: Wir klicken uns durch Fotos von den Altweitraer Teichen, blühenden Mohnfeldern und stimmungsvollen Granitfindlingen. Aber um die beiden zum Wiederkommen zu überreden, braucht es meine Sonnenschein-Fotos gar nicht! Vielleicht klappt es bei unserem nächsten Waldviertel-Besuch ja auch mit dem Wetter – und wenn nicht, gehen wir einfach wieder gemeinsam im Regen laufen!

Persönlicher Tipp des Autors: Weitra ist die älteste Braustadt Österreichs. Bereits im Jahr 1321 wurde den Weitraer Bürgern das Braurecht gewährt. Direkt neben dem Stadttor ist heute der Sitz der „Bierwerkstatt Weitra“. Im Schloss Weitra ist der „Erlebniswelt Bier“ eine Dauerausstellung gewidmet, und durch die Braustadt verläuft ein sehr informativer Bier-Lehrpfad.

Unser Fahrplan am 7./8. 5. 2022: Wien FJB ab 12:28, Weitra Bus-Bf. an 15:08 (über Gmünd). **Retour:** Weitra Bus-Bf. ab 17:36, Wien FJB an 20:02

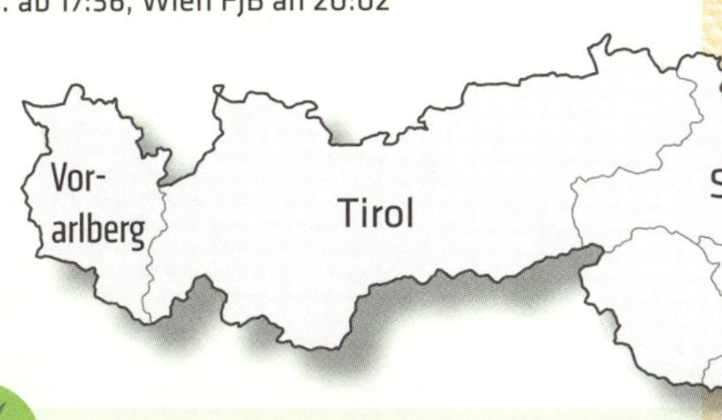

CO_2 **Emissions-Ersparnis** gegenüber einer Fahrt im eigenen PKW: 61,44 kg

DIE WACHAU ZWISCHEN KREMS UND DÜRNSTEIN

Die Wachau ist sowohl in landschaftlicher wie auch in kultureller Hinsicht ein Gesamtkunstwerk. Alles in diesem romantischen Donautal zwischen Melk und Krems ist herausragend: die intakten Ortsbilder und die kostbaren Einzelobjekte ebenso wie die Unverwechselbarkeit der Kulturlandschaft mit ihren Terrassenweingärten und Trockensteinmauern. Die Weltkulturerbe-Region Wachau definiert sich aber auch durch so manches, das es hier nicht gibt: Autobahnlärm zum Beispiel oder Industriegebiete. Mit dem Welterbesteig Wachau wurde ein 180 Kilometer langer Weitwanderweg geschaffen, der auf beiden Seiten der Donau Zugang zu diesem besonderen Teil von Niederösterreich bietet. Als Schnuppertour bietet sich gleich die erste Etappe an, die mich von Krems an der Donau nach Dürnstein führt.

An einem sonnigen Mai-Morgen fahre ich mit der U4 bis zum Bahnhof Wien Heiligenstadt, wo ich in einen Cityshuttle nach Krems umsteige. Vom Obergeschoss eines Doppelstockwagens blicke ich auf die Landschaft am südlichen Donauufer, die hinter der Haltestelle Muckendorf-Wipfing immer weiter wird. Im Vordergrund breiten sich Felder aus, hinten am Horizont stehen die dunkelgrünen Berge des Wienerwaldes – ein idyllischer Anblick. Nur ein einziges Mal bin ich bisher in dieser reizvollen Gegend gewandert, vor mehr als 15 Jahren.

Bis Absdorf-Hippersdorf bin ich auf derselben Bahnstrecke unterwegs wie bei meinem Ausflug ins Waldviertel. Der Streckenabschnitt von diesem Bahnknotenpunkt bis nach Krems wurde zeitgleich mit der Hauptstrecke nach Gmünd in Betrieb genommen und wird umgangssprachlich „Kremser Ast" der Franz-Josefs-Bahn genannt. Eine der wenigen Bahnfahrten, die ich in den vergangenen Jahren unternommen habe, war die Fahrt von Krems an der Donau zurück nach Wien. Damals bin ich auf dem Jakobsweg Weinviertel von Mikulov nach Krems gewandert. Der letzte Teil dieser Strecke führt entlang des Wagram, einer Geländekante, die von der Urdonau vor Jahrmillionen geformt wurde. Durchs Panoramafenster meines Zuges blicke ich nun auf eine Landschaft, die mir durch die intensive Erfahrung des Gehens vertraut ist. Wer etwas aus eigener Erfahrung kennt, gilt als *bewandert*, schrieb ich damals in mein Reisetagebuch. Beim Anblick der Kirche von Königsbrunn werden meine Erinnerungen an dieses kleine Auszeitabenteuer wieder lebendig. Ich fahre gern mit dem Zug durch Landschaften, mit denen ich persönliche Erlebnisse verbinde. Bei Grafenegg erkenne ich nahe der Bahntrasse einen gelben Wegweiser wieder, an dem ich vor zwei Jahren entlang marschiert bin.

Ungewöhnlich: der blau-weiße Turm der Dürnsteiner Stiftskirche

In der Kremser Altstadt zwischen Burggasse und Wegscheid

Wir erreichen die Haltestelle Etsdorf-Straß, wo unser Zug ein paar Minuten Aufenthalt hat, um einen Gegenzug abzuwarten, denn diese Strecke ist nur eingleisig. Unten am Bahnsteig sprießt aus Betonritzen frisches Grün.

„Next stop Hadersdorf am Kamp", ertönt es aus dem Lautsprecher. An dieser Haltestelle endet die Kamptalbahn, die den größten Waldviertler Fluss von hier bis nach Rosenburg begleitet. Dort macht der Kamp einen Knick, während die Kamptalbahn nach Norden weiterfährt, in die Bezirksstadt Horn, wo Anschlussmöglichkeit zur Hauptstrecke der Franz-Josefs-Bahn besteht – für einen Tagesausflug ins Kamptal wäre das eine schöne Runde.

Kurz nach 8 Uhr steige ich in Krems aus dem Zug. Bereits am Bahnhofsplatz entdecke ich die erste Informationstafel über den Welterbesteig, der am Hohen Markt seinen offiziellen Ausgangspunkt hat. Mein Weg dorthin führt durch die Untere Landstraße, die zentrale Fußgängerzone der Kremser Altstadt. Ich gehe durch eine alte Gasse namens Wegscheid hinauf zum Hohen Markt. Leider wird der romantische Platz als Parkplatz missbraucht. Beim Brunnen unter den drei hohen Linden finde ich eine freie Parkbank. Mit Blick auf die Gozzoburg studiere ich die Wanderkarte des Welterbesteiges. Die erste Etappe nach Dürnstein ist 12,5 Kilometer lang. Für diese Strecke wird eine relativ lange Gehzeit von viereinhalb Stunden angegeben, denn in Summe sind dabei 548 Höhenmeter zu überwinden. Der höchste Punkt dieser Wanderetappe liegt allerdings nur 320 Meter über dem Meeresspiegel.

Die Piaristengasse führt zur gleichnamigen Kirche, doch bevor ich sie erreiche, mache ich einen Abstecher in den Piaristenpark. Momentan blüht hier der Holunder. Sein betörender Duft und das fröhliche Vogelgezwitscher lassen mich innehalten. Zwischen dem dichten Buschwerk an der Westseite des kleinen Parks erblicke ich den Turm der Piaristenkirche. Da er als einziger Kirchturm Österreichs kein Kreuz auf seiner Spitze trägt, sondern das Wappen der Stadt Krems, ist er nicht zu verwechseln. Mein Weg führt am ehemaligen Kloster vorbei, in dem heute neben dem Gymnasium auch Studienlehrgänge der Fachhochschule Krems untergebracht sind. Hin- und hergerissen zwischen dem schönen Ausblick über die Dachlandschaft der Stadt und den ausdrucksstarken Kreuzwegdarstellungen an der Außenmauer der Piaristenkirche, gehe ich die Frauenberggasse hinunter und anschließend auf der Kreuzbergstiege wieder hinauf. Immer wieder bleibe ich stehen und blicke zurück auf die Stadt. Ich bin jetzt genau auf Augenhöhe mit der Stadtpfarrkirche von Krems, dem „Dom der Wachau". Weiter hinten am Horizont, hoch über der Ortschaft Hollenburg auf der anderen Seite der Donau, erkenne ich das Wetterkreuzkirchlein. Eigentlich heißt es Wallfahrtskirche zur Kreuzerhöhung. Die kleine Kirche steht auf dem Schiffberg, einem alten Kultplatz, an dem bereits im 15. Jahrhundert ein Kreuz errichtet wurde, bei dem Gläubige Schonung vor verheerenden Unwettern erflehten.

Am Kögelweg sehe ich erste Weingärten, und zum ersten Mal stehe ich unmittelbar vor einer der kunstvoll gefertigten Steinterrassen, die das Bild der Wachau prägen. Bald geht es wieder hinunter in die Niederungen des langgezogenen urbanen Raums der Stadt Krems. Mein Weg führt an den Neubauten der IMC-Fachhochschule Krems und am Campus der Donau-Universität Krems in Stein vorbei. Stein, das bis 1938 eine eigene Stadt gewesen ist, konnte von allen niederösterreichischen Städten seine historische Substanz am besten bewahren. Überregionale Bekanntheit erlangte der heutige Kremser Stadtteil Stein aber vor allem durch Bauwerke und Institutionen aus jüngerer Zeit wie die schon erwähnte Donau-Universität oder die Kunstmeile Krems. Zu ihr gehören so bekannte Museen wie die Kunsthalle Krems, das Karikaturmuseum Krems oder die erst 2019 eröffnete Landesgalerie Niederösterreich, deren silbrig-glänzende Hülle ich bereits vom Kremser Kreuzberg aus gesehen habe. Auch die Justizanstalt Stein ist vielen ein Begriff. Ihre älteren Bauteile gehen auf ein Redemptoristenkloster zurück.

Als nächstes erreiche ich die Steiner Kellergasse. Ein kurzer Abstecher bringt mich zur Frauenbergkirche. Das oberste Stockwerk ihres weithin sichtbaren Turms diente dem Feuerwächter von Stein bis 1970 als Wohnung. Die ehemalige Kirche, die nach ihrer Renovierung in den 1960er-Jahren in ein Kriegerdenkmal verwandelt wurde, steht am vermutlich ältesten Siedlungsplatz von Stein.

Weitwanderer auf dem Welterbesteig Richtung Dürnstein

Leider ist auf der Wachaubahn das KlimaTicket nicht gültig

Am Rückweg zur Steiner Kellergasse schenkt mir eine Anrainerin eine Flasche Mineralwasser. Die kommt mir sehr gelegen, denn mittlerweile ist es ziemlich heiß geworden. Die freundliche Steinerin weiß aus eigener Erfahrung, wie durstig dieser Höhenweg machen kann, und bis Dürnstein gibt es keine Möglichkeit mehr, an Trinkwasser zu gelangen.

Neben einem Tunnel der Wachaubahn am Ortsende von Stein steige ich eine steile Stiege hinunter und dann eine noch steilere gleich wieder hinauf. Unter mir ist die eiserne Donaubrücke zwischen Krems und Mautern zu sehen, dahinter am Horizont thront das Benediktinerstift Göttweig. Die schönen Ausblicke entschädigen für das mühsame Auf und Ab meines Weges. Ein Stück weit gehe ich gemeinsam mit einem Pärchen aus Erfurt in Thüringen. Die beiden erfahrenen Weitwanderer werden sieben Tage auf dem Welterbesteig unterwegs sein. Vor ein paar Jahren sind sie den Tiroler Lechweg gegangen, erzählen sie.

Vom Aussichtspunkt nahe der Ried Pfaffenberg blicke ich auf die bewaldeten Hänge des Dunkelsteiner Waldes hinüber, die am gegenüberliegenden Donauufer steil zum Strom abfallen. Auf der linken Seite des Flusses hingegen, also genau zu meinen Füßen, wird das enge Tal kurz vor der Ortschaft Unterloiben ein wenig weiter. Ich blicke über Weingärten, die durch die Verläufe der Bundesstraße, des Donauradweges und der etwas erhöht liegenden Trasse der Wachaubahn begrenzt werden. Aufgrund ihrer Lage gewährleistet diese Bahnstrecke bei Hochwasser die Erreichbarkeit der Ortschaften. Durch ihre erhöhte Position ergeben sich darüber hinaus während der Fahrt besonders schöne Aussichten auf die bezaubernde Landschaft der Wachau.

Vor der Eröffnung dieser Bahnlinie im Dezember 1909 waren die heute so berühmten Ortschaften am linken Donauufer nur per Postkutsche erreichbar und aufgrund der mangelnden Infrastruktur für Gäste wenig attraktiv. Vom bekannten Waldviertler Schriftsteller Robert Hamerling ist eine Textstelle überliefert, in der er 1851 beklagt, dass im „armseligen Felsennest Dürnstein" nicht einmal ein Mittagessen zu bekommen gewesen wäre. Der Beitrag der Wachaubahn zur touristischen Erschließung der Region kann gar nicht hoch genug gepriesen werden. Bis zum Bau der Bundesstraße Ende der 1950er-Jahre war sie das wichtigste Verkehrsmittel. Durch eine behutsame Streckenplanung konnten die historischen Ortskerne entlang der Trasse weitgehend erhalten werden. Mittlerweile steht die Bahnstrecke selbst unter Denkmalschutz. 2011 übernahm das Land Niederösterreich sie von den Österreichischen Bundesbahnen, die im Jahr davor den planmäßigen Reiseverkehr endgültig eingestellt hatten. Seitdem gibt es nur mehr in der Tourismussaison nostalgische Bahnfahrten. Das KlimaTicket ist auf der Wachaubahn leider nicht gültig, sehr wohl aber in den Linienbussen, mit denen der öffentliche Verkehr heute abgewickelt wird.

Kurvenreich windet sich der leider nahezu durchgehend asphaltierte Welterbesteig durch pittoreske Terrassenweingärten, die fast die Hälfte der Wachauer Rebflächen ausmachen. In besonders steilen Lagen ist diese Art des Weinbaus die einzig mögliche. Terrassenweingärten verdanken ihre Existenz den Trockensteinmauern. Manche wurden erst vor Kurzem neu errichtet, andere hingegen stammen aus dem 19. oder gar aus dem 18. Jahrhundert und sind immer noch stabil. Das Wissen und vor allem die Erfahrung, die bei ihrer Errichtung nötig sind, werden von einer Weinbauerngeneration zur nächsten weitergegeben. Die wasserdurchlässigen Trockensteinmauern sind ein Markenzeichen der Wachau und obendrein auch ein kostbarer Lebensraum für viele Tierarten, zum Beispiel für die seltene Smaragdeidechse. Immer wieder höre ich am Wegrand ein leises Rascheln, doch bis jetzt war es mir nicht vergönnt, eines dieser scheuen Tiere zu Gesicht zu bekommen. Stattdessen werde ich mit einem anderen raren Anblick überrascht: Die bunten Vögel mit dem hellbraunen Gefieder auf ihrer Oberseite entpuppen sich nach ihrer Landung im Weingarten unter mir als Bienenfresser! Dieser auffallende Zugvogel, der in Afrika überwintert und Wärme liebt, ist in letzter Zeit in der Wachau wieder häufiger zu sehen. Vier prächtige Exemplare sitzen wie aufgefädelt am Weingartendraht nebeneinander. Als ich zu meinem Fotoapparat greife, fliegen sie leider weg.

Mittlerweile bin ich am Loibenberg angelangt, wo Fritz Gall einen Weinskulpturenpfad angelegt hat. Für seine Werke im Stil eines selbstdefinierten „Phantastischen Regionalismus“ verwendet der Wachauer Künstler bevorzugt rostige Fassdauben und -reifen, aber auch alte Rebstöcke und Steine.

Der nächste Bergrücken auf meinem Weg heißt Höhereck und steht aufgrund der hier vorkommenden Trockenrasenarten unter Naturschutz. Da es in der Wachau heute kaum noch Viehhaltung und Beweidung gibt, sind Trockenrasen durch Aufforstung und Verbuschung gefährdet. Wieder vernehme ich ein Rascheln am Wegrand. Bewegungslos bleibe ich mit meinem Fotoapparat im Anschlag eine Weile stehen und blicke durch den Sucher. Plötzlich lugt aus einem unscheinbaren Erdloch ein kleines Köpfchen heraus, blickt vorsichtig nach links und nach rechts und wagt sich schließlich ins offene Gelände. So klein habe ich mir eine Smaragdeidechse nicht vorgestellt: Sie ist kaum größer als eines der alten Eichenblätter, auf dem es sitzt! Offensichtlich ist es ein Jungtier. Glücklich über meinen gelungenen Schnappschuss gehe ich weiter. In einiger Distanz erkenne ich das Franzosendenkmal bei Loiben, das an die Schlacht bei Dürnstein im Jahr 1805 erinnert.

Mittlerweile bin ich nur mehr eine halbe Stunde von Dürnstein entfernt. Vom „Wachauer Weinblick“, einer kleinen Aussichtsplattform, schaue ich über das Weinbaugebiet der Genossenschaft „Domäne Wachau“ in Richtung Süden. Nach Westen zu tritt die Burgruine Dürnstein immer deutlicher in Erscheinung. Mittlerweile kann ich mit bloßem Auge auf den alten Mauern sogar Menschen erkennen.

Terrassenweingärten sind ein Wahrzeichen der Wachau – eines von vielen!

In dieser ehemaligen Felsenburg wurde 1192/93 Richard Löwenherz gefangen gehalten.

Ganz unerwartet endet der Asphalt, und ich gehe auf einem schmalen Pfad durch ein Eichenwäldchen weiter bis zum Kuhberg, wo mich eine Tafel über die Beweidung des Trockenrasenhügels mit Waldschafen informiert. Allerdings kann ich die Tiere nirgendwo sehen. Stattdessen sehe ich östlich der Burgruine bunt gekleidete „Bergziegen", die mit Seilen gesichert in den Gneis-Felsen hängen. Der Klettergarten Dürnstein ist der älteste der Wachau und erfreut sich offensichtlich großer Beliebtheit, denn der Besucherandrang ist groß.

Mir ist schon der Aufstieg zur Burgruine steil genug. In den unwirtlichen Gemäuern dieser Felsenburg wurde 1192/93 der englische König Richard Löwenherz gefangen gehalten und erst gegen Bezahlung eines astronomisch hohen Lösegeldes wieder freigelassen. Zum Zeitpunkt seiner Verhaftung befand er sich auf dem Heimweg vom Dritten Kreuzzug.

Wachau-Blick von der Donauterrasse des Stiftes Dürnstein

Ich steige höher und höher, blicke einmal hinunter zur Donau, die sich in Richtung Westen elegant in die Kurve legt. Dann schaue ich zurück Richtung Osten. Über den „Däumling" im Klettergarten schweift mein Blick zu Stift Göttweig zurück.

Beim Abstieg von der Burgruine in den Ort wähle ich den etwas kürzeren, aber schwierigeren Eselweg. Unglaublich kompakt schmiegen sich die Häuser von Dürnstein aneinander. Rechts das Schloss, im Zentrum das Stift mit dem charakteristischen blauen Kirchturm. Der Blick auf den linken Stadtteil wird mir von Bäumen verstellt – ja, dieses kleine Nest ist tatsächlich eine Stadt!

Vereinzelt kommen mir Menschen entgegen, die meisten sprechen englisch. Es ist schon eine Weile her, dass ich ausländische Touristen gesehen habe. Plötzlich stehe ich auf der Dürnsteiner Hauptstraße. Ob sie tatsächlich so heißt, kann ich nicht sagen. Straßenschild sehe ich keines, aber vielleicht ist es von den vielen Menschen verdeckt, die sich zu Fuß und auf Fahrrädern durch die nicht sehr breite Straße wälzen. Jede zweite Person hält ein Tüte Eis in der Hand. Ich hingegen erstehe in der Bäckerei Schmidl die berühmten „Wachauer Laberl", die hier schon seit Jahrhunderten hergestellt werden. Unter der Clemens-Holzmeister-Linde vor dem ehemaligen Kloster der Klarissen, dem weiblichen Zweig der Franziskaner, finde ich ein ruhiges Plätzchen für meine „Laberl"-Verkostung. Das Gebäck ist außen schön knusprig und innen flaumig. Es schmeckt tatsächlich vorzüglich.

Der Platz, auf dem ich sitze, heißt Prangerplatz, aber das bemerke ich erst, als ich ihn Richtung Hotel-Restaurant „Richard Löwenherz" verlasse. Gleich gegenüber befindet sich das Gasthaus „Sänger Blondel", wo ich im schattigen Gastgarten zum zweiten Teil meiner kulinarischen Wachau-Entdeckungsreise übergehe: Ich bestelle eine Portion Marillenknödel und dazu ein Glas Grünen Veltliner.

Mein nächster Weg führt mich ins Stift Dürnstein, wo schon lange keine Mönche

Durch alte Gemäuer geht es hinunter zur Dürnsteiner Donaupromenade.

mehr wohnen. Das Barockjuwel aus dem 18. Jahrhundert befindet sich heute im Besitz des Augustiner Chorherrenstifts Herzogenburg, das hier seit 2019 in Zusammenarbeit mit dem Land Niederösterreich ein Museum betreibt, um diesem Wahrzeichen der Wachau neues Leben einzuhauchen. Die Dauerausstellung nennt sich *Entdeckung des Wertvollen* und führt mich als Erstes in die gotische Säulenhalle, wo zur Einstimmung eine audiovisuelle Präsentation über die Stadtgeschichte von Dürnstein läuft. Nach dem Besuch des zweiten Teils der Ausstellung, der dem Schönen gewidmet ist, gelange ich zur Donauterrasse des Stiftes. Hier habe ich die Möglichkeit, eines der bekanntesten Wachau-Wahrzeichen aus nächster Nähe zu betrachten: den Turm der Stiftskirche, der seit einer Renovierung in den 1980er-Jahren wieder in seinen ursprünglichen Farbtönen Blau und Weiß erstrahlt. Direkt unter der exklusiven Terrasse verläuft die Donaupromenade, ein schmales Asphaltband, auf dem sich Spaziergänger und Radausflügler tummeln.

Auch ich begebe mich nun auf die Promenade. Einer der beschaulichsten Flecken hier ist der sogenannte Malerwinkel. Er erinnert daran, dass es die Künstler gewesen sind, die mit ihren Gemälden die Wachau als Sehnsuchtsort populär machten.

Langsam neigt sich der Tag dem Ende zu. Um zurück zum Bahnhof Krems zu gelangen, nehme ich den Linienbus 715, der auch an Wochenenden im Stundentakt verkehrt. Leider hat er wegen des großen Andrangs an den zahlreichen Einstiegsstellen mehr als 15 Minuten Verspätung, sodass ich in Krems meinen Anschlusszug zurück nach Wien verpasse. Die 40-minütige Wartezeit auf den nächsten Zug verkürze ich mir mit einem Gastgartenbesuch in der Nähe des Bahnhofs.

Persönlicher Tipp des Autors: Dürnstein ist von Tagestouristen an Wochenenden sehr überlaufen. Wer die Möglichkeit hat, sollte deshalb während der Woche hierherkommen. Auf dem Rückweg nach Krems bieten sich auch in Loiben viele Gelegenheiten für einen kulinarischen Ausklang des Wachau-Ausfluges an.

Mein Fahrplan am 14. 5. 2022: Wien Heiligenstadt ab 07:10, Krems Bf. an 08:14. **Retour:** Dürnstein P2 ab 17:24, Wien Heiligenstadt an 19:51 (über Krems Bf.)

CO_2 **Emissions-Ersparnis** gegenüber einer Fahrt im eigenen PKW: 31,89 kg

Ausflug **12**

WIENBLICKE VON OBEN

Mit einem Besucher aus Niederösterreich wandere ich vom Bahnhof Nussdorf auf der Donaupromenade nach Kahlenbergerdorf, wo wir über den steilen Nasenweg durch eine Kernzone des Biosphärenparks Wienerwald auf einen der beliebtesten Aussichtsberge Wiens steigen: den Leopoldsberg. Von dort oben sehen wir über Wien und stellen fest, dass nicht nur Sehenswürdigkeiten wie Stephansdom oder Riesenrad das Bild der österreichischen Bundeshauptstadt entscheidend prägen, sondern auch die vielfältigen Landschaften, die sich auf dem Stadtgebiet von Wien berühren. Wir stehen auf einem Ausläufer der Alpen und schauen über die Donau auf pannonische Weiten. Dann wandern wir weiter zum Kahlenberg, und unser Blick schweift von den Weingärten Wiens über die Innenstadt bis zum Nationalpark Donau-Auen am anderen Ende der Stadt.

Die Wettervorschau für heute ist perfekt: ungetrübter Sonnenschein, aber nicht mehr als 22 Grad – ideale Bedingungen für einen Ausflug! Dennoch werde ich Wien heute nicht verlassen. Ausnahmsweise bin nämlich nicht ich der Ausflügler, der von Wien aus mit öffentlichen Verkehrsmitteln das Land erkundet, sondern darf in die ungewohnte Rolle des Fremdenführers schlüpfen. Wobei das Wort *Fremden*führer eigentlich unpassend ist, denn „fremd" ist mir weder mein Freund Toni, der heute aus dem Waldviertel anreisen wird, noch ist ihm die Stadt Wien unbekannt. Toni kommt regelmäßig von Gmünd in die Bundeshauptstadt. Die „Franzlbahn", wie er die Franz-Josefs-Bahn liebevoll nennt, ist seine Hausstrecke. Dutzende Male hat er kurz vor der Einfahrt nach Wien auf den Nasenweg am Leopoldsberg geschaut und sich gedacht: „Da möchte ich auch einmal rauf!"

Heute ist es soweit. Ich bin mit Toni am Bahnhof Wien Heiligenstadt verabredet. Pünktlich auf die Minute fährt der Cityshuttle im Bahnsteig ein. Gut gelaunt gehen wir Richtung Karl-Marx-Hof. Auf dem Weg zur Bushaltestelle läuft mir ein bekanntes Gesicht über den Weg: Lemawork Ketema, der österreichische Marathon-Eliteläufer mit äthiopischen Wurzeln. Immer, wenn wir uns treffen, meistens auf der Prater Hauptallee, plaudern wir ein wenig. Heute ist dafür wenig Zeit, denn der Regionalbus 400 in Richtung Klosterneuburg steht schon zur Abfahrt bereit.

Wir fahren nur wenige Stationen bis zum Bahnhof Nussdorf. Durch die Unterführung der Franz-Josefs-Bahn gehen wir auf kürzestem Weg zur Donau, die wir genau an jener Stelle erreichen, wo der Donaukanal vom Hauptstrom abzweigt und seine 17 Kilometer lange Reise durch zentrums-

Vom Leopoldsberg schweift der Blick über Wien Richtung Osten.

Marathonläufer Lemawork Ketema und Toni Zeller aus Weitra

nahe Stadtteile beginnt. Um die Bedeutung des Donaukanals als Wasserstraße hervorzuheben, verlieh der bekannte Architekt und Stadtplaner Otto Wagner der Nussdorfer Schiffsschleuse den Charakter eines repräsentativen Stadttores. Auf wuchtigen Pylonen halten zwei riesige Bronzelöwen auf der Schemerlbrücke Wache. Nussdorf war bis zur ersten Donauregulierung in den 1870er-Jahren die wichtigste Anlegestelle für Handelsschiffe, die Waren aus dem Einzugsgebiet des oberen Donauverlaufs und des Inn nach Wien transportierten.

Mit Blick auf den Bisamberg, der sich jenseits der Donau entlangzieht, beginnen wir unsere Wanderung entlang der Donaupromenade. Der Bisamberg gehört ebenso zu den Ausläufern der Alpen, wie unser Ausflugsziel, der Leopoldsberg. Gemeinsam bilden sie die Wiener Pforte, durch die der Donaustrom ins Wiener Becken eintritt.

An der Donaulände hat gerade ein Flusskreuzfahrtschiff angelegt. Die aussteigenden Passagiere verbreiten fröhliche Ausflugsstimmung. Gelegentlich kommen uns Läufer entgegen, auch auf dem Donauradweg herrscht reger Betrieb. Ein ungewohnter Anblick für Toni, der selbst passionierter Radfahrer ist, aber seine Runden im hügeligen Waldviertel vornehmlich alleine drehen muss.

Bald kommen wir am Kuchelauer Hafen vorbei, und von hoch oben grüßt bereits die Kirche am Leopoldsberg. Wir verlassen den Treppelweg am Donauufer und gehen durch die Unterführungen der Heiligenstädter Straße und der Franz-Josefs-Bahn hinauf ins „Dörfl“, wie die Einwohner von Kahlenbergerdorf ihren Ort nennen, der seit 1891 zu Wien gehört und seinen Charakter als Weinbauerndorf dennoch weitgehend unbeschadet ins 21. Jahrhundert hinüberretten konnte.

Bevor wir uns zur Einstiegstelle des Nasenweges begeben, erkunden Toni und ich den Ort. Vorbei an einem schmalen Durchgang mit dem skurrilen Namen „Hirnbrecherstiege“ gehen wir zum „Ein-Schilling-Blick“. Zu Tonis Leidenschaften zählt nämlich neben dem Rennradfahren auch das Briefmarkensammeln. In der Serie „Schönes Österreich“ erschien 1975 eine Ein-Schilling-Briefmarke, die genau jene Ansicht von Kahlenbergerdorf zeigt, vor der wir nun stehen: im Vordergrund ein stattliches Bürgerhaus, links dahinter der Kirchturm der Pfarrkirche und darüber der Leopoldsberg.

Ein letzter kleiner Abstecher bringt uns hinauf zum romantischen Kirchhof, in dem ein sehenswerter spätgotischer Bildstock steht. Die wechselvolle Geschichte der Pfarrkirche St. Georg ist auf einer Granittafel zusammengefasst: Das Gotteshaus wurde

Einer von zwei Bronzelöwen auf der Schemerlbrücke beim Nussdorfer Wehr

Blick vom Nasenweg hinunter auf Kahlenbergerdorf und die Geleise der Franz-Josefs-Bahn

mehrmals zerstört, verwüstet oder abgebrannt, jedoch jedes Mal vom Stift Klosterneuburg wieder neu aufgebaut.

Neben dem Eingang zur Kirche steht eine Skulptur des „Pfaffen vom Kahlenberg". Toni kennt eine der Geschichten, die sich um diesen legendären Spaßmacher aus dem 14. Jahrhundert ranken, aus meinem Buch *Rund um Wien*, in dem ich den 120 Kilometer langen „rundumadum"-Wanderweg entlang der Wiener Stadtgrenze ausführlich beschreibe.

Den Startpunkt des Nasenweges markiert ein Obelisk. Hier verstauen wir unsere Wanderjacken im Rucksack, denn von nun an geht es bergauf! Der eineinhalb Kilometer lange Panoramaweg auf den Leopoldsberg wurde von Charles-Joseph de Ligne angelegt, einem Diplomaten und Feldmarschall, der die abgelegene Burg auf dem Leopoldsberg bewohnte. Erst im Zuge des Baus der Wiener Höhenstraße in der Zwischenkriegszeit wurde der Nasenweg ausgebaut und mit Aussichtsplattformen versehen.

Auffällig sind gleich am Beginn dieses schweißtreibenden Aufstiegs die ungewöhnlich kleinen Eichen links und rechts des Weges. Sie heißen Flaumeichen, wegen ihrer flaumigen Behaarung an den Blattunterseiten. Diese Bäume sind wärmeliebend und daher in unseren Breiten eher selten anzutreffen. Große Teile des Leopoldsberges liegen in den besonders streng geschützten Kernzonen des Biosphärenparks Wienerwald, wo möglichst ohne menschliche Eingriffe der „Urwald von morgen" entstehen soll. Der am Rande des Wiener Beckens gelegene Leopoldsberg kommt durch seine Nähe zur Donau in den Genuss des milden pannonischen Klimas. Der Steilabfall an seiner Südostflanke namens „Nase", auf dem wir gerade unterwegs sind, ist aus naturkundlicher Sicht besonders interessant. Bei meiner Wanderung vor einem Jahr sah ich hier erstmals den Diptam blühen, eine bei uns sehr seltene Pflanze, die auch unter dem Namen Aschwurz bekannt ist.

Diese eineinhalb Kilometer ziehen sich ganz „schön" – im doppelten Sinn des Wor-

Blick vom Leopoldsberg auf das nördliche Ende der Donauinsel bei Langenzersdorf. Rechts der Bisamberg.

tes – in die Länge! Immer wieder bleiben wir kurz stehen und blicken durch die verkrüppelten Äste der Flaumeichen hinunter zur Donau. Kehre um Kehre steigen wir hinauf, und in knapp einer halben Stunde Gehzeit erreichen wir die große Aussichtskanzel, auf der sich eine Eiche malerisch schief gegen den Wind stemmt. Wir genießen den Ausblick auf die Weingärten am Nussberg, den bewaldeten Bergrücken des Burgstalls und schauen hinunter auf Kahlenbergerdorf. Über die graugrüne Donau und die tatsächlich blaue Neue Donau schweift unser Blick über die Skyline der Donau City ins flache Marchfeld. Und die wellige Linie am Horizont? Das sind die Kleinen Karpaten, sie liegen bereits in der Slowakei!

Nach einer kurzen Rast gehen wir weiter zum höchsten Punkt des Leopoldsberges. Ursprünglich stand hier eine landesfürstliche Burg der Babenberger, vermutlich aus dem 12. Jahrhundert. Trotz ihrer strategisch günstigen Lage wurde sie bereits zwei Jahrhunderte später dem Verfall preisgegeben. Das heutige Schloss auf dem Leopoldsberg entstand zeitgleich mit der Kirche, nachdem zuvor das gesamte Areal mit dem Schutt der alten Burg eingeebnet worden war.

Schon von Weitem haben wir die Kirche am Leopldsberg gesehen, doch jetzt, wo wir direkt vor ihr stehen, bekommen wir sie nicht zu Gesicht. Die kleine Kirche aus dem Jahr 1720 versteckt sich hinter wuchtigen Steinmauern im Innenhof der Schlossanlage. Erst vor wenigen Jahren wurde sie revitalisiert. Sie ist dem Heiligen Leopold, dem Landespatron von Niederösterreich und Wien, geweiht. In der warmen Jahreszeit sollte sie zu bestimmen Öffnungszeiten frei zugänglich sein, doch momentan finden im Innenhof erneut Bauarbeiten statt, die uns den Zutritt verwehren.

Wir entschädigen uns mit einem Rundgang auf dem Panoramaweg, der außerhalb der Schlossmauern um das Plateau des Leopoldsberges führt. Richtung Westen blicken wir auf die Stadt Klosterneuburg hinunter, an die zur Donau hin ein großflächiger Auwald anschließt. Neben den Geleisen der Franz-Josefs-Bahn erkennen wir das Augustiner Chorherren Stift Klosterneuburg, zu dessen Besitz auch die Schlossanlage am Leopoldsberg zählt.

Toni ist fasziniert vom Blick auf die Donauinsel und kann kaum glauben, dass dieses grüne Band tatsächlich 21 Kilometer lang sein soll. An ihrem nördlichen Spitz befindet sich ein Einlaufwerk. Hier kann bei Hochwasser die Einlaufmenge in die künstlich geschaffene Neue Donau reguliert werden. Über diese Wehranlage gelangen Fußgänger und Radfahrer von der Donauinsel hinüber nach Langenzersdorf am Fuße des Bisamberges. Dahinter breitet sich das Weinviertel aus, am Horizont ist der Buschberg mit seinen weißen Radarkugeln mit bloßem Auge gerade noch zu erkennen.

Bei der Bushaltestelle am Leopoldsberg kommen wir an einer Bronzeskulptur mit drei grimmig blickenden Männern vorbei. „Gewidmet den ukrainischen Kosaken, den Mitbefreiern Wiens im Jahr 1683" steht darunter. Dieses Denkmal soll die Erinnerung an die ukrainische Kosaken-Armee wachhalten, die mit mehreren Tausend Mann an der blutigen Entsatzschlacht während der Zweiten Wiener Türkenbelagerung teilgenommen hatte. Am 12. September 1683 beendete die berühmte Schlacht am Kahlenberg die Belagerung Wiens. Ein deutsch-polnisches Entsatzheer unter der Führung des polnischen Königs Johann III. Sobieski besiegte hier ganz in der Nähe die Osmanen unter dem Oberbefehl von Kara Mustafa. Wo heute die Höhenstraße Richtung Kahlenberg führt, stießen die vereinten Fußtruppen in den Rücken des osmanischen Heeres, das gerade im Begriff war, die Stadt einzunehmen.

Wir gehen parallel zur Höhenstraße auf einem barrierefreien Asphaltweg ohne nennenswerte Steigung Richtung Elisabethwiese. Lange bevor wir jemanden sehen, hören wir heiteres Gejohle. Wir erreichen nun den größten Erlebnis-Waldseilpark im Osten Österreichs. Von wackeligen Seilbrücken hoch oben in den Föhren dringen ausgelassene Rufe an unsere Ohren. Wir ziehen es vor, festen Boden unter unseren Füßen zu behalten und gehen weiter zur Josefinenhütte, die gleichzeitig mit der Wiener Höhenstraße errichtet wurde. Nach dem Zweiten Weltkrieg mauserte sie sich mithilfe des elektrischen Stroms, der hier sogar zum Heizen benutzt wurde, zu einem der modernsten Ausflugsbetriebe in ganz Wien. Im weitläufigen Gastgarten finden wir einen freien Tisch und kehren zum Mittagessen ein. Während wir auf Spaghetti mit hausgemachtem Sugo warten, erzählt Toni von vergangenen Zeiten, als die „Franzlbahn" noch zweigleisig war. Das zweite Gleis dieser Bahnlinie wurde ab 1959 sukzessive abgetragen – kaum zu glauben! Die im Vorjahr beschlossenen Investitionsmaßnahmen für die Franz-Josefs-Bahn, berichtet mir Toni, beinhalten allerdings auch einen neuerlichen abschnittsweisen zweigleisigen Ausbau der Strecke. Dann wird Toni zehn Minuten schneller in Wien sein, und er kann ohne umzusteigen zum Hauptbahnhof weiterfahren. Außerdem wird es ab dem Fahrplanwechsel im Winter 2022/23 auch wieder eine Zugverbindung von Wien über Gmünd nach Prag geben. Der „Silva Nortica" – so heißt der Nachfolger des „Vindobona", der bis 1996 direkt in die tschechische Hauptstadt fuhr – wird für 18 zusätzliche Zugsverbindungen pro Woche auf der Franz-Josefs-Bahn sorgen.

Der Waldseilpark bei der Josefinenhütte ist der größte seiner Art im Raum Wien.

Das Erste, was wir vom Kahlenberg sehen, als wir nach einer guten Viertelstunde Gehzeit von der Josefinenhütte das Halbdunkel des Waldweges verlassen, ist eine riesige kahle Asphaltfläche. Toni ist überrascht von diesem Anblick. Den Zugang zum Kahlenberg hatte er sich romantischer

Ausblick vom Kahlenberg über fast ganz Wien Richtung Osten

vorgestellt. Mit Verweis auf die schöne Aussicht, die uns gleich erwartet, steuern wir auf die Aussichtsterrasse zu und lassen Souvenir- und Imbissbuden ebenso links liegen wie die Kirche St. Josef.

Wow – dieser Blick auf Wien entschädigt für den doch eher nüchternen Zugang zum Kahlenberg! Unglaublich grün wirkt die Stadt von hier oben, die Bezirke außerhalb des Gürtels sehen aus wie ein riesiger Park mit ein paar wenigen Häusern mittendrin. Und erst die bewaldeten Wienerwaldberge im Westen! Sie wirken wie undurchdringlich, zumindest auf den ersten Blick. Ein paar Landmarken ragen aus dem Häusermeer Wiens deutlich heraus: die Wienerberg-City etwa oder die klotzigen Türme des Allgemeinen Krankenhauses. In der Nähe des Arsenal-Funkturms ist ein Hochhaus-Cluster zu erkennen, das muss die Gegend um den Wiener Hauptbahnhof sein, die Toni besonders interessiert. Auch die Praterauen sind deutlich auszumachen, und dahinter beginnen schon die pannonischen Weiten, ein völlig anderes Landschaftsbild. Auch der Nationalpark Donau-Auen ist vom Kahlenberg aus eindeutig zu verorten. Unglaublich, wie vielfältig die Landschaften sind, die im Wiener Stadtgebiet auf engstem Raum zusammentreffen!

„Hast du vom Kahlenberg das Land dir rings besehen, dann wirst du was ich schrieb und was ich bin verstehen", schrieb der Wien-verliebte österreichische Nationaldichter Franz Grillparzer 1844. Kaffee und Kuchen wurden damals auf dem Kahlenberg noch nicht kredenzt, doch bereits 1874 eröffnete der erste Beherbergungsbetrieb seine Pforten. In diesem Jahr nahm auch die Kahlenbergbahn ihren Betrieb auf. Bis nach dem Ersten Weltkrieg verkehrte diese Zahnradbahn zwischen Nussdorf und dem Kahlenberg. Auch die weitere Geschichte des Hotel-Restaurants am Kahlenberg ist eng verknüpft mit der verkehrstechnischen Erschließung dieses beliebten Aussichtsberges. In der Zwischenkriegszeit, als die Wiener Höhenstraße errichtet wurde, kam es zum Umbau des Restaurants nach Plänen von Erich Boltenstern, einem der bedeutendsten Architekten der Wiederaufbauzeit. Sein bekanntestes Bauwerk ist vom Kahlenberg aus mit bloßem Auge zu sehen: der Ringturm am Rande der Wiener Innenstadt.

Das aktuelle Erscheinungsbild am Kahlenberg geht auf das Jahr 2003 zurück, als ein Wiener Großbäcker das lange Zeit leerstehende und baufällig gewordene Gebäudeensemble erwarb und großteils durch

Neubauten ersetzen ließ. Nahe der Aussichtsterrasse befindet sich seit 2007 die Modul University Vienna, kurz MU Vienna, eine internationale Privatuniversität.

Auf dem Weg zurück zum Parkplatz, wo sich die Bushaltestelle der Linie 38A befindet, die uns in die Stadt zurückbringen wird, werfen wir noch schnell einen Blick in die Kirche St. Josef. Ihre Ursprünge gehen auf eine Klostergründung im 17. Jahrhundert zurück, als Ferdinand II. auf dem Kahlenberg, der damals noch „Sauberg" hieß, hier eine Eremitage für Kamaldulensermönche ermöglichte. Rund um die ehemaligen Klosterzellen entwickelte sich der kleine Ort Josefsdorf. Dass die Kirche St. Josef heute bei polnischen Wallfahrern besonders beliebt ist, hat nicht nur mit König Jan III. Sobieski zu tun, dem glorreichen Sieger in der Schlacht am Kahlenberg, sondern vor allem mit dem Wien-Besuch des polnischen Papstes Johannes Paul II. im September 1983 – genau 300 Jahre nach der Befreiung Wiens von den Türken. Eine Gedenktafel an der Außenmauer der Kirche erinnert daran.

Mit dem Bus fahren wir am frühen Nachmittag hinunter zum Bahnhof Heiligenstadt und anschließend mit der U4 weiter bis zum Schottenring – ich mit dem KlimaTicket, das gleichzeitig die Jahreskarte der Wiener Linien beinhaltet, und Toni mit einem Einzelfahrschein. Zum Abschluss unseres Ausflugs gehen wir ein kurzes Stück entlang des Donaukanals. Beim Überqueren der Salztorbrücke sage ich zu Toni: „Schau, vor etwas mehr als einer halben Stunde sind wir noch dort oben gewesen!" Unglaublich, wie rasch man in Wien von den Rändern der Stadt mit öffentlichen Verkehrsmitteln ins Zentrum gelangen kann! Um 16:58 Uhr wird Toni am Franz-Josefs-Bahnhof die Heimreise ins Waldviertel antreten. Bis dahin bleibt noch genügend Zeit für Kaffee und Kuchen.

Die Kirche St. Josef am Kahlenberg

Persönlicher Tipp des Autors: Die Wanderung von Nussdorf auf den Leopoldsberg und den Kahlenberg ist ein Programm für „fortgeschrittene" Wien-Besucher. Vor allem in der Abenddämmerung ist der Ausblick von den beiden Aussichtsbergen ein großartiges Erlebnis, das sich bei einem mehrtägigen Aufenthalt sehr gut mit einem Heurigenbesuch verbinden lässt.

Tonis Fahrplan am 18. 5. 2022: Gmünd Bf. ab 07:14, Heiligenstadt Bf. an 09:22. **Retour:** Wien FJB ab 16:58, Gmünd Bf. an 19:11

CO_2 **Emissions-Ersparnis** gegenüber einer Fahrt im eigenen PKW: 54,82 kg

DIE DONAUSCHLINGE BEI SCHLÖGEN

Die Schlögener Donauschlinge liegt fernab von Autobahnen und Eisenbahnlinien, und dennoch ist dieses Wunder der Natur mit dem Postbus erstaunlich bequem zu erreichen. Der Aufstieg von der Haltestelle Schlögen Donauschlinge zum berühmten Donaublick, wo die Donau auf halbem Weg zwischen Linz und Passau gleich zweimal hintereinander ihre Laufrichtung um fast 180 Grad ändert, dauert zirka eine halbe Stunde. Nachdem ich die steilen Hangwälder zu diesem wunderbaren Aussichtspunkt erklommen habe, gehe ich auf dem Höhenweg Ciconia durch abgeschiedenes Bauernland weiter. Er bringt mich auch zum Steiner Felsen, einem weiteren grandiosen Aussichtspunkt. Kurz vor Inzell erfolgt ein holpriger Abstieg hinunter zur Donau, und nahe am Flussufer geht es auf dem Donauradweg zurück zur Bushaltestelle.

Von wegen Bahn-Routine! Auch bei diesem Ausflug mit dem KlimaTicket ist einiges neu für mich: Ich starte heute vom Wiener Westbahnhof, und zum ersten Mal nehme ich die Dienste des privaten Bahnunternehmens „Westbahn“ in Anspruch.

In knapp 20 Minuten gelange ich mit der U3 zum Westbahnhof, der seit 2015 von den Fernzügen der ÖBB nicht mehr angefahren wird. Seit der Eröffnung des neuen Hauptbahnhofs dient er den Österreichischen Bundesbahnen nur mehr zur Abwicklung des Regionalverkehrs. Die einzigen Fernzüge, die heute vom Westbahnhof starten, sind die Züge der „Westbahn“ nach Salzburg und München. Sie können den Bedeutungsverlust des traditionsreichen Bahnhofs, der früher Ausgangspunkt für alle Fernverbindungen nach West- und Nordeuropa war, allerdings nicht kompensieren.

Da bis zur Abfahrt meines Zuges noch Zeit bleibt, sehe ich mich in der Bahnhofcity Wien West ein wenig um. Dieses Einkaufszentrum ist das Ergebnis einer intensiven Vermarktung des traditionsreichen Bahnhofsareals. Es erstreckt sich über drei Etagen und beherbergt knapp 100 Geschäfte. Im oberen Teil der beeindruckend hohen, denkmalgeschützten Bahnhofshalle entdecke ich die Statue von Kaiserin Elisabeth. Sie ist ein Relikt des alten Westbahnhofs, der Ausgangspunkt der 1858 eröffneten k. k. priv. Kaiserin Elisabeth-Bahn und späteren staatlichen Westbahn gewesen ist. Im Zweiten Weltkrieg wurde der alte Westbahnhof zerstört.

Mein Zug steht bereits auf dem Bahnsteig. Als KlimaTicket-Inhaber habe ich die Möglichkeit, ohne Aufpreis in der Comfort Class der „Westbahn“ zu reisen und eine kostenlose Sitzplatzreservierung in Anspruch zu nehmen. Bald nach der Abfahrt des Zuges erscheint die Stewardess – so heißen die Schaffnerinnen der „Westbahn“ – und scannt mein KlimaTicket. Sie fragt, wie weit ich fahre, und wünscht mir eine gute Reise.

Hoch über der Donauschlinge: der spektakuläre „Schlögener Blick“

Zwei Züge der „Westbahn" am Wiener Westbahnhof

Kurz nach Wolf in der Au wird es finster, denn hier beginnt der Lainzer Tunnel. Als mich im Jahr 2005 genau an dieser Stelle mein Jakobsweg vorbeiführte, war der Tunnel noch Großbaustelle. Ich erinnere mich an ein Gespräch mit einem Bauarbeiter, der schon seit fünf Jahren damit beschäftigt war, hier ein Loch in die Erde zu graben, und daran, wie ungläubig er mich anstarrte, als ich erzählte, dass ich zu Fuß durch ganz Österreich gehen werde.

Während der Fahrt blicke ich aus dem Fenster und denke über meine zahlreichen Ausflüge in den vergangenen Monaten nach. Zu regulären Ticket-Tarifen hätte ich wohl kaum so viele Städtetouren und Wanderungen unternommen. Vermutlich wären mir 100 Ausreden eingefallen, warum gerade jetzt nicht der richtige Zeitpunkt zum Wegfahren ist. Seit ich das KlimaTicket besitze, bin ich viel motivierter, aus meinem Alltag hinauszutreten und mir Zeit zu nehmen für unser schönes und landschaftlich so vielfältiges Land. Spätestens Mitte der Woche beginne ich nachzudenken, welchen Ausflug ich wohl als Nächstes unternehmen könnte. Die günstige Gelegenheit, wegzufahren, die mir mein KlimaTicket bietet, ist eine verführerische Kraft, die kein schlechtes Gewissen verursacht. Die neuen Eindrücke während meiner kurzen Reisen bringen mich auch auf neue Gedanken, und die wiederum verändern auch die Sicht auf meinen Alltag. Wichtiger Nebeneffekt: Ich belaste unser Klima deutlich weniger, wenn ich mit Bahn und Bus durchs Land fahre und mein Auto zu Hause stehen lasse.

Die Bahnfahrt vom Wiener Westbahnhof bis Linz Hauptbahnhof dauert exakt 75 Minuten – in etwa gleich lang, wie die Fahrt vom Wiener Hauptbahnhof mit dem Railjet-Express der ÖBB.

Gedankenspiel: Wie groß wäre die zugeparkte Fläche, wenn alle mit Autos angereist wären?

Nachdem ich mich vergewissert habe, dass der Postbus 670 des Oberösterreichischen Verkehrsverbundes OÖVV tatsächlich vom Busterminal in der Unterführung neben dem Linzer Hauptbahnhof starten wird, nutze ich die Zeit bis zur Abfahrt zu einem kurzen Morgenspaziergang durch den Linzer Volksgarten, der als Erholungsraum und „grüne Lunge" für diesen Stadtteil durch die rege Bautätigkeit im neuen Bahnhofsviertel noch bedeutender wurde.

Pünktlich fährt der Bus los. Ich bin der einzige Fahrgast und habe mich rechts vorne in die erste Reihe gesetzt, um den bestmöglichen Ausblick durch die Panoramawindschutzscheibe zu haben. Der Chauffeur erzählt mir, dass diese Sonntagsverbindung erst vor Kurzem in den Fahrplan aufgenommen wurde. Die Fahrt nach Passau dauert aufgrund der vielen Zwischenstopps und kleinen Umwege fast zwei Stunden, während ein Schnellzug nur 50 Minuten bis Passau benötigt. Allerdings fährt der Zug nicht über Pupping, Karling oder Haibach! Und auch nicht zur Station Schlögen Donauschlinge, wo ich aussteigen werde, doch das dauert noch ein Weilchen.

Hinter Wilhering beginnt das Eferdinger Becken, eine fruchtbare Region mit günstigen klimatischen Bedingungen für Gemüseanbau. Kurz vor der Bezirkshauptstadt Eferding sehe ich die ersten Erdbeerfelder. In Pupping lese ich die Aufschrift „Erdäpfel Drive-In", und bei Karling wird gerade frischer Spargel gestochen. Von der Firma Efko, dem größten landwirtschaftlichen Betrieb der Region, werden auch andere „Eferdinger Kostbarkeiten" verarbeitet, zum Beispiel Gurken.

Die Gegend hier ist mir völlig fremd. Nach Hartkirchen wird es plötzlich hügelig und die Straße kurvenreich. Viele Radsportler sind zum Hochplateau des Sauwalds unterwegs. An einer Haltestelle nach der anderen fahren wir vorbei, und niemand steigt zu. Es fühlt sich eigenartig an, der einzige Fahrgast in einem so großen Bus zu sein!

In Haibach ob der Donau befinde ich mich bereits auf 528 Metern Seehöhe. Ich könnte bereits hier aussteigen und auf dem Donausteig zur Donauschlinge wandern, die nur sechs Kilometer entfernt ist. Doch ich fahre wie geplant weiter bis zur Haltestelle Schlögen Donauschlinge. Beim Aussteigen verabschiede ich mich herzlich von „meinem" Fahrer.

Schlögen besteht nur aus wenigen Häusern, von denen vor allem die Hotelanlage des „Riverresorts Donauschlinge" heraussticht. Es steht genau an jener Stelle, wo sich um 170 nach Christus ein kleines römisches Kastell befand. Möglicherweise war hier das antike Ioviacum, dem auch ein

Die Römerfigur verweist auf einen Stützpunkt der Donauflotte von Ioviacum.

Die Ausgrabungsstätte Balneum zeigt Reste eines römischen Badehauses.

Stützpunkt der Donauflottille angeschlossen war. Gleich neben dem heutigen Hotel weist eine silbrig-glitzernde Römerfigur den Weg hinauf zum „Schlögener Blick“. Doch bevor ich meine Wanderung beginne, gehe ich zum stattlichen Yachthafen links der Einmündung des Freyentalbaches. Kaum zu glauben, dass in diesem natürlichen Hafenbecken bereits vor 1800 Jahren römische Schiffe anlegten!

Am Campingplatz der Freizeitanlage Schlögen, wo sich einst die römische Zivilsiedlung des Kastells befand, frage ich mich zur Ausgrabungsstätte Balneum durch, dem römischen Badehaus, das zwar bereits vor knapp 200 Jahren entdeckt, aber erst vor Kurzem vollständig freigelegt und öffentlich zugänglich gemacht wurde. Es bestand aus dem Frigidarium, dem Kaltbaderaum, einem Becken mit lauwarmem Wasser und dem Caldarium, dem Warmbaderaum, der mittels Fußboden- und Wandheizung bis auf 35 Grad Celsius aufgeheizt werden konnte. Für die Oberösterreichische Landesausstellung 2018 wurde über den Badehaus-Ruinen ein frei zugänglicher Schutzbau errichtet. Er ist das Herzstück des Schlögener Römerparks und bietet viele interessante Informationen über die römische Badekultur. Gleich daneben befindet sich ein Römerspielplatz für Kinder mit Blick auf ein zeitgenössisches Schwimmbecken, das zur Freizeitanlage Schlögen gehört.

Langsam ist es an der Zeit, meine Wanderung auf dem zwölf Kilometer langen Ciconia-Rundwanderweg zu beginnen. Ich möchte spätestens um 17 Uhr zurück sein, damit mir vor der Rückfahrt mit dem Bus noch genügend Zeit fürs Abendessen bleibt. Sicherheitshalber frage ich im Restaurant des „Riverresorts Donauschlinge“ nach, wann die Küche abends öffnet. Leider erst um 18 Uhr. Zu diesem Zeitpunkt werde ich bereits wieder im Bus sitzen. Daher ändere ich meinen Plan und nehme schon jetzt, kurz nach 11 Uhr, auf der geräumigen Donauterrasse zu einem frühen Mittagessen Platz. Ich entscheide mich für Forelle nach „Müllerin Art" mit Petersilienkartoffeln. Während ich auf das Essen warte, lese ich die Sage von der verschollenen Burg Schlögen, die einst ein ebenso berüchtigtes Räubernest gewesen sein soll wie die Burg Haichenbach gleich gegenüber, hoch oben auf dem Sporn der Schlögener Schlinge.

Genau zu High Noon, um 12 Uhr mittags, beginne ich meine Wanderung. Als Erstes wartet ein steiler Aufstieg zum „Schlögener Blick" auf mich. Ich reihe mich ein in eine kleine Karawane, die ein seltsames Wandergepäck schleppt: Packtaschen, die eigentlich für Tourenräder bestimmt sind und die ihre Träger als Radfahrer entlarven.

Der Ciconia-Weg hat seinen Namen vom Schwarzstorch entliehen, „Ciconia nigra" ist sein wissenschaftlicher Name. In den schwer zugänglichen Schluchtwäldern bei der Schlögener Schlinge findet der in unseren Breiten selten gewordene Vogel noch Lebensraum. 20 Schautafeln und Holzskulpturen entlang des Weges bieten naturkundliche Informationen und ganz nebenbei die elegante Möglichkeit, gelegentlich stehenzubleiben und zu verschnaufen.

In knapp einer halben Stunde erreiche ich den einzigartigen Aussichtspunkt. An dieser Stelle ist es dem mächtigen Donaustrom nicht gelungen, den harten Granit zu durchschneiden. So schön kann Scheitern sein: Im Bereich der Schlögener Schlinge wurde die Donau zu einer zweimaligen Kehrtwendung gezwungen. Von hier oben sieht es so aus, als würde der Strom zurückfließen wollen, ehe er es sich bei der nächsten Biegung doch wieder anders überlegt und Richtung Südosten weiterfließt.

Ich warte ab, bis die Radfahrergruppe den Rückweg antritt, und bevor die nächste Touristengruppe eintrifft, bleibt mir ein wenig Zeit, um dieses grandiose Naturschauspiel ungestört zu genießen. Ohne allzu große Erwartungen an den weiteren Wegverlauf setze ich meine Wanderung fort, wohl wissend, dass das absolute Highlight der Region nun bereits hinter mir liegt. Doch der Ciconia-Rundweg, der noch ein Stück weit mit der Donausteig-Etappe von Schlögen nach Aschach ident ist, überrascht mich positiv. Bis zum Steiner Felsen hatte ich nur einen ruhigen Waldweg erwartet, doch hier oben am Hochplateau des Sauwaldes empfängt mich eine ursprünglich wirkende Kultur-

Harter Granit zwingt die Donau bei Schlögen zu einem überaus fotogenen Umweg.

Blick vom Steiner Felsen auf die spektakuläre Donauschlinge. Am hinteren Ufer: die Häuser von Schlögen

landschaft mit alleinstehenden Bauernhöfen und saftig grünen Wiesen, die von auffallend prächtigen Hecken gesäumt sind. Hecken sind ein typisches Element der traditionellen Bauernlandschaft. Sie fungierten als Grundstücksgrenze, Viehzaun und Lieferant von Brennholz und Wildobst, lese ich auf einer der Lehrtafeln.

Natürlich ist die Aussicht hier nicht so spektakulär wie der Einblick in die Tiefen des engen Donautals vorhin, doch sie berührt mich durch ihre beschauliche Schlichtheit. Selten begegnen mir hier andere Wanderer. Zumeist führt mein Weg am Waldrand entlang, gelegentlich wird die Landschaft jedoch offener, etwa bei Linetshub, wo es auch die Möglichkeit gäbe, zu einem weiteren Donau-Aussichtspunkt abzusteigen. Ich ziehe es aber vor, meine Wanderung wie geplant fortzusetzen und erreiche den etwas verwachsenen „Au-Blick“, der nur noch einen kleinen Ausschnitt der Donau freigibt.

Ein Vorbote des nächsten Aussichtspunktes ist der Kleine Steiner Fels, eine bizarre Gesteinsformation, die mich an den Gipfel des Mandlsteins im nördlichen Waldviertel erinnert. Dann erreiche ich den Steiner Felsen und habe einen wunderbaren Blick auf die Hangwälder, die steil zur Donau abfallen und als „Natura 2000“-Schutzgebiet ausgewiesen sind. Ich schaue hinüber zu der Hochebene, über die ich gewandert bin. Irgendwo dort drüben muss sich die Aussichtsplattform des „Schlögener Blicks“ verstecken, doch ich kann sie nicht entdecken. Auf der graugrünen Donau unter mir erkenne ich Ausflugsboote, und am halbkreisrunden Sporn am anderen Ufer des Stroms stehen inmitten von grünen Feldern und Wiesen ein paar Gehöfte. Von Schlögen sehe ich aus dieser Perspektive nur einen Teil der wenigen Häuser.

50 Minuten muss ich noch gehen, um hinunter in die kleine Ortschaft Inzell zu gelangen. Der erste Teil des Weges erweist sich als ziemlich holprig und ist nicht einfach zu bewältigen. Vorsichtig steige ich tiefer und tiefer, und schließlich gelange ich wohlbehalten hinunter zur Donau. Ein kleiner Abstecher in den Ort geht sich noch aus, doch zu viel Zeit darf ich mir nicht mehr lassen, wenn ich meinen Bus nicht versäumen will. Ich suche das St.-Ni-

kolaus-Kirchlein, dessen Turmspitze ich bereits sehe. Doch als ich näherkomme, ist die Kirche plötzlich wie vom Erdboden verschluckt. Ich gehe bis ans Ortsende, wo ich auf einen lauschigen Gastgarten stoße. Hier kehre ich ein, um meinen Flüssigkeitshaushalt wieder in Ordnung zu bringen. Erst auf dem Rückweg entdecke ich das hölzerne Hinweisschild, das auf die Kirche verweist. Sie liegt versteckt zwischen zwei Häusern.

Auf dem ehemaligen Schifferweg gehe ich von Inzell zurück nach Schlögen. Er ist vier Kilometer lang und wird heute vor allem von Radlern genutzt, die auf dem Donauradweg zwischen Passau und Wien unterwegs sind. Ich erreiche die Bushaltestelle ohne große Eile und habe sogar noch ein wenig Zeit, um mich frisch zu machen und ein trockenes T-Shirt anzuziehen. Diesmal ist der Panaromaplatz im Bus zwar bereits belegt, doch ich bin froh, nicht der einzige Fahrgast zu sein. Zirka ein Dutzend Menschen sitzt bereits im Bus, und an den zahlreichen Haltestellen steigen weitere Personen zu.

Ganz anders dann die Situation im Schnellzug von Linz nach Wien: Er ist völlig überfüllt. Zum ersten Mal, seit ich mit dem KlimaTicket unterwegs bin, bekomme ich keinen Sitzplatz. Sollte ich wieder einmal einen Sonntagsausflug auf der Weststrecke unternehmen, werde ich einen Sitzplatz reservieren!

Der Ciconia-Weg überrascht auch mit kreativen Holzschnitzereien.

Persönlicher Tipp des Autors: Sportlichen Tagesausflüglern sei der zwölf Kilometer lange Ciconia-Rundwanderweg empfohlen. Nach dem steilen Aufstieg zum „Schlögener Donaublick" entpuppt er sich als beschaulicher Höhenweg mit weiteren Aussichtspunkten. Sowohl in Schlögen wie auch in Inzell gibt es eine gute touristische Infrastruktur für Wanderer und Radfahrer.

Mein Fahrplan am 22. 5. 2022: Wien Westbahnhof ab 07:10, Schlögen Donauschlinge an 09:57 (über Linz).
Retour: Schlögen Donauschlinge ab 17:59, Wien Hbf. an 20:30

CO_2 **Emissions-Ersparnis** gegenüber einer Fahrt im eigenen PKW: 93,28 kg

NACH VORAU IM JOGLLAND

Das Augustiner-Chorherrenstift Vorau ist das spirituelle und kulturelle Zentrum des hügeligen Jogllandes im Nordosten der Steiermark. 15 Türme bezeugen den wehrhaften Charakter dieser alten Klosterburg, die der Bevölkerung dieses Grenzlandes in kriegerischen Zeiten als Rückzugsort diente. Zu den Glanzstücken der hochbarocken Kirche zählen die vielen Fresken wie der „Höllensturz der Verdammten" in der Sakristei. Die Stiftsbibliothek gehört zu den schönsten des Landes. Mit ihren kostbaren Handschriften, Inkunabeln und Büchern versammelt sie Dokumente des geschriebenen Wortes aus mehr als 1000 Jahren. In unmittelbarer Nähe des Stiftes besuche ich das Freilichtmuseum Vorau, und auf dem Lochsteinweg erfahre ich Wissenswertes über geheimnisvolle Steine aus prähistorischen Zeiten.

Von der U-Bahn-Station Südtiroler Platz bis zu den Bahnsteigen der Fernzüge am Hauptbahnhof ist es ein weiter Fußweg. Nur drei Minuten vor Abfahrt des Intercity 533 steige ich aus der U-Bahn, auf die ich heute ungewöhnlich lange warten musste. Ich laufe so schnell ich kann mit dem doch recht schweren Wanderrucksack von der U-Bahn-Station durch die weitläufigen Bahnhofshallen zu meinem Zug, den ich völlig außer Atem im letzten Augenblick erreiche. Zwar fahren die Züge nach Wiener Neustadt vom Wiener Hauptbahnhof in sehr kurzen Intervallen, aber wenn ich den Zug um 08:25 Uhr verpasst hätte, wäre auch mein Anschlusszug nach Rohrbach-Vorau weg gewesen, und diese Verbindung verkehrt nur im Zwei-Stunden-Takt.

Erleichtert lasse ich mich in den nächstbesten Sitz fallen. Erst im Bahnhof Wien Meidling fällt mir auf, dass ich heute in einem 6er-Coupé der ungarischen Eisenbahngesellschaft MÁV sitze – kein Ausflug, bei dem nicht irgendetwas zum ersten Mal geschieht!

Am Hauptbahnhof Wiener Neustadt steht der Cityjet REX92, ein Dieseltriebwagen der Reihe 5022, schon zur Abfahrt bereit. Er ist deutlich kürzer als alle anderen Züge, mit denen ich bislang gefahren bin. Ich freue mich auf die Fahrt, die nun vor mir liegt, denn auf dieser Strecke bin ich erst ein einziges Mal unterwegs gewesen, und das ist viele Jahre her.

Auf dem ersten Teilabschnitt sind wir auf den Geleisen der Aspangbahn unterwegs, die in habsburgischen Zeiten von Wien bis in die griechische Stadt Saloniki führen sollte, ohne dabei Ungarn oder Serbien zu berühren. Von diesem Vorhaben konnte jedoch nur der erste Teilabschnitt bis Aspang im südlichen Niederösterreich verwirklicht werden. Der ehemalige Aspangbahnhof in Wien-Landstraße, der auf dem zugeschütteten Hafenbecken des Wiener-Neustädter-Kanals erbaut wurde, erlangte nach dem „Anschluss" Österreichs an das Deutsche Reich traurige Berühmtheit, denn von diesem Bahnhof wurden bis 1942 mehr als 50 000 Wienerinnen und Wiener jüdischer

Im Vergleich zur barocken Pracht im Inneren wirkt die Fassade der Stiftskirche fast unscheinbar.

Durchs Zugfenster fotografiert: die malerische Burgruine Türkenstürz

Herkunft in Ghettos und Konzentrationslager abtransportiert. Heute befindet sich an der Stelle des 1977 abgerissenen Bahnhofs der „Platz der Opfer der Deportation".

Vor Bad Erlach überqueren wir das Flussbett der Leitha. Wenig später erscheint Burg Seebenstein hoch oben auf einem bewaldeten Berg und kurz darauf die malerische Burgruine „Türkensturz". Sie thront auf einem markanten Felsen. An der Haltestelle Edlitz-Grimmenstein steigt eine Wandergruppe aus dem Zug. Schließlich erreichen wir den beschaulichen Ort Aspang-Markt in der Buckligen Welt. Wir befinden uns nun am Fuße des Wechsel, dem östlichsten Gebirgszug der Alpen, und ganz unmerklich wechselt die Bahnstrecke auch ihren Namen: Wechselbahn heißt dieses Teilstück zwischen Aspang und dem steirischen Friedberg, und wie es sich für eine Gebirgsbahn gehört, muss sie ihre Geleise schlingenförmig übers Land legen, um kontinuierlich an Höhe zu gewinnen. Wie auf der Waldviertelbahn führt die eingleisige Strecke auch hier mitten durch dunkle Wälder. Da auch die Wechselbahn ohne nennenswerte Bahndämme auskommt, verstärkt sich der Eindruck, dass ich jederzeit die Bäume berühren könnte.

Als wir die 650 Meter hoch gelegene Bahnstation Tauchen-Schaueregg erreichen, sind wir bereits im Bundesland Steiermark, und der Große Hartbergtunnel, in dem sich der Scheitelpunkt der Bahnstrecke über den Wechsel befindet, liegt bereits hinter uns. Im April 1941 fungierte dieser 2477 Meter lange Eisenbahntunnel zwei Wochen lang als Führerhauptquartier. Der Sonderzug von Adolf Hitler stand in dieser Zeit nahe dem Tunnel und sollte während seiner Unterredungen mit Göring und Keitel, die ebenfalls in eigenen Sonderzügen zu diesem Geheimtreffen anreisten, bei Fliegeralarm als Rückzugsort dienen.

Fischbachbrücke über das Lafnitztal bei Dechantskirchen

Drei von insgesamt 15 Türmen der einstigen Klosterburg

Kurz vor Pinggau unterqueren wir in einem weiteren Tunnel die B 54, die Panoramastraße über den Wechsel. Wenig später sind wir in Friedberg. Die wenigen Mitreisenden im Zug starren gebannt auf ihre Handys oder dösen vor sich hin. Außer mir schaut niemand aus dem Fenster, dabei gibt es auf dieser Fahrt so viel zu sehen: Kurz nach Dechantskirchen wird der Ausblick ungewöhnlich weit, denn der Zug fährt hier über eine dreiteilige Fischbauchbrücke und überquert in 35 Metern Höhe das weite Tal der Lafnitz. Der Fluss entspringt im steirischen Joglland und darf etwas weiter südlich relativ naturbelassen vor sich hin mäandrieren, bevor er nach seiner mehr als 100 Kilometer langen Reise in die Raab mündet.

In Rohrbach-Vorau steige ich aus dem Zug. Er wird seine Fahrt auf der Thermenbahn nach Fehring nun ohne mich fortsetzen. Am Bahnhofsvorplatz wartet bereits der Linienbus 324, und kaum habe ich Platz genommen, fahren wir auch schon los. Zu meiner freudigen Überraschung bekomme ich die imposante Zeilbrücke, über die ich vorhin gefahren bin, nun auch von unten zu sehen – ein tolles Fotomotiv!

In weniger als 20 Minuten bringt mich der Bus hinauf nach Vorau. Bei der Fahrt durch den Markt bekomme ich einen ersten Eindruck von dieser 5000-Seelen-Gemeinde im oststeirischen Hügelland. Neben der Marktkirche und dem etwas versteckt liegenden Rathaus springt mir vor allem das Marienkrankenhaus Vorau ins Auge. Mein Bus fährt ganz hinauf auf das Hügelplateau oberhalb der Ortschaft zum Stift Vorau. Genau vor dem Stiftsportal hat der Bus Endstation – noch komfortabler könnte die Anreise zu meinem heutigen Ausflugsziel gar nicht sein!

Bevor ich ins Augustiner-Chorherrenstift Vorau hineingehe, vertrete ich mir ein wenig die Beine. Unmittelbar vor dem Kloster starten mehrere markierte Themen-Wanderwege. Vorau liegt in der hügeligen Tourismusregion Joglland-Waldheimat und ist ein Eldorado für Genusswanderer. Von hier bis zum Hochwechsel, der das Panorama im Nordosten beherrscht, sind es knapp 20 Kilometer. Der Weg dorthin ist ein Zubringer zum Alpannonia, einem relativ neuen Weitwanderweg, der in sechs oder sieben Tagesetappen von hohen Bergen bis in die ungarische Tiefebene hinunterführt.

Ich gehe in weitem Bogen entlang einer alten Baumzeile und über Streuobstwiesen um die Südseite der Klosteranlage herum. Die erste architektonische Besonderheit, die mir ins Auge springt, sind die ungewöhnlich vielen Türme von Stift Vorau, das in alten Quellen oft als „Klosterburg" bezeichnet wird. In kriegerischen Zeiten – und davon gab es viele im Laufe der Geschichte dieses hart umkämpften Grenzlandes – ist Stift Vorau stets ein Zufluchtsort für die Bevölkerung gewesen. Im 15. Jahrhundert erfolgte der Umbau der früheren Stiftsgebäude zu einer geistlichen Burganlage mit Wassergräben und Wehrmauern. Die markanten seitlichen Sechsecktürme wurden um 1700 errichtet, und auch der Torturm erhielt in jener Zeit sein Obergeschoss. Direkt unter ihm befindet sich die Klosterpforte. An ihr vorbei führt mein erster Weg in die Stiftskirche. Sobald die Lichter angehen, erstrahlt die hochbarocke Innenausstattung in ihrer ganzen Pracht. Ich bin überwältigt vom goldenen Glanz des Hochaltars, von der reich verzierten Kanzel und von den überbordenden Wandmalereien, die von der Decke über die Wände jeden einzelnen Quadratzentimeter Mauer in diesem Gotteshaus bedecken. Diese Fresken stammen von vier verschiedenen Künstlern und sind eine Pionierleistung, denn eine komplette Freskierung einer Kirche hat es zuvor im steirischen Barock nicht gegeben. Das künstlerische Highlight befindet sich dennoch nicht in der Kirche selbst, sondern in der angrenzenden Sakristei, die im Rahmen der Stiftsführung ebenfalls zugänglich ist. Die Freskenausstattung dieses Raumes stammt von Johann Cyriak Hackhofer und seinen Schülern. Im „Höllensturz der Verdammten" wimmelt es nur so von Teufeln und Folterknechten. Und von „armen Teufeln", die ob ihrer symbolisch dargestellten Laster für ein höllisches Durcheinander sorgen: Die Kröte steht für Habsucht, der Weinkrug für Trinksucht und die Würfel für Spielsucht.

Nach so viel Bildgewalt sehnt sich mein Auge nach natürlichen Farben. Ich gehe in den Prälatengarten, der eine himmlische Ruhe ausstrahlt. Hier steht eine lange steinerne Bücherreihe, die Studierende der Fachhochschule im Grazer Johanneum zu einem „Denkmal des Lesens" geformt haben. Die Kunstinstallation weist mir den Weg zum nicht minder kunstvoll gestalteten Eingangstor der Bibliothek. „Mönche betrachten Bücher als ihre eigentlichen Waffen und reimen das Wort Bibliothek – Armarium – mit dem Wort Waffenkammer – Armamentarium. Eines ihrer Sprichwörter lautet: „Ein Kloster ohne Büchersaal ist eine Festung ohne Arsenal", schreibt Gerhard Stenzel im Buch *Von Stift zu Stift in Österreich*. Stift Vorau verfügt über eine 40 000 Bände umfassende Büchersammlung und unterhielt lange Zeit auch ein gut bestücktes Waffenarsenal zur Verteidigung der wehrhaften Klosterburg. Als Mönche sehen sich die Augustiner-Chorherren allerdings nicht. Sie sind eine Priestergemeinschaft und bezeichnen sich offiziell als „Regularkanoniker". Die korrekte Anrede für Augustiner-Chorherren ist nicht „Pater" oder „Bruder", sondern schlicht und einfach „Herr". Im zweigeschossigen Bibliothekssaal umfängt mich die Aura von Tausenden Büchern, die in opulenten Schrän-

Hochbarocke Herrlichkeit: die reich verzierte Kanzel in der Stiftskirche

Einer von zwei Coronelli-Globen, die der Stiftsbibliothek zusätzlichen Glanz verleihen

ken stehen. Die tonnenförmige Decke des Raums ist mit Fresken und Bandlwerkstuck geschmückt. Vervollständigt wird das barocke Gesamtkunstwerk von einer eisernen Doppelwendeltreppe, die an der Westseite der Bibliothek hinauf ins ehemalige Handschriftenzimmer führt. Bis 1912 wurden dort die kostbaren Handschriften und Inkunabeln des Stiftes aufbewahrt. Die Vorauer Handschriftensammlung enthält die ältesten frühmittelhochdeutschen Dokumente geistlicher und weltlicher Dichtung. Unter anderem werden hier die Schriften der Ava verwahrt, der ersten namentlich bekannten Dichterin im deutschsprachigen Raum. Auch wenn die besonders kostbare Sammlung von Frühdrucken aus der Zeit vor 1500 und die über 400 Handschriften, die bis ins 9. Jahrhundert zurückreichen, heute gesondert unter höchsten Sicherheitsvorkehrungen aufbewahrt werden müssen, versprüht die Bibliothek von Stift Vorau eine magische Aura. Zu ihrem besonderen Flair tragen auch zwei große Globen bei: ein Erd- und ein Himmelsglobus des bedeutenden italienischen Globenmachers Vinzenzo Coronelli. An beiden Enden des 24 Meter langen Raumes stehen ungewöhnliche Schallmuscheln. Sie machen selbst leisestes Flüstern auf der gegenüberliegenden Seite der Bibliothek hörbar.

Ich verlasse dieses Reich der Bücher, das ein krönender Höhepunkt meines Stiftsbesuches gewesen ist, und kehre über die Klosterpforte zurück zum Vorplatz. Hier beginnen nicht nur die eingangs erwähnten Wanderwege, sondern auch der Literaturpfad Vorau. Er nimmt Bezug auf die *Vorauer Novelle*. Dieser bemerkenswerte mittelalterliche Text handelt von der Suche zweier entlaufener Klosterzöglinge nach dem Glück, vom Pakt mit dem Teufel, aber auch von Reue und Gewissensbissen.

Der Literaturpfad führt vom Stift hinunter in den Ort, doch ich bleibe noch eine Weile hier oben auf der Anhöhe im Süden des Marktes, denn in unmittelbarer Nachbarschaft zum Chorherrenstift versteckt sich eine weitere Sehenswürdigkeit, der ich einen Besuch abstatten möchte: das Vorauer Freilichtmuseum. Mein Weg dorthin führt

Das ehemalige Rauchstubenhaus Maritti im Freilichtmuseum Vorau

an der alten Friedhofskirche zum Heiligen Johannes vorbei. Die ursprünglich romanische Kirche ist das älteste Gotteshaus der Region, sie wurde vermutlich bald nach der Stiftsgründung im Jahr 1163 erbaut. Mehr als 800 Jahre jünger als sie ist das Freilichtmuseum, das sich direkt neben dem Friedhof befindet. Ein gutes Dutzend typischer Häuser aus der näheren Umgebung wurden hier neu aufgebaut und mit dem bäuerlich-ländlichen Inventar aus längst vergangenen Zeiten zu neuem Leben erweckt. Alois Koschatko, der Initiator, Gründer und erste Leiter dieses Freilichtmuseums, begann seine Sammeltätigkeit bereits 1962. Der Ankauf des ersten Hauses, des Rauchstubenhauses Maritti, erfolgte 1971. Da ein Haus alleine aber noch kein Freilichtmuseum ausmacht, mussten weitere acht Jahre vergehen, bis dieses Ensemble offiziell eröffnet werden konnte. Die Stube Zenzl im Graben anno 1783 ist das erste Gebäude, das ich betrete. Hier befindet sich die Kassa und der Shop des Museums, in dem auch kulinarische Mitbringsel aus dem Joglland angeboten werden. Als Nächstes betrete ich das Jagerhaus, in dem eine komplette Buchdruckerei untergebracht ist und obendrein auch noch eine Zahnarztpraxis. Mehrere monströse Filmprojektoren erinnern an die goldene Ära der Lichtspielhäuser, in der jeder auch noch so kleine Ort sein eigenes Kino hatte. Besonders interessant finde ich das vorhin schon erwähnte Rauchstubenhaus aus dem Jahr 1706. Als es Anfang der 1970er-Jahre erworben wurde, war es das einzige noch bestehende Haus mit einer Rauchküche in der gesamten Region. Die Rauchstube war nicht nur Küche, Wohn- und Arbeitsraum der vierköpfigen Familie Maritti, sondern auch Aufenthaltsraum und Fleischselch. Alle häuslichen Tätigkeiten spielten sich in diesem engen Raum ab. Hier stehen nicht nur Tisch und Bett nah beieinander, sondern auch eine Wiege, das Spinnrad und ein uralter „Almer", der archaisch anmutende Vorratsschrank des kleinen Hauses. Er steht direkt neben dem alles dominierenden Herd. Auch das Geschirr stammt noch aus dem Originalbestand der Familie Maritti, wie ein Zeitungsartikel vom Januar 1965 an der Wand verrät: „Wenn i das Geld hätt, dann hätt i schon längst umgebaut. Nur damit die Fremden was zum Schauen haben, deshalb bleib i net immer in der Rauchkuchl wohnen", wird der Bauer darin zitiert. In einem anderen der alten Gebäude bewundere ich verschiedene Bienenkörbe aus Stroh, sogenannte „Strohsumper". In einem Feldkasten ist eine Schusterwerkstatt eingerichtet und in der Hoanl-Stube eine Tischlerei und eine Töpferei. Ich gehe über den Hofgarten zu einem Brunnen mit Picknicktisch und Sitzbank. Im Schatten mehrerer Birken ruhe ich mich für meinen letzten Programmpunkt am heutigen Tag aus.

Der Lochsteinweg ist ein zirka vier Kilometer langer Rundwanderweg, der beim Mostgut Kuchlbauer in Riegersbach bei Vorau beginnt. Auf dem Weg dorthin kehre ich im Zentrum von Vorau zu einem späten Mittagsessen beim Kirchenwirt ein. Mit meinem Tischnachbarn unterhalte ich mich über die geheimnisvollen Lochsteine, und nach dem Essen bringt er mich freundlicherweise mit seinem Auto direkt zum Startpunkt des Lochsteinweges. Mit mehr als 500 Lochsteinen aus prähistorischen Zeiten weist die nähere Umgebung von Vorau eine für Mitteleuropa einzigartige Dichte an Menhiren auf. Das Wort „menhir“ stammt aus dem Bretonischen und bedeutet „langer Stein“. Sie zählen zur Gruppe der Großsteine oder Megalithen und werden von Archäologen einem Zeitraum zugeordnet, der bis 7000 Jahre vor unsere Zeitrechnung zurückreicht. Vermutlich standen in der Oststeiermark einst mehr als 1000 dieser megalithischen Steindenkmale. Der ursprüngliche Verwendungszweck der Vorauer Lochsteine gibt Heimatforschern und Wissenschaftlern bis heute Rätsel auf. Vor allem in der Nachkriegszeit wurden viele dieser geheimnisvollen Steine entfernt, weil sie den immer größer werdenden landwirtschaftlichen Geräten im Weg standen. Nur jene, die später als Grenzsteine Verwendung fanden, blieben erhalten. Der beschilderte Wanderweg führt an Lochsteinen vorbei, die bis heute auf ihrem ursprünglichen Platz stehen. Informationstafeln vermitteln den aktuellen Wissensstand und so ganz nebenbei bekomme ich bei dieser zweistündigen Wanderung auch einen guten Eindruck von den landschaftlichen Reizen des Jogllandes.

Ein Lochstein inmitten der zauberhaften Landschaft des Jogllandes

Auf der Rückfahrt komme ich im Zug nach Wiener Neustadt mit dem Schaffner ins Gespräch, der sich sehr für meine Ausflüge mit dem KlimaTicket interessiert, denn er ist selbst begeisterter Wanderer. Erst am vergangenen Wochenende war er mit Freunden in den Ötschergräben.

Persönlicher Tipp des Autors: Das Freilichtmuseum Vorau lässt sich perfekt mit einem Stiftsbesuch kombinieren, denn es liegt gleich daneben. Wer im Rahmen seines Tagesausflugs mit Bahn und Bus auch eine kurze Wanderung durchs Joglland unternehmen möchte, kann ebenfalls gleich vom Stift weg auf verschiedenen Wegen losmarschieren.

Mein Fahrplan am 31. 5. 2022: Wien Hbf. ab 08:25, Vorau Stift an 10:33 (über Wr. Neustadt Hbf. und Rohrbach-Vorau Bf.). **Retour:** Stift Vorau ab 17:24, Wien Hbf. an 19:49 (über Rohrbach-Vorau Bf. und Wr. Neustadt Hbf.)

CO_2 **Emissions-Ersparnis** gegenüber einer Fahrt im eigenen PKW: 47,94 kg

ZUM DIESENHOF BEI ALTLENGBACH

Mein Halbtagesausflug zum Diesenhof beginnt am Wiener Westbahnhof und führt auf der Alten Westbahnstrecke zunächst nach Maria Anzbach, einem Wallfahrtsort im Biosphärenpark Wienerwald. Vom Bahnhof Maria Anzbach wandere ich zum Millenniumskreuz auf dem Kohlreithberg, wo mich ein weiter Ausblick in Richtung Norden erwartet. Das eigentliche Ziel meiner Wienerwald-Wanderung ist der Diesenhof, ein einsam gelegener Bauernhof mit Pferdehaltung und einer Galloway-Rinderzucht. Mit dem Besuch bei den Bauersleuten Jessica und Hermann erfülle ich mir einen seit Langem gehegten Wunsch: einmal mit eigenen Augen sehen, wo die Produkte aus dem „Feinkostladen Österreich" eigentlich herkommen, die tagtäglich scheinbar so selbstverständlich auf unseren Esstischen landen!

Als ich kurz vor Mittag am Wiener Westbahnhof eintreffe, steht mein Zug bereits am Bahnsteig. Die rote Lokomotive sieht den E-Loks aus meiner Teenager-Zeit in den späten 1970er-Jahren verblüffend ähnlich. Dank Wikipedia bringe ich schnell in Erfahrung, dass es sich bei der Baureihe 1144 um umgebaute 1044er-Modelle handelt – eine elektrische Universallokomotive, die auf österreichischen Bahnstrecken lange Zeit omnipräsent war. Sie kam im Personen- wie auch im Güterverkehr zum Einsatz und im Flachland ebenso wie auf Gebirgsstrecken. Seit 2013 sind die modernisierten 1044er-Lokomotiven unter der Bezeichnung „1144" unterwegs, doch viele dieser langlebigen und einst so weit verbreiteten Loks werden nach Erreichen einer bestimmten Kilometerleistung aus dem Verkehr genommen, denn ihr Betrieb kommt wesentlich teurer als die moderneren Taurus-Modelle. Die Tage der Lokomotive „1144 216", die hier auf dem Westbahnhof steht, sind also bereits gezählt, und auch die Waggons, die sie heute über die Wienerwaldberge ziehen wird, wirken nicht mehr ganz taufrisch. Die Zuggarnitur ist eine Kombination aus je einem Doppelstockwagen ganz vorne und am Ende des Zuges sowie mehreren Cityshuttle-Inlandsreisezugwagen im Mittelteil. Diese Waggons wurden bereits ab den1980er-Jahren gebaut und bis 2006 zum Erfolgsmodell Cityshuttle umgerüstet.

Ich suche mir einen Platz im Obergeschoss des Doppelstockwagens, denn ich möchte möglichst viel von dieser Fahrt auf der Alten Westbahnstrecke sehen. Wenn ich in den vergangenen Monaten auf der Weststrecke fuhr, dann immer auf der Neuen Westbahn, die unmittelbar nach dem Bahnhof Wien Meidling beginnt und zunächst durch den Lainzer Tunnel verläuft, wo sich der unterirdische und daher für Bahnreisende unsichtbare Knoten Hadersdorf befindet. Dann geht die Fahrt auf der neuen Hochleistungsbahnstrecke durch den nahtlos anschließenden Wienerwaldtunnel weiter in Richtung Tullnerfeld.

Italienischer Chianina-Stier am Diesenhof hoch über Altlengbach

Aus „alt“ wurde auf der Westbahnstrecke aber nicht einfach „neu“, denn beide Strecken sind bis kurz vor Linz – am weiteren Streckenausbau wird derzeit gearbeitet – nach wie vor in Verwendung. Bei jenen Abschnitten, wo sie parallel verlaufen, spricht man von der „viergleisigen Westbahn“.

Die Alte Westbahnstrecke, auf der ich heute unterwegs bin, ist dem Regionalverkehr vorbehalten. Kurz nach der Abfahrt vom traditionsreichen Wiener Westbahnhof, der mittlerweile zur Bahnhofcity Wien West mutiert ist, erhasche ich einen Blick auf Schloss Schönbrunn und die Gloriette. Bei meinem allerersten Wien-Besuch bin ich mit meinen Eltern und meinem Bruder im Schönbrunner Schlosspark gewesen, wie alte Schwarz-Weiß-Fotos im Familienalbum belegen. Persönliche Erinnerungen verbinde ich mit diesem Ausflug allerdings nicht, auch nicht an die damit verbundene erste Bahnfahrt nach Wien.

In meiner Studentenzeit war ich regelmäßig auf der Weststrecke zwischen Amstetten und Wien unterwegs, und die Großstadt erschien mir damals, in den 1980er-Jahren, durchs Zugfenster betrachtet grau und abweisend. Bei meiner heutigen Fahrt bin ich hingegen angenehm überrascht vom unerwartet grünen Bahndamm, der sich als Biotopkorridor mitten durch dichtverbautes Wohngebiet zieht. Bahnlinien sind ebenso wie Straßen erhebliche menschliche Eingriffe in die Natur, aber gerade im urbanen Raum sind Bahndämme wichtige – wenn auch nicht ungefährliche – Ersatzlebensräume für gefährdete Pflanzen- und Tierarten. Außerdem dienen sie auch als Ausbreitungs- und Wanderkorridore. Sonnige, offene Böschungen und Schotter werden gerne von Reptilien genutzt, während Amphibien sich oft in den feuchten Gräben und Durchlässen der Bahnanlagen aufhalten. Auch viele Vogelarten finden entlang von Bahndämmen passende Bedingungen. Die ÖBB betreiben ein ökologisches Flächenmanagement ihrer Grundstücke und versuchen auch potenzielle Gefahrenquellen zu entschärfen. Damit leisten sie einen wichtigen Beitrag zur Artenvielfalt.

Nach der Haltestelle Wien Wolf in der Au verschwindet der Regionalexpresszug, in dem ich sitze, zu meiner Verwunderung im Lainzer Tunnel. Kurz darauf kommen wir allerdings bereits wieder ans Tageslicht, und noch bevor unser Zug durch den Bahn-

Eine alte 1144er-Lokomotive auf der alten Westbahnstrecke

Blick auf die Buchbergwarte bei Maria Anzbach im Wienerwald

hof Unter Purkersdorf fährt, rollen wir wieder auf den Geleisen der Alten Westbahnstrecke. Dieser Streckenverlauf durch eine eigene Röhre des 2012 eröffneten Lainzer Tunnels ist Regionalexpresszügen vorbehalten, wie mir der Schaffner später erklärt, während die Züge der Schnellbahn weiterhin oberirdisch, auf dem sogenannten Nebenverkehrsgleis, auch kleinere Bahnstationen wie Hadersdorf oder Weidlingau bedienen, die ich bei dieser Fahrt nicht zu Gesicht bekomme.

Um 12:43 Uhr erreichen wir das Zentrum von Purkersdorf, den ersten Halt seit Wien Hütteldorf. Auch wenn sich das alte „Purckersdorff" bereits früh als lokales Zentrum der Holzwirtschaft im Wienerwald etablierte und seit dem Ausbau der Straßenfernverbindung über den Riederberg auch über eine bedeutende Poststation verfügte, kam der große Aufschwung erst mit der Eröffnung der Westbahn im Jahr 1858. Die gute Erreichbarkeit von Wien, die Purkersdorf rasch zu einer begehrten Wohngegend machte, wurde dem Ort durch den stetig anwachsenden Individualverkehr ab den 1960er-Jahren allerdings beinahe zum Verhängnis. Kaum vorstellbar, dass sich hier bis ins Jahr 1987 eine schier endlose Blechkolonne mitten durch das enge Ortszentrum wälzte, ehe eine Ortsumfahrung endlich Abhilfe schaffte. Bei unserem kurzen Aufenthalt in Purkersdorf blicke ich durchs Zugfenster auf eine belebte Fußgängerzone, die dem Zentrum ein sehr gefälliges Antlitz verleiht.

Kurz vor der Bahnstation Tullnerbach-Pressbaum bemerke ich erste größere „Rodungsflecken" zwischen den bewaldeten Hügeln, und je weiter ich Richtung Westen fahre, umso häufiger wird der Wald durch größere Wiesenflächen durchbrochen. Ohne sie wäre der Wienerwald als Erholungsraum nur halb so attraktiv. Für viele Menschen ist eine bunt blühende Wiese der Inbegriff von „unberührter Natur", doch es ist umgekehrt: Die Wienerwaldwiesen entstanden durch menschliche Eingriffe – durch die Rodung der Wälder und durch Bewirtschaftung. Bunte Heuwiesen sind in vielen Teilen Österreichs aufgrund der Intensivierung der Landwirt-

Blick über Maria Anzbach zum Kraftwerk Dürnrohr

schaft selten geworden und mit ihnen auch zahlreiche Insekten- und Vogelarten. Im Wienerwald hingegen, wo der landwirtschaftliche Intensivierungsdruck vergleichsweise gering ist, finden wir eine der attraktivsten Wiesenlandschaften Europas.

Kurz nach Pressbaum fahren wir durch Rekawinkel. Ich hätte mir den denkmalgeschützten Bahnhof von Rekawinkel gerne genauer angesehen, doch leider halten hier nur die Züge der Schnellbahn. Er wurde bereits 1858 errichtet und gilt als das am besten erhaltene Beispiel für die ursprüngliche Bahnhofsarchitektur an der Weststrecke, die hier mit 368 Metern über dem Meeresspiegel auch ihren höchsten Punkt im Wienerwald erreicht. Von diesem vorbildlich restaurierten Bahnhof ist es übrigens nicht weit bis zum Startpunkt des Eichgrabener Höhenwanderweges, der ebenfalls ein lohnendes Ausflugsziel ist.

Je länger die Bahnfahrt dauert, umso offener wird die Landschaft, vor allem in Fahrtrichtung rechts, wo bereits die Buchbergwarte ins Blickfeld rückt. Wir erreichen die Haltestelle Eichgraben-Altlengbach, und allmählich leeren sich die Sitzplätze im Obergeschoss des Doppelstockwagens. Ein paar Minuten später, in der Station Maria Anzbach, verlasse auch ich den Zug.

Der Ort liegt eingebettet zwischen dem Buchberg im Norden und dem Kohlreithberg im Süden, den ich auf einem steilen Waldweg erklimmen möchte. Doch zunächst folge ich noch ein Stück dem Bahndamm, auf dem hohes Gras sprießt, in Richtung Westen, ehe ich bei einer Bahnunterführung links in den Buchenwald abbiege. Auf halbem Weg zum Kohlreithberg steht plötzlich ein freundlich wedelnder Hund vor mir. Kurz darauf begegnen mir auch die zu ihm gehörenden Menschen. Sie verraten mir eine Abkürzung zum Millenniumskreuz, die allerdings besonders steil und aufgrund der Regenfälle der vergangenen Tage auch sehr rutschig ist. Nach einer halben Stunde Gehzeit erreiche ich den Aussichtspunkt und blicke hinunter auf Maria Anzbach.

Von der Bahnstation aus habe ich von diesem Ort nicht viel mehr als die Turmspitze der Wallfahrtskirche gesehen. Maria Anzbach wirkt kompakt und überaus grün, in den vielen Gärten ragen hohe Bäume empor. Hinter den Ausläufern des Buchberges wird die Landschaft nach Norden hin flacher. Ich sehe das Kraftwerk Dürnrohr, und etwas weiter links ist auch Zwentendorf zu erkennen, Österreichs einziges Atomkraftwerk, das allerdings nie in Betrieb ging, nachdem sich bei einer Volksabstimmung im Jahr 1978 eine knappe Mehrheit dagegen ausgesprochen hatte. Am Horizont hinter den Kraftwerken zieht sich der Wagram in die Länge, eine markante Geländekante, die von der Urdonau vor Jahrmillionen geformt wurde. Vor drei Jahren wanderte ich dort drüben auf dem Jakobsweg Weinviertel und blickte nach Süden zu den Erhebungen des Wienerwaldes. Genau auf einem dieser Hügel stehe ich jetzt: am Kohlreithberg, direkt beim Millenniumskreuz. Es wurde 1998 anlässlich des 1000-jährigen Jubiläums der erstmaligen Nennung des Namens „Amicinesbach“, von dem sich „Anzbach“ herleitet, aufgestellt. Rings herum stehen Picknicktische, und sogar ein Gipfelbuch liegt hier auf. Zwei Wanderer vor mir haben sich darin mit folgendem Reim verewigt: „Ben und Felix waren hier, mit dabei Chips und Bier!“ Ein anderer Wandersmann listet penibel alle Landmarken auf, die er von hier oben sehen konnte: Neben den bereits erwähnten Kraftwerken und der Buchbergwarte ist auch Schloss Neulengbach Teil dieser Aufzählung. Ich gehe weiter zum Diesenhof, einem ziemlich abgelegenen Bauernhof mit Pferdehaltung und Rinderzucht. Der Weg dorthin führt an wunderschönen Streuobstwiesen vorbei.

Dem amerikanischen Grenzlandpionier Daniel Boone wird nachgesagt, er wäre jedes Mal weitergezogen, noch tiefer hinein in die amerikanische Wildnis, sobald er vom Schornstein eines Nachbarhauses Rauch aufsteigen sah. Bei Hermann und Jessica war es nicht die Scheu vor zu nahen Nachbarn, die sie hierher, in die einschichtige Gegend hoch über Altlengbach verschlagen hat. Lange Zeit waren die beiden

Am Kohlreithberg führt mein Weg an einer großen Pferdekoppel vorbei.

Nebenerwerbsbäuerin Jessica mit einem ihrer verschmusten Galloway-Rinder

auf der Suche nach einem Objekt, das für die Haltung von Galloway-Rindern ebenso geeignet ist wie für Jessicas drei Pferde, die sie zuvor in einem Gestüt in Brand-Laaben eingestellt hatte. Mittlerweile betreuen Hermann und Jessica auf dem Diesenhof, der zwischen Öd und Leitsberg liegt, selbst mehrere Einstellpferde. Als ich auf ihrem Hof eintreffe, stehen sie weit draußen auf der weitläufigen Koppel. Jessica erzählt, dass der Diesenhof ideale Voraussetzungen für Pferdehaltung bietet, da schon die letzten Pächter hier eine Pferdezucht betrieben und die Pferdeboxen schon vorhanden waren. Nächste Station meines Rundgangs über das Anwesen, das sich im Besitz der Gemeinde Neustift-Innermanzing befindet, obwohl es auf dem Gebiet der Nachbargemeinde Altlengbach liegt, ist die Weide, auf der ein gutes Dutzend Rinder verschiedener Rassen stehen. Jessica nimmt zur Sicherheit einen Stock mit, bevor wir die mit Elektrozäunen gesicherte Weide betreten. „Man kann nie wissen, wie sich die Tiere verhalten, wenn fremde Personen in ihre Nähe kommen. Vor allem den italienischen Chianina-Stier dürfen wir nicht aus den Augen lassen“, sagt Jessica. Der sei auch ihr nicht ganz geheuer, fügt sie hinzu. Zu den meisten Rindern hat Jessica allerdings ein gutes Verhältnis. Ein junges Galloway-Rind namens Artos kommt sogar her, um sich kraulen zu lassen. „Wenn du eine Kuh streicheln willst“, erklärt sie mir, „dann berühre sie nicht vorne auf der Stirn, sondern hinter den Ohren oder unter dem Kinn. Wenn du sie auf der Stirn angreifst, könnte sie das als Spielaufforderung zum Rangeln auffassen und dich leicht umstoßen.“ Hermann und Jessica halten auf dem Diesenhof eine 18-köpfige Rinderherde in artgerechter Weidehaltung, hauptsächlich Galloway-Rinder. Diese Rasse stammt ursprünglich aus dem Südwesten Schottlands. Die Tiere haben ein sehr dichtes, doppelschichtiges Fell und sind auch sonst sehr robust. Hier auf dem Hof gibt es auch Belted Galloways, die einen weißen Streifen um den Bauch haben, und White Galloways, deren Fell einen hellen, nahezu weißen Farbton aufweist. Alle Rinder können das ganze Jahr im Freien verbringen. Sie ernähren sich vorwiegend von Gras und sind hervorragende Futterverwerter. Um den Tieren bei der Schlachtung jeden vermeidbaren Stress zu ersparen, fahren Hermann und Jessica nur wenige Kilometer zu einem benachbarten landwirtschaftlichen Betrieb, wo die geschlachteten Tiere auch gleich verarbeitet werden. Nach zweiwöchiger Reifung verkaufen sie das Fleisch in Fünf-Kilo-Paketen, die verschiedene Fleischteile enthalten, ab Hof. Das Fleisch der Galloway-Rinder ist sehr zart und aromatisch und wird nicht nur von Feinschmeckern geschätzt, sondern auch von Menschen, die auf artgerechte Tierhaltung Wert legen. Hermann ist mit einem Bauern aus der Nachbarschaft gerade mit dem Einwickeln von Siloballen beschäftigt, denn die Anschaffung eines eigenen Ballenwickelgerätes wäre wirtschaftlich unrentabel. Für eine gute Silage sind sechs Schichten Polyethylen-Folie notwendig, die eine Gärung zu Silage ermöglichen. Zuvor wurde das angewelkte Wiesengras mit einer speziellen Presse in Ballenform gebracht. Neben Pferden und Rindern leben auf dem Diesenhof noch andere Tiere, zum Beispiel eine Schar Laufenten, die den ganzen Tag unterwegs sind und jeden Abend verlässlich zum Hof zurückkehren. Oder eine gackernde Hühnerschar, die von einem stolzen Hahn bewacht wird. Außerdem wären da noch die kuscheligen Kaninchen zu erwähnen und eine buschige Katze, die auf den Namen „Feli" hört. Sie ist die heimliche Chefin am Hof.

Bauer Hermann gibt Anweisungen beim Einwickeln der Siloballen.

Nach Kaffee und Kuchen bringt mich Jessica am Abend mit dem Auto zum Bahnhof in Neulengbach. Kurz darauf sitze ich in einer Schnellbahngarnitur der Linie S50. Die Rückfahrt zum Wiener Westbahnhof erfolgt also nicht durch den Lainzer Tunnel, sondern oberirdisch auf dem Nebenverkehrsgleis über Weidlingau und Hadersdorf.

Persönlicher Tipp des Autors: Der Biosphärenpark Wienerwald, dem 51 Gemeinden angehören, hat in seiner neuen Broschüre „50 Dinge im Biosphärenpark Wienerwald" Ideen und Inspirationen für Ausflüge mit Kindern zusammengefasst. Sie bietet konkrete Tipps für Naturerfahrungen mit Kindern, bei denen Abenteuer und Spaß nicht zu kurz kommen. Näheres unter www.bpww.at.

Mein Fahrplan am 11. 6. 2022: Wien Westbahnhof ab 11:54, Maria Anzbach an 12:29. **Retour:** Neulengbach Bf. ab 19:38, Wien Westbahnhof an 20:32

CO_2 **Emissions-Ersparnis** gegenüber einer Fahrt im eigenen PKW: 15,41 kg

BAD DÜRRNBERG UND HALLEIN

Neben Hallstatt ist Bad Dürrnberg bei Hallein einer der wichtigsten Fundorte von Gegenständen aus der Zeit der Kelten, die hier bereits vor 2600 Jahren Salzabbau unter Tage betrieben. Alle drei Standorte der „Salzwelten Salzburg" am Dürrnberg stehen im Zeichen des lebensnotwenigen Minerals Salz. Absoluter Publikumsmagnet ist das völlig neugestaltete Schaubergwerk. Gleich daneben befinden sich die Salz-Manufaktur, die einzige Schausaline Österreichs, und das Freilichtmuseum „Kelten.Erlebnis.Berg". Nachdem ich alle drei Attraktion besucht habe, zieht es mich auf den Zinkenkogel, den Halleiner Hausberg, von dem ich auf der Sommerrodelbahn „Keltenblitz" talwärts sause. Anschließend wandere ich von Bad Dürrnberg auf dem historischen Knappensteig in die bezaubernde Altstadt von Hallein.

Als ich bei der digitalen Fahrplanauskunft der ÖBB als Zielort für meinen heutigen Ausflug „Bad Dürrnberg" eingebe, werde ich angenehm überrascht: Die Zug- und Busverbindungen zu diesem doch etwas abgelegenen Stadtteil von Hallein sind sehr bequem!

Meine Anreise erfolgt zunächst auf der Weststrecke bis Salzburg Hauptbahnhof, wo ich kurz nach 9 Uhr früh eintreffe. Zum Umsteigen auf die Schnellbahnlinie 3 bleibt mir gerade genug Zeit, um die wunderschöne Jugendstilhalle des Salzburger Hauptbahnhofes zu betrachten, die 2014 perfekt in die neue Bahnhofsüberdachung integriert wurde.

Mein Anschlusszug kommt aus dem bayerischen Freilassing und fährt nach Saalfelden. Ich verlasse den Zug bereits im nur 15 Kilometer entfernten Hallein. Auf der Westseite des Bahnhofs wartet bereits der Lokalbus 41 nach Bad Dürrnberg. Wir überqueren die Salzach, und dann geht es steil hinauf in das 900-Seelen-Dorf Dürrnberg, das bis 1938 eine eigenständige Gemeinde war. Bei der Haltestelle „Salzbergwerk" steige ich aus.

Bis zu meiner im Voraus gebuchten Führung durch das berühmte Schaubergwerk bleibt noch Zeit, und so begebe ich mich als Erstes zum „Kelten.Erlebnis.Berg". Dieses Freilichtmuseum befindet sich hinter dem Besucherzentrum der „Salzwelten Salzburg". Im Zuge der Modernisierung des ehemaligen „Keltendorfes Salina" wurde es um ein Info-Center erweitert. Hier ist die Siedlungsgeschichte von Dürrnberg im Zeitraffer zu sehen und auch ein exaktes Modell eines prähistorischen Stollens. Die begehbaren Holzhütten auf dem Areal des Freilichtmuseums wurden unter wissenschaftlicher Begleitung originalgetreu nachgebaut und vermitteln den archäologischen Erkenntnisstand am Dürrnberg sehr anschaulich. Bereits vor 2600 Jahren wurde hier in Stollen mithilfe von Eisenpickeln

Blick von Bad Dürrnberg über die „Salzwelten Salzburg" ins Salzachtal

Die Barmsteine stehen genau an der Grenze zwischen Deutschland und Österreich.

Salz abgebaut. Das Mineral konservierte nicht nur die Werkzeuge der Bergleute, sondern auch ihre Alltagsgegenstände. Neben Pickeln für die Salzgewinnung und anderen Werkzeugen fertigten Schmiede auch Schmuck an. Dürrnberg gehört neben Hallstatt zu den wichtigsten Fundorten keltischer Artefakte. Zu den bemerkenswertesten Grabungsfunden zählt eine Schnabelkanne aus dem 5. Jahrhundert vor Christus. Das nachgebaute Herrenhaus beeindruckt mich durch seine Größe und Ausstattung ganz besonders. Mit der Eingliederung des keltischen Siedlungsgebietes in die römische Provinz Noricum kam der Salzabbau unter Tage am Dürrnberg um 50 vor Christus zum Erliegen. Auf dem Areal des Keltendorfes steht seit Kurzem auch die Salz-Manufaktur, Österreichs einzige Schausaline. Genau 30 Jahre nachdem die industrielle Salzproduktion in Hallein aus wirtschaftlichen Gründen eingestellt werden musste, wird in dieser neuen Schausaline die alte Handwerkskunst des Salzsiedens zu neuem Leben erweckt. Seit 2019 beschäftigt die Salinen Austria AG hier drei Pfannmeister, die sich bei der Herstellung von rund zehn Kilogramm Salz pro Tag in ihre Sudpfannen schauen lassen. Zunächst erhitzen sie Natursole, die nach wie vor aus den uralten Stollen fließt. Sobald das Wasser verdunstet, kristallisieren sich pyramidenförmige Salzkristalle heraus, die im richtigen Moment abgeschöpft werden müssen. Das hier erzeugte „weiße Gold“ kommt als großkörniges Gourmetsalz in den Handel.

Beim Verlassen der Salz-Manufaktur bemerke ich am Horizont zwei auffällige Felstürme. Es sind die Barmsteine, die von der Bevölkerung auch „Halleiner Ohrwaschln“ genannt werden. Gemäß einer alten Sage

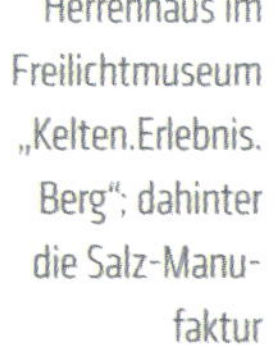

Herrenhaus im Freilichtmuseum „Kelten.Erlebnis.Berg“; dahinter die Salz-Manufaktur

wurde die Scharte zwischen den Felstürmen vom Teufel herausgebissen, aus Ärger über einen religiösen Umzug im gottesfürchtigen Ort. Die Barmsteine stehen genau an der Staatsgrenze zwischen Deutschland und Österreich und sind ein beliebtes Wanderziel.

15 Minuten vor dem Tour-Start durch das vor Kurzem mit großem finanziellem Aufwand völlig neu gestaltete Schaubergwerk begebe ich mich gemeinsam mit vielen anderen Besuchern aus aller Welt zum Sammelpunkt, wo wir weiße Jacken und Hosen zum Überziehen erhalten. In diesen Anzügen sehen wir traditionellen Salzburger Bergleuten zum Verwechseln ähnlich. Die zusätzliche Schicht Kleidung bietet allerdings nicht ausreichend Schutz vor der Kälte, die uns im Salzbergwerk erwartet. Dort hat es lediglich 10 Grad Celsius, deshalb ziehe ich auch den warmen Pulli an, den ich genau für diesen Zweck in meinen Wanderrucksack gepackt habe. Ich möchte bei der 90-minütigen Führung nicht frieren. Nach einem kurzen Fußweg nehmen wir auf der spartanischen Sitzmöglichkeit der kleinen Grubenbahn Platz, die im Wesentlichen aus einem langen Holzbalken besteht. Bevor wir in den Berg einfahren, werden wir fotografiert. Bei der Neuinszenierung des Schaubergwerks wurden vier Epochen aus der langen Zeitspanne des Salzabbaus am Dürrnberg herausgegriffen: die Zeit der Kelten, die hier bereits vor Jahrtausenden mit der Salzgewinnung begannen, das Mittelalter, als der nasse Salzabbau erfunden wurde, die Barockzeit, in der technologischer Fortschritt den Salzburger Erzbischöfen großen Reichtum bescherte und schließlich der moderne Salzabbau in Altaussee, Hallstatt, Bad Ischl und seit Kurzem eben auch wieder in der Schausaline Salz-Manufaktur am Dürrnberg bei Hallein. Was die Führung für Jung und Alt neben der Wissensvermittlung auf höchstem technischem Niveau so interessant macht, ist die aktive Beteiligung, die jedem einzelnen Tour-Teilnehmer abverlangt wird: Das Abenteuer beginnt und endet mit der Grubenbahnfahrt, dann folgen kurze

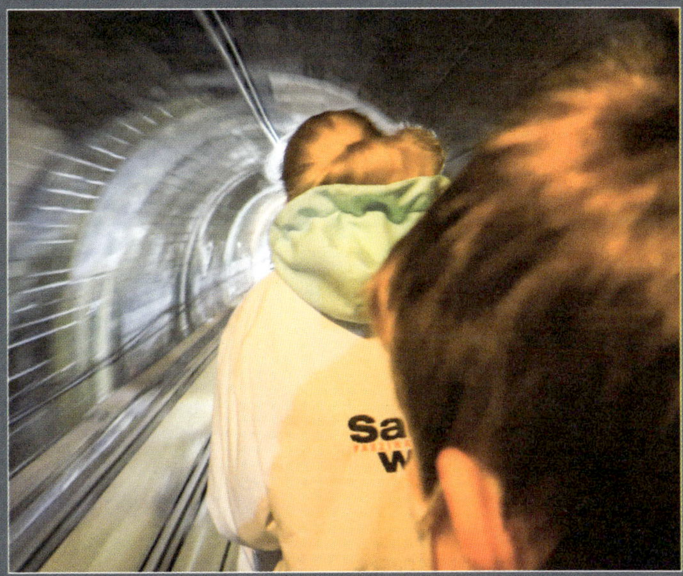

Mit der Grubenbahn geht es ins Schaubergwerk. (Foto: Thomas Hofmann)

Fußmärsche durch die Stollen, bei denen sogar die Staatsgrenze zwischen Österreich und Deutschland unterquert wird. Zweimal rutschen wir auf dem Hosenboden tiefer ins Bergwerk hinunter – dem Gejohle nach zu schließen, bescheren die Bergmannsrutschen das größte Vergnügen. Außerdem dürfen wir Sole aus einem Solebrunnen verkosten – sieht aus wie reines Wasser, schmeckt aber noch salziger, als ich erwartet hatte. Höhepunkt der Tour ist die Fahrt über den unterirdischen Salzsee. Lautlos gleiten wir auf einem Floß an beleuchteten Szenerien vorbei, etwa der illuminierten Silhouette der Stadt Salzburg. Sie steht sinnbildlich für den sagenhaften Reichtum, der mit dem „weißen Gold“ erwirtschaftet und dann in den Bau von Kirchen, Klöstern und Palästen investiert wurde.

Von den eindrucksvollen „Salzwelten Salzburg“ führt mein Weg zurück zur Bushaltestelle. Seit ich hier am Vormittag ausgestiegen bin, sind exakt drei erlebnisreiche Stunden vergangen. Mit dem Bus der Linie 41 fahre ich nun noch zwei Stationen weiter bis zur Talstation des Zinkenliftes. Die Sesselliftfahrt hinauf zur Bergstation am Zinkenkogel dauert eine Viertelstunde und ist ein recht beschauliches Vergnügen. Mein Blick schweift hinüber zum mächti-

Die Sommerrodelbahn „Keltenblitz" am Zinkenkogel

gen Untersberg und zu den etwas ferneren Gipfeln des Tennengebirges. Direkt unter mir: die Trasse der Sommerrodelbahn „Keltenblitz". Sie ist der eigentliche Grund für meinen Abstecher auf den 1336 Meter hohen Berg, der auf Wanderkarten auch als „Zinken" oder „Zinkenkopf" eingetragen ist. Gleich neben der Bergstation befindet sich eine rustikale Berghütte, das „Zinkenstüberl". Sie bietet ein breites Sortiment an deftigen Speisen. Ich nehme an einem der Panoramatische mit Blick auf das Salzachtal Platz, studiere die Speisekarte und entscheide mich dann doch nicht für Biersuppe, sondern für die laut Karte „herzhaften" Kasnocken im Pfandl. Mein Bier serviert der flinke Kellner im Tonkrug. Angesichts der exponierten Lage des „Zinkenstüberls" sind die Preise nicht übertrieben hoch.

Nach dem späten Mittagsmahl ist mir nach einem kleinen Verdauungsspaziergang zumute. Ich folge einem schmalen Pfad über eine bunte Bergwiese, und nach wenigen Minuten stehe ich beim Gipfelkreuz des Zinkenkogels. Auf der Bank daneben lasse ich mich nieder und betrachte das Bergpanorama. Ein älterer Herr gesellt sich zu mir. Er kennt sich aus hier und nennt mir den Namen des mächtigsten Berges weit und breit: Er heißt Hoher Göll. Sein 2522 Meter hoher Gipfel liegt im bayrischen Berchtesgadener Land, direkt an der Grenze zu Österreich. Auch die Bank, auf der wir sitzen, steht auf deutschem Boden, ebenso das Gipfelkreuz des Zinkenkogels, erfahre ich von meinem Sitznachbarn. Am heutigen Tag habe ich also bereits zum zweiten Mal die Staatsgrenze überschritten. Mit meinem KlimaTicket Österreich kann ich also problemlos sogar ins benachbarte Ausland gelangen!

Rechts vom Hohen Göll, aber deutlich niedriger auf einem Bergsporn gelegen, ist ein markantes Bauwerk zu sehen. „Das ist Hitlers Kehlsteinhaus gewesen", erzählt mein Gegenüber. Zu diesem abgeschiedenen Repräsentationsgebäude im einstigen Führersperrgebiet Obersalzberg führt sogar eine Straße, und im Auftrag des NSDAP wurde obendrein auch ein 124 Meter hoher Aufzug errichtet. Seit den 1950er-Jahren wird das Gebäude als Berggasthaus geführt. Der 1820 Meter hohe Kehlstein zählt heute zu den beliebtesten Ausflugszielen in Oberbayern.

Nach meinem Abstecher nach Deutschland kehre ich zurück zur Bergstation am Zinkenkogel und somit nach Österreich. Bei der Einstiegstelle zur Sommerrodelbahn hat sich eine lange Menschenschlange gebildet. Ich bin mitten in eine Reisegruppe amerikanischer Studentinnen geraten! Sie wollen genau wie ich mit dem „Keltenblitz" talwärts düsen. Die Einschienenbahn funktioniert relativ einfach: den Hebel nach vorne schieben bedeutet Beschleunigung, zum Körper hin wird gebremst – Einschulung beendet, los geht's! Die ersten Kurven sind nicht besonders eng, und auch das Gefälle ist anfangs noch relativ moderat. Allmählich wird es steiler, und meine gelbe Rodel, die eher wie ein Bob aussieht, legt sich ohne mein Zutun gewagt in die Kurven. Obwohl mir etwas mulmig ist, befolge ich den

Ausblick vom Zinkenkogel-Gipfelkreuz auf den Hohen Göll

Rat eines Freundes: Er empfahl mir, nicht zu viel zu bremsen, denn die vorgegebene Schräglage in den Steilkurven ist für höhere Geschwindigkeiten konzipiert. Wer die Kurven zu langsam meistert, bekommt das Gefühl vermittelt, seitlich aus der Rodel zu kippen, was allerdings nicht passieren kann. Über Wiesen und durch kurze Waldstücke führt die Strecke mehr als zwei Kilometer weit hinunter. Der „Keltenblitz" ist die längste Sommerrodelbahn im Bundesland Salzburg. Sie endet bei der Talstation der Zinkenlifte, doch für mich geht es nach diesem Abenteuer noch viel weiter talwärts, allerdings deutlich gemächlicher, und das ist mir durchaus nicht unrecht.

Eine steile Straße führt in den Sole Kurort Bad Dürrnberg hinunter. Ich wandere am Gesundheitsresort St. Josef vorbei und umrunde die Wallfahrtskirche Maria Dürrnberg. Leider ist der Weg zum Gradierwerk gesperrt. Ich wollte meinen Lungen etwas Gutes tun und das nahe Freiluft-Inhalatorium besuchen. Stattdessen begnüge ich mich mit ein paar tiefen Atemzügen an einem der schönen Aussichtspunkte über das weite Salzachtal. Auf meinem Weg zum sogenannten Knappensteig komme ich noch einmal am „Kelten.Erlebnis.Berg" und nahe am Besucherzentrum der „Salzwelten Salzburg" vorbei.

Den jahrhundertealten Knappensteig benutzten einst Bergleute, um von ihren Wohnstätten in Hallein ins Bergwerk zu gelangen. Er verläuft entlang der Soleleitungen, in denen das mit Wasser gelöste Salz hinunter in die Halleiner Sudpfannen transportiert wurde. Dieser historische Pfad, der an alten Stolleneingängen und an der Knappenkapelle vorbeiführt, ist heute als Wanderweg beschildert. Aus meiner Sicht ist es allerdings ein ziemlich enttäuschender Wanderweg, denn er führt fast ausschließlich auf Asphalt oder über steinerne Stiegen in die Halleiner Altstadt hinunter. Vermutlich wäre der Weg durch den Reingraben – ein „Urpfad", der schon von den Kelten benutzt worden sein soll – die bessere Alternative gewesen, doch dieser Weg

Die Wallfahrtskirche Maria Dürrnberg ist Salzburgs ältester Marienwallfahrtsort.

wurde durch das verheerende Hochwasser im Jahr 2021 stark beschädigt und ist wohl noch für längere Zeit unpassierbar.

Das Erste, was ich vom Zentrum von Hallein zu Gesicht bekomme, ist der Kirchturm der Pfarrkirche. Er überragt die Dächerlandschaft der Altstadt.

Ich erreiche den Georgsberg am oberen Stadtrand, auf dem sich früher das Augustinerkloster befand, zu dem eine lange Stiege mit 120 Stufen führte. Sie soll die schönste Freitreppe Österreichs gewesen sein, verrät eine Hinweistafel beim einstigen Stiegenaufgang.

Beim Betreten der Altstadt mit ihren stattlichen Bürgerhäusern springen mir als Erstes ihre eigenwilligen „Beschriftungen"

Der historische Knappensteig führt hinunter nach Hallein.

ins Auge. Ich befinde mich nun inmitten des Stille-Nacht-Bezirks. Gegenüber der Stadtpfarrkirche steht das ehemalige Wohnhaus des Komponisten Franz Xaver Gruber, der das berühmte Weihnachtslied *Stille Nacht, heilige Nacht* komponierte, das er gemeinsam mit Joseph Mohr, dem Verfasser des Textes, 1818 zur Mitternachtsmette erstmals aufführte. Im einstigen Wohnhaus von Franz Xaver Gruber ist heute das Halleiner Stille-Nacht-Museum beheimatet, und direkt davor auf dem Kirchenplatz, wo sich ursprünglich der alte Friedhof befand, steht heute das erst viel später für ihn errichtete Ehrengrab.

Auf dem Schöndorferplatz stehe ich plötzlich vor dem eindrucksvollen Rathaus. Im Mitteltrakt der dreiteiligen Fassade zieht ein buntes Gemälde meine Blicke an. Im Vordergrund ist ein Boot mit Salzfässern auf der Salzach zu sehen. Bereits im 15. Jahrhundert hatte die Stadtentwicklung von Hallein ihre natürlichen Grenzen erreicht: das Ufer der Salzach auf der einen Seite und den steilen Dürrnberg auf der anderen. Auch am Rathaus lese ich in der Hohlkehle in großen Lettern eine Inschrift: „Was hier geschieht, jeden geht's an, gemeinsam helfe mit daran" – was für ein redliches Motto für einen Verwaltungssitz! Hallein ist die Hauptstadt des Salzburger Tennengaus und gleichzeitig die zweitgrößte Stadt im Bundesland. Sie verfügt über einen nahezu unveränderten mittelalterlichen Stadtkern, wo verträumte Gassen in südlich inspirierte Plätze einmünden.

Auf einem Brückenpfeiler bei der Pernerinsel steht die Holzskulptur „Salzschiff mit Salzachschiffer", die 2006 von der Künstlergruppe „Nobl Nobl" aus einem Eichenstamm angefertigt wurde. Sie verweist auf die Stadtgeschichte, aber auch auf die lange Bildhauer-Tradition von Hallein, die vor über 150 Jahren mit der Gründung

Das Rathaus von Hallein, der Hauptstadt des Tennengaus

einer Holzschnitzerschule begann. Sie war die erste berufsbildende Schule in der österreichisch-ungarischen Monarchie und wird heute als HTL geführt. Bergknappen und Salzarbeiter betrieben das Holzschnitzen als Nebenerwerb. Sie fertigten unter anderem Holzspielzeug, das in ganz Europa vertrieben wurde. Die Pernerinsel teilt die Salzach im Stadtzentrum in zwei Arme. Im 19. Jahrhundert wurde auf der kleinen Insel eine Salinenanlage erbaut, die bis 1989 in Betrieb war. Sie ersetzte die im Stadtgebiet verstreuten Sudbetriebe. Durch die Insellage behinderte weder die Anlieferung von Holz und Sole noch der Abtransport des Salzes das Alltagsleben in Hallein. Die unter Denkmalschutz stehende Salinenanlage wird heute von den Salzburger Festspielen und lokalen Kulturinstitutionen als Spielstätte genutzt.

In unmittelbarer Nähe befindet sich die als Salinenkapelle bekannte Pflegekapelle zum Heiligen Geist aus dem 17. Jahrhundert. Von hier ist es nicht mehr weit bis zum Bahnhof. Ich werfe einen letzten Blick hinauf zum Zinkenkogel, dessen grüne Steilhänge in der Abendsonne leuchten. Darunter steht in malerischer Lage die Wallfahrtskirche in Dürrnberg. Vom Salzbergwerk ist aus dieser Perspektive nichts zu sehen. Das passt sehr gut zu Hallein, finde ich. Wie das Bundesland und die gleichnamige Hauptstadt, trägt auch diese Stadt das Wort „Salz“ in ihrem Namen, doch Hallein versteckt es im mittelhochdeutschen Wörtchen „hal“, das so viel wie „Salzquelle“ bedeutet.

Holzskulptur eines Salzachschiffers bei der Halleiner Pernerinsel

Mit einer Schnellbahngarnitur fahre ich zurück nach Salzburg. Das Treiben am Hauptbahnhof der Festspielstadt, wo ich auf meinen Anschlusszug warte, wirkt im goldenen Licht der Abendsonne wie eine Szene aus einem modernen Theaterstück.

Persönlicher Tipp des Autors: Der Besuch der „Salzwelten Salzburg“ gehört zum Pflichtprogramm in Hallein. Danach bietet sich ein Rundgang durch die Halleiner Altstadt mit ihren stattlichen Bürgerhäusern an – wenn Zeit bleibt, mit einem Abstecher ins sehenswerte Halleiner Keltenmuseum.

Mein Fahrplan am 11. 6. 2022: Wien Westbahnhof ab 06:40, Bad Dürrnberg Salzbergwerk an 10:05 (über Salzburg Hbf. und Hallein Bf.). **Retour:** Hallein Bf. ab 18:35, Wien Westbahnhof ab 21:30 (über Salzburg Hbf.)

CO_2 **Emissions-Ersparnis** gegenüber einer Fahrt im eigenen PKW: 129,20 kg

INS SCHILCHERLAND

Aus den Trauben der Rebsorte Blauer Wildbacher entsteht jener Wein, der dieser weststeirischen Region ihren identitätsstiftenden Namen gab. Der roséfarbige Schilcher harmoniert perfekt mit einer deftigen Brettljause, bei der ein weiteres regionales Produkt nicht fehlen darf: steirisches Kürbiskernöl. Ich fahre mit dem Bus von Graz nach St. Stefan ob Stainz im nördlichen Teil der Schilcherweinstraße. Von dort wandere ich auf den Weinberg Hochgrail. Auf diesem pittoresken Höhenrücken, wo ein romantisches Kellerstöckel neben dem anderen steht, bin ich am Nachmittag in einer Buschenschank verabredet. Am nächsten Tag fahre ich mit der Wieserbahn nach Deutschlandsberg, denn in der heimlichen Hauptstadt des Schilcherlandes werden am Fronleichnamstag bunte Blumenteppiche ausgelegt, die ich mir ansehen möchte.

Erst kurz nach halb neun Uhr morgens trifft der erste Zug aus Wien am Grazer Hauptbahnhof ein – zu spät für mich, denn der Bus, mit dem ich ins weststeirische Schilcherland fahren möchte, ist um diese Zeit bereits weg! Ich reise daher schon am Vorabend nach Graz und nächtige im Zweitwohnsitz meiner steirischen Verwandtschaft. Praktischerweise ist die Wohnung nur ein paar Straßenbahnstationen vom Hauptbahnhof entfernt.

Am nächsten Morgen nehme die Schnellbahn S5 in Richtung Spielfeld. Meine Zugfahrt dauert allerdings nur zwei Minuten, denn bereits in der Station Graz Don Bosco steige ich aus und gehe ein kurzes Stück bis zur Bushaltestelle an der vierspurigen Kärntner Straße. Wenig später sitze ich im Regionalbus 760, der mich nach St. Stefan ob Stainz bringen wird.

Nach 20 Minuten Fahrzeit sind wir noch immer in Graz, und immer noch sind wir auf der Kärntner Straße unterwegs. Diese breite Ausfallsstraße in Richtung Süden, die auch als Landesstraße B 70 beschildert ist, war vor dem Bau der Süd Autobahn A2 die schnellste Möglichkeit, um von der Steiermark nach Kärnten zu gelangen.

Erst hinter der Stadtgrenze ändert die B 70 ihren Namen: Nun heißt sie Packer Straße, denn sie führt von Graz über den Packer Sattel nach Klagenfurt. Eine Zeitlang geht es durch einen Wald, der gelegentlich von Wiesen unterbrochen wird. Wir fahren hinunter nach Tobelbad, und spätestens bei Lieboch, wo wir die A2 überqueren, wird das Gebiet wieder „gewerblich“: Genau wie am Grazer Stadtrand ist hier alles verbaut.

Bald kurven wir durch Lannach, vorbei an einem modernen, efeubewachsenen Glockenturm, der in einem Respektabstand zur ebenso neuen Kirche steht.

Kurz nach 9 Uhr trifft mein Bus mit siebenminütiger Verspätung in St. Stefan ob Stainz ein, genauer gesagt an der für

Am Hochgrail sind die Weingärten besonders steil.

St. Stefan ob Stainz liegt im Norden der Schilcherweinstraße.

mich fast unaussprechlichen Haltestelle „Tschuchnigg". Lange stehe ich vor einer großen Wanderkarte. Rechts oben ihr Logo: ein rotes Weinblatt mit den Initialen GS. Die Buchstaben stehen für „Genuss-Schilchern". Darunter steht „da & dort" – zwei Wegvarianten, die mich ein wenig verwirren. Soll ich den Großen Hochgrailweg gehen, der mehr als acht Kilometer lang ist und auch nach Niedergrail hinunterführt, oder doch nur den Kleinen Hochgrailweg? Ich vertage die Entscheidung bis zu einer Weggabelung, denn zunächst führen ohnehin alle Wege hinauf zur Pfarrkirche von St. Stefan. Auf dem Kirchenvorplatz stehen mehrere Liegestühle mit der Aufschrift „Kirche zum Wohlfühlen" bereit. Ich bin zwar noch nicht lange auf den Beinen heute, doch diese Gelegenheit packe ich gleich beim Schopf – wer weiß, wann die nächste Sitzgelegenheit kommt!

Mittlerweile ist über eine halbe Stunde verstrichen, seit ich aus dem Bus gestiegen bin. Besonders an Orten, in denen ich noch nie gewesen bin, brauche ich immer relativ viel Zeit, um „anzukommen" und mich zu orientieren. Dass ich die Wanderung gleich mit einer Liegestuhl-Sitzung im Schatten einer Linde beginnen kann, kommt mir sehr gelegen. Wie ein Schwamm sauge ich die neuen Eindrücke um mich herum auf. An der Hauptstraße wurde ein überdimensionales Auge aus der Lärmschutzwand des Kulturzentrums Stieglerhaus herausgestanzt. Daneben steht eine Tafel mit der Überschrift „Augenschein", die mich neugierig macht: In den Abendstunden ist hier eine LED-Installation der Medienkünstlerin Sylvia Eckermann zu sehen. Die Videosequenz zeigt die Augen Dutzender Menschen aus der Umgebung.

Gut, dass ich einen konkreten Wanderweg vor mir habe! Er gibt meinem Ausflugstag eine klare Struktur und bewahrt mich vor der Verlockung, gleich in der nächstbesten Buschenschank einzufallen und meine Schilcherweinverkostung schon hier zu beginnen. „Schilcher" ist eine geschützte Sortenbezeichnung für ausschließlich steirische Weine aus der blauen Wildbacher-Traube, die angeblich bereits seit der Zeit der Kelten kultiviert wird. Von 1960 bis heute hat sich die Anbaufläche dieser lange vernachlässigten Rebsorte mehr als verfünffacht.

Bevor ich den ersten Schilcherweingarten aus der Nähe sehe, komme ich außerhalb der Ortschaft an mehreren Kürbisfeldern vorbei. Die großblättrigen Pflanzen haben noch keine Früchte ausgebildet, stattdessen sehe ich ihre großen ockergelben Blüten. Es wird also noch ein paar Monate dauern, bis hier steirische Ölkürbisse heranwachsen. In voller Größe erreichen sie ein Gewicht von rund zehn Kilogramm, und die Einheimischen nennen sie „Plutzer". Ein Wort, das in dieser Gegend auch für den einen oder anderen unliebsamen männlichen Zeitgenossen gebräuchlich ist. Aus den dickbäuchigen, dunkelgrünen Kürbiskernen wird eine kulinarische Spezialität erzeugt, die längst weit über die Landesgrenzen hinaus begehrt ist: das echte steirische Kürbiskernöl!

An jeder Wegkreuzung stehen Wanderwegweiser, die in alle möglichen Himmelsrichtungen zeigen. Ich folge weiterhin der Beschilderung für den Großen und Kleinen Hochgrailweg, und in dieselbe Richtung führt nun auch der Kastanienweg. Nach einem steilen Waldstück erreiche ich einen

Rastplatz mit Bänken aus Kastanienholz. Ich befinde mich mittlerweile auf dem Anwesen der Familie Klug, die neben ihren Weingärten am Hochgrail auch Kastanienbäume bewirtschaftet. Mein Rastplatz ist als „Energie-Tankstelle" ausgewiesen. „Der Edelkastanie wird eine spezielle Energieausstrahlung nachgesagt", lese ich auf einer Informationstafel. „Bei innerer Ermüdung und Niedergeschlagenheit kann man in der Nähe dieser Bäume neue Energie aufnehmen", heißt es weiter. Obendrein bietet der Platz auch einen schönen Blick über die Kronen blühender Kastanienbäume hinweg auf die steilen Weingärten auf dem Hügel dahinter. Er ist mit kleinen, ziegelroten Dächern gesprenkelt – erfreuliche Farbtupfer inmitten der grünen Landschaft. Zum Anwesen der Familie Klug gehört auch ein Selbstbedienungs-Buschenschank. Ich nehme einen Traubensaft aus dem Kühlschrank und lasse mich auf einer der gemütlichen Holzbänke nieder. Später gesellt sich die Tochter des Hauses zu mir, die viel Interessantes über die Edelkastanie zu berichten weiß. Heute wachsen auf dem Kastanienhof Klug 15 verschiedene Sorten. Neben einheimischen und jenen aus Italien, Frankreich und Holland sind darunter auch Exoten aus Florida und Japan. Insgesamt gedeihen hier rund 400 Kastanienbäume auf fünf Plantagen. Kastanien harmonieren hervorragend mit Schilchersturm. Der „Sturm" ist ein gepresster Traubenmost, dessen Gärung gerade angefangen hat. Er schmeckt süß wie Traubensaft, und gleichzeitig ist bereits der Alkoholgehalt spürbar. Frisch gebratene Kastanien und Schilchersturm sind im Herbst eine überaus beliebte Genusskombination in steirischen Buschenschänken. Familie Klug kann beide Produkte aus einer Hand anbieten, und das motiviert sie, diesen Weg fortzusetzen, den sie vor Jahren eingeschlagen hat. In der Vergangenheit ist die Edelkastanie in dieser Region „ein Dessert für die Reichen gewesen und zugleich Fleisch und Brot für die Armen", erzählt mir Frau Klug. Vor allem nach Getreide- und Kartoffelmissernten war das aus Maronen gewonnene Mehl ein wichtiger Stärkelieferant für weite Teile der Bevölkerung.

Buschenschank des Wein- und Kastanienhofs Klug

Jetzt steht definitiv eine Entscheidung an: Kleiner Hochgrailweg oder doch der Große? Bis zu meiner Verabredung beim „Höllerhansl" bleiben mir noch drei Stunden Zeit. Ich entscheide ich mich daher für den längeren Weg, der vom Wein- und Kastanienhof Klug nicht schnurstracks auf den Hochgrail hinaufführt, sondern in einem weiten Bogen in die Ortschaft Greisdorf, die seit 2015 zur Gemeinde St. Stefan ob Stainz gehört. Genau zur Mittagszeit treffe ich beim Gasthaus „Zum Fuchswirt" ein. Dass auf dem Parkplatz kein einziges Auto steht, werte ich als schlechtes Omen, und tatsächlich stoße ich bald darauf auf

Gebratene Edelkastanien harmonieren perfekt mit Schilchersturm.

das „Heute Ruhetag"-Schild. Gleich neben dem hübschen alten Wirtshaus steht ein noch viel älteres Gebäude. Schade, dass niemand da ist, den ich fragen könnte, ob dieses liebevoll gepflegte Gehöft noch bewohnt wird!

Das heimelige Gebäude ist der Auftakt einer langen Reihe von romantischen Winzerhäuschen und Kellerstöckln, die wie aufgefädelt an der Straße von Greisdorf nach Hochgrail liegen und die längste geschlossene Häuserzeile der Steiermark bilden. Bereits 1218 wird die Gegend „am Grail" erstmals urkundlich erwähnt. Aus alten Quellen geht hervor, dass es auf dem Kamm dieses Höhenrückens schon vor 200 Jahren nur mehr wenige Lücken zwischen den Häusern gab. Die meisten dieser alten Kellerstöckl wurden mittlerweile behutsam revitalisiert und dienen heute vor allem als Zweitwohnsitze oder Ferienhäuser. Sie stehen am höchsten Punkt von schmalen Weingartenstreifen, die zu den steilsten Rieden in der Weststeiermark gehören. Der Hochgrail ist mit 40 Hektar auch die größte Riede im gesamten Weinbaugebiet. Die meisten Winzer betreiben auch Buschenschänken, wo die Weine – vorwiegend Schilcher – gleich vor Ort verkostet werden können – mit Blick über die wunderbare Hügellandschaft bei St. Stefan.

Mein Blick ist nun talwärts gerichtet, in Richtung Niedergrail. Ich gehe von Greisdorf auf einer sehr steilen Straße hinunter in die Talsenke. Ausblicke gibt es von unten natürlich keine, aber der Blick hinauf zum Hochgrail ist spektakulärer als erwartet: Die Weinstöcke stehen in Reih und Glied, zaubern geometrische Muster auf die steilen Hänge und lenken den Blick auf die Dächer der Kellerstöckl hoch oben am Kamm des langgezogenen Bergrückens. Auch hier im Tal stehen alte Winzerhäuser, aber sie liegen verstreut, und teilweise sind sie in einem renovierungsbedürftigen Zustand.

Mein Weg führt an der Niedergrailkapelle vorbei, die aussieht wie eine Kirche im Miniaturformat. Von hier führt ein Abstecher zum „Weinwanderfass", eine unbemannte Labstelle für den kleinen Durst unterwegs, bevor es mitten durch einen extrem steilen Weingarten hinauf zum Anwesen des Weingutes Hiden geht. Die Geschichte dieses Hauses lässt sich bis ins Jahr 1820 zurückverfolgen, als ein gewisser Johann Höller hier mit dem Weinbau begann. Das erklärt auch den Vulgonamen des Betriebes: „Höllerhansl". Am höchsten Punkt dieses schwer zu erklimmenden Weingartens ein Gipfelkreuz hinzustellen wäre

Blick übers Schilcherland vom Hochgrail Richtung Greisdorf

Klapotetz in Hiden: ein beliebter Treffpunkt

durchaus legitim gewesen, doch Familie Hiden hat sich stattdessen für einen hölzernen Klapotetz entschieden. Dieses südsteirische Unikum ist genauso weit sichtbar, hat aber obendrein noch den Vorteil, dass es gehörig Krach machen kann. Im Frühherbst, wenn die verlockend süßen Schilchertrauben eine unwiderstehliche Anziehungskraft auf Vögel und anderes Weingartengetier ausüben, wird der Klapotetz von Menschenhand auf Klappermodus gestellt. Der angsteinflößende Lärm soll unerbetene Weinlesetätigkeiten zumindest beeinträchtigen – ganz verhindern lässt sich das Weintraubenfladern dadurch aber nicht, zumal sich die Vögel längst an dieses Geräusch gewöhnt haben. Der Klapotetz im Weingarten der Hidens ist zwar nicht der größte der Steiermark, aber doch von ungewöhnlicher Größe. Er besteht aus einem abgesägten Strommast, einem achtflügeligen Windrad, dem Klappermechanismus, der außerhalb der Saison mit einer Eisenkette zur Bewegungsunfähigkeit verdammt wird, und aus einer Art „Hexenbesen" auf der Rückseite, der als Gegengewicht dient. Nach der Weinlesezeit wird der Klapotetz nach altem Brauch abgebaut und bis zu Jakobi (am 25. Juli) irgendwo verwahrt. Dafür ist der Hiden-Klapotetz aber viel zu groß, und deshalb steht er das ganze Jahr über an seinem ihm zugedachten Platz. Außerhalb seiner Dienstzeit hat er zwar wenig zu tun, aber nützlich macht er sich dennoch: zum Beispiel als Treffpunkt für „Genuss-Schilcherer" wie mich. Ich bin bei diesem weststeirischen Wahrzeichen mit Maria und Fritz verabredet. Die beiden mussten heute mit dem Auto aus Bruck an der Mur ins Schilcherland reisen, denn ihr Grazer Domizil ist derzeit von ihrem Schwager belegt!

In der Buschenschank Hiden haben wir einen Tisch in der schattigen Weinlaube reserviert. „Wie kaum anderswo ist man beim Höllerhansl auf dem kulinarischen Sektor dem steirischen eng verbunden", heißt es auf der Speisekarte. Meine Schwägerin Maria – auf ihre schlanke Linie bedacht – bestellt einen Ziegenkäse-Teller. Schwager Fritz und ich probieren die Hochgrail-Platte mit Geselchtem, Sulz, Rindfleisch und frischem Kren. Dazu kommen noch andere Schmankerl aus der guten steirischen Küche wie Polenta, Käferbohnen oder Kernöl. Als Durstlöscher bestellen wir zunächst nur Traubensaft. Erst nach dem Essen gehen wir zum Schilcher über. Das erste Glas schmeckt, naja, ein wenig herb. Fritz ist der Autofahrer, er belässt es bei einem Glas, aber Maria und ich, wir kosten weiter! Das zweite Glas schmeckt mir schon deutlich besser, und es lockert auch die Zunge. Ich erzähle den beiden, dass Papst Pius VI. während einer Reise nach Wien im Jahre 1782 zu Kaiser Joseph II. den viel zitierten Satz notiert haben soll: „Sie haben uns rosaroten Essig vorgesetzt, den sie Schilcher nennen." Maria kontert mit einem deutlich jüngeren, aber mindestens ebenso bekannten Zitat. Es

Traditionelle Architektur im Schilcherland

Ziegenkäse-Teller in der Buschenschank Hiden

stammt aus Reinhard P. Grubers *Das Schilcher ABC* und lautet: „Das Blut des Weststeirers ist trinkbar. Es heißt Schilcher." Bevor uns die freundliche Wirtin ein drittes Glas Schilcher serviert, verzehren wir zum Nachtisch die beliebten Weinstrauben. Der Teig dieser typischen Buschenschank-Süßspeise, der aus Mehl, Eidotter, Weißwein und Salz besteht, wird in Streifen geschnitten, dann in heißem Fett herausgebacken und mit Staubzucker bestreut – fertig ist die süße Köstlichkeit. Wir essen, trinken und plaudern, und als ich irgendwann auf die Uhr blicke, stelle ich fest, dass mein letzter Bus von St. Stefan ob Stainz zurück nach Graz längst abgefahren ist! Zum Glück sind die beiden mit dem Auto hier. Ich werde noch einmal in Graz übernachten, denn morgen ist Fronleichnam, und in Deutschlandsberg, dem Hauptort des weststeirischen Schilcherlandes, wird dieser Feiertag besonders traditionell begangen.

Die knapp einstündige Fahrt mit dem Zug nach Deutschlandsberg erfolgt auf der Wieserbahn, die von Graz nach Eibiswald-Wies nahe der Grenze zu Slowenien führt. Diese Strecke wird von der Graz-Köflacher Bahn (kurz: GKB) betrieben, deren Netz sich in Lieboch teilt. Die Landschaft, durch die ich hier fahre, ist mir ebenso fremd wie die Namen der kleinen Orte, die wir passieren: Alling-Tobisegg, Preding-Wieselsdorf, Wettmannsstätten. In Bad Gams beobachte ich durchs Zugfenster eine Ansammlung von Oldtimer-Traktoren.

Wenige Minuten nach neun Uhr treffe ich in Deutschlandsberg ein. Genau um diese Zeit beginnt vor der Stadtpfarrkirche die Fronleichnamsprozession, die in den meisten römisch-katholischen Kirchengemeinden Österreichs relativ ähnlich abläuft. Das Besondere am Fronleichnamsfest in Deutschlandsberg sind die vielen Blumenteppiche, die an diesem Tag in den frühen Morgenstunden an öffentlichen Plätzen im Stadtzentrum ausgelegt werden. Die Motive dieser kunstfertigen Teppiche weisen vorwiegend religiöse Bezüge auf, aber auch gesellschaftspolitische Themen werden von unterschiedlichen Gruppen und Initiativen, die sie herstellen, visualisiert. Bei meinem Rundgang fällt mir zum Beispiel ein Blumen-

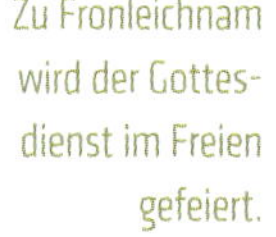

Zu Fronleichnam wird der Gottesdienst im Freien gefeiert.

teppich auf, der von den Stammgästen eines Lokals in Deutschlandsberg gestaltet wurde. Inhaltlich geht es bei diesem vergänglichen Werk um die zunehmende Waldbrandgefahr aufgrund der immer heißer werdenden Sommer. Diese Blumenteppiche erinnern mich an die Sandmalereien der australischen Ureinwohner. Neben verschiedenfärbigen Blütenblättern kommen auch andere Materialien wie Sägespäne, Farne, Föhrenzapfen, Erde oder Gras zum Einsatz.

Bevor ich die Rückfahrt antrete, statte ich noch der Landmarke von Deutschlandsberg einen kurzen Besuch ab. Die kleine Wanderung vom Stadtzentrum hinauf zur mächtigen Burg der „Lonspercher“ dauert eine gute halbe Stunde und lässt sich perfekt mit einem Einkehrschwung verbinden. In der weitläufigen Burganlage befinden sich heute ein Hotel und ein Haubenlokal sowie das Burgmuseum „Archeo Norico“, in dem eine von mehreren Dauerausstellungen dem „Mythos Kelten“ gewidmet ist. Am Rückweg zum Bahnhof komme ich am Schlossweg bei mehreren Buschenschänken vorbei, die ihre Gäste zusätzlich zu Speis' und Trank auch mit einem weiten Blicken auf Deutschlandsberg verwöhnen. In einem der Lokale kehre ich ein und bestelle wie gestern eine steirische Brettljause – ohne die nette Gesellschaft meiner Schwägerin und meines Schwagers mundet mir das Essen heute aber bei Weitem nicht so gut! Ich sitze an einem Tisch mit Blick auf einen makellos blauen Himmel über Deutschlandsberg. Erst beim Aufbruch fällt mir auf, dass sich in der Gegenrichtung längst bedrohliche Gewitterwolken zusammengebraut haben. Mein Weg zum Bahnhof wird zu einem Wettrennen gegen den Regen, der genau in dem Moment mit Blitz und Donner einsetzt, als ich die Bahnsteigunterführung erreiche.

Abfahrt vom neuen Bahnhofsteig in Deutschlandsberg Stadt

Persönlicher Tipp des Autors: Das Weingut Hiden am Hochgrail bietet während der Buschenschank-Öffnungszeiten auch die Möglichkeit für ein romantisches Picknick inmitten der Weingärten. Der Picknickkorb wird mit Schmankerln des Hauses und prämierten Weinen aus eigener Produktion befüllt.

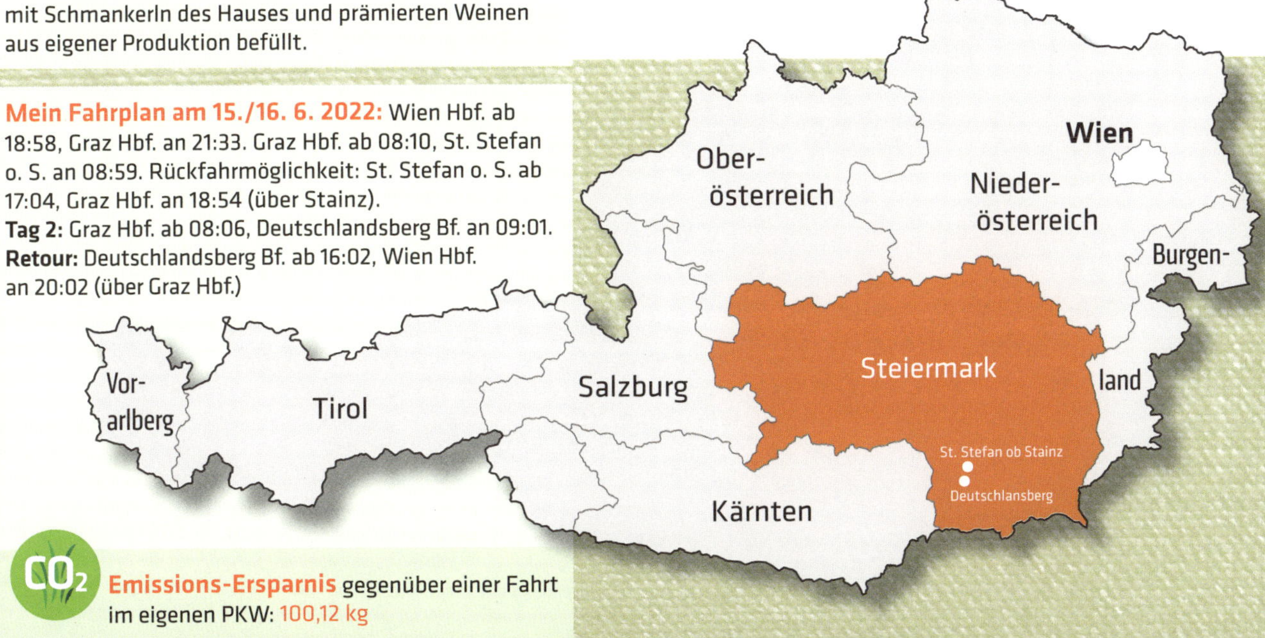

Mein Fahrplan am 15./16. 6. 2022: Wien Hbf. ab 18:58, Graz Hbf. an 21:33. Graz Hbf. ab 08:10, St. Stefan o. S. an 08:59. Rückfahrmöglichkeit: St. Stefan o. S. ab 17:04, Graz Hbf. an 18:54 (über Stainz).
Tag 2: Graz Hbf. ab 08:06, Deutschlandsberg Bf. an 09:01.
Retour: Deutschlandsberg Bf. ab 16:02, Wien Hbf. an 20:02 (über Graz Hbf.)

CO_2 **Emissions-Ersparnis** gegenüber einer Fahrt im eigenen PKW: 100,12 kg

VENT IM ÖTZTAL

Frühmorgens fahre ich mit dem Zug bis Ötztal-Bahnhof. Von dort geht es per Bus über Sölden weiter ins Tiroler Bergsteigerdorf Vent auf 1900 Metern Seehöhe. Nicht im Traum hätte ich bis vor Kurzem gedacht, dass ich mit öffentlichen Verkehrsmitteln so bequem an einen so fernen Ort gelangen könnte! Noch am selben Tag wandere ich von Vent zum höchstgelegenen dauerhaft bewirtschafteten Bauernhof Österreichs. Am nächsten Tag sehe ich zum ersten Mal den Enzian blühen, und von der Ramolalm blicke ich auf die 3774 Meter hohe Wildspitze, den höchsten Punkt in Nordtirol. Vor meiner Abreise wandere ich frühmorgens noch zum Hohlen Stein, wo Zeitgenossen von unserem „Ötzi" ihre Sommerlager hatten. Viele der Wege in dieser traumhaften Bergwelt sind erstaunlich einfach zu begehen.

Mein Fußweg zur U-Bahnstation Schwedenplatz wird durch angeheiterte Gruppen von Nachtschwärmern zum Spießrutenlauf. Hinter der Ruprechtskirche reckt der Stephansdom seine gotische Turmspitze ins Morgengrauen. Müde markiert sie die Mitte der Stadt. Ich hingegen bin putzmunter, obwohl ich schon um fünf Uhr früh aus dem Haus ging!

In der U-Bahn sind fast alle Sitzplätze belegt. Manche Passagiere haben Reisegepäck dabei und sind wie ich schon zum Bahnhof unterwegs. Andere müssen bereits jetzt zur Arbeit fahren. Ihre Kleidung verrät den Beruf: Bauarbeiter mit Mörtel an den festen Schuhen, Verkäuferinnen und Stewardessen in Uniformen. Hauptsächlich wird diese U-Bahn aber von Menschen bevölkert, die vergangene Nacht durchgefeiert haben.

Um 05:30 Uhr fährt der Railjet-Express 368 vom Wiener Hauptbahnhof ab. Der ungewöhnlich frühe Aufbruch mit dem ersten Zug des Tages in Richtung Westen belebt meine Sinne. Im Bahnhof Wien Meidling schiebt die Sonne ihre ersten Strahlen unter die Bahnsteigdächer, und über den Gleisen liegen lange Schatten. Sie zeigen in die Richtung, in die wir fahren: nach Westen. Noch vor acht Uhr früh erreichen wir den Salzburger Hauptbahnhof, und um dreiviertel zehn blicke ich in Innsbruck schon zur Nordkette hinauf, zur Seilbahn am Hafelekar. Die hohen Kalkstöcke leuchten einladend in der Sonne und wecken schöne Erinnerungen an einen meiner ersten Ausflüge mit dem KlimaTicket.

Langsam wird es Zeit, mich von meiner angenehmen Sitznachbarin zu verabschieden. Wir haben uns die Fahrzeit mit einem netten Erfahrungsaustausch über österreichische Ausflugsziele verkürzt. Sie fährt weiter nach Zürich zu ihrer Tochter, während ich in Ötztal-Bahnhof aussteige, um mit dem Bus 8352 zunächst nach Sölden weiterzufahren.

Blick vom Mutsbühel auf das Bergsteigerdorf Vent

In Ötztal-Bahnhof halten auch Schnellzüge.

Für die 40 Kilometer lange Strecke benötigen wir über eine Stunde, denn der Chauffeur muss in jeden Ort hineinfahren und sein sperriges Gefährt durch viel zu enge Kurven manövrieren. Über der Koje des Busfahrers klebt ein Sticker mit der Aufschrift: „Ich bremse nur zum Kotzen!" Besonders witzig finde ich das nicht. Obwohl mir beim Busfahren selten schlecht wird, bekomme ich langsam ein flaues Gefühl im Magen.

Im Wintersportort Sölden steige ich in einen anderen Bus um. Die Fahrzeit nach Vent beträgt nur 20 Minuten, obwohl wir mehr als 500 Höhenmeter bewältigen müssen. Zeitraubende Ortsabstecher bleiben uns auf dieser 17 Kilometer langen Panoramastrecke jedoch erspart.

Bei der Einfahrt in den oberen Ortsteil von Vent sehe ich durchs Busfenster bereits das Hotel, in dem ich für zwei Nächte ein Zimmer gebucht habe. Genau sieben Stunden sind vergangen, seit ich meine Wohnung in Wien verlassen habe. Hier, auf rund 1900 Metern Seehöhe, hat der Bus seine Endstation. Nur mit dem eigenen Auto wäre es möglich, auch noch bis zum rund einen Kilometer entfernten Berggasthaus Rofenhof und zur Pension Geierwallihof zu fahren. Dort ist endgültig Schluss mit Asphalt und Beton, und genau deshalb möchte ich dorthin. Zu den Rofenhöfen führt aber nicht nur eine Straße, sondern auch ein überaus reizvoller Wanderweg, der sich entlang der Rofenache hinauf zum höchstgelegenen dauerhaft bewirtschafteten Bauernhof in Mitteleuropa schlängelt.

Mit leichtem Gepäck – den großen Rucksack lasse ich im Hotel – mache ich mich auf den Weg, der unerwartet einfach zu begehen ist und abgesehen von der wunderbaren Bergkulisse auch mit einer prähistorischen Fundstelle aufwarten kann, denn er führt an den Resten eines stein-

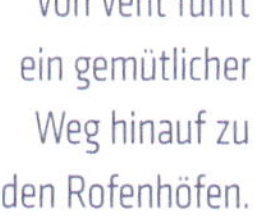

Von Vent führt ein gemütlicher Weg hinauf zu den Rofenhöfen.

Zwei Haflinger und ein Schwarznasenschaf

zeitlichen Jagdlagers vorbei. Welch ein erhebendes Gefühl, einen Weg zu gehen, auf dem nachweislich bereits vor 10 000 Jahren Menschen unterwegs gewesen sind! Archäologische Ausgrabungen ergaben, dass Jäger und Sammler der Mittleren Steinzeit in den Sommermonaten regelmäßig das Rofental aufsuchten, um von hier zu Hochgebirgsjagden auf Steinböcke, Gämsen oder Murmeltiere aufzubrechen. Ihr Jagdrevier reichte bis zum Alpenhauptkamm hinauf. Genau wo ich jetzt stehe, saßen 7600 vor Christus Menschen in einfachen Hütten um eine Feuerstelle herum, verarbeiteten ihre Jagdtiere oder waren mit der Herstellung ihrer Waffen beschäftigt. Sie nutzten Pfeile und Speere mit Feuersteinspitzen aus den südlichen Kalkalpen. Auch Bergkristall wurde häufig verwendet, wie die Funde von Tausenden Bruchstücken belegen, die im Jahr 1994 auf diesem prähistorischen Lagerplatz ans Tageslicht kamen. Jahrtausende später, in der frühen Bronzezeit um 2000 vor Christus, nutzten Hirten diese Geländestufe am Schnittpunkt zweier Täler als Weideplatz für Schafe und Ziegen.

Schafe begegnen mir auch heute an diesem besonderen Ort, und vereinzelt sehe ich sogar Haflinger. Diese freundlichen und sensiblen Pferde bewegen sich völlig frei in der paradiesischen Landschaft. Sie sind perfekt ans karge Leben im Gebirge angepasst. Einst machte die Fähigkeit, schwere Lasten mit großer Trittsicherheit tragen zu können, diese robusten und dennoch sehr hübschen Pferde zu idealen Arbeitstieren für Bergbauern. Heute sind diese Eigenschaften kaum mehr gefragt. Überall in der Landschaft blühen hellrote Sträucher. Sie werden Almrausch genannt, aber eigentlich heißen sie Alpenrosen und gehören zur Familie der Heidekrautgewächse. Vor mir am Wegrand steht plötzlich ein Gipfelkreuz. Es ist das alte Kreuz der Wildspitze, des höchsten Berges in Nordtirol. 2010 erhielt sein Gipfel ein neues Kreuz, und im Jahr darauf wurde das alte hier postiert, als Andenken an jene Menschen, die dieses schwere Ding 1933 ohne technische Hilfsmittel auf den höchsten Punkt Nordtirols schleppten, der von diesem Standpunkt aus gut zu sehen ist.

Die Kapelle neben dem Berggasthaus Rofenhof ist der Heiligen Theresia geweiht.

Mittlerweile rücken auch die Rofenhöfe in mein Blickfeld. In unmittelbarer Nähe der Rotte Rofen, die aus drei alten Bauernhöfen, einem Wirtschaftsgebäude und einer kleinen Kapelle besteht, stürzt ein tief eingeschnittener Gebirgsbach zu Tal, der in die Rofenache einmündet, die ich nun auf einer Hängebrücke überquere. Sie bietet mir einen herrlichen Blick in die tiefe Schlucht. Das laute Getöse dieses Wasserlaufes begleitet mich bis hinauf zum Gasthaus Rofenhof. Unerwartet viele Wandersleute sitzen unter großen Sonnenschirmen auf der Terrasse des gastlichen Hauses. Kaum zu glauben, dass ich erst heute früh mit Blick auf den Stephansdom Richtung U-Bahnstation Schwedenplatz gegangen bin! Nun sitze ich hier oben, umgeben von der eindrucksvollen Kulisse hoher Berge, und denke zurück an den Moment, als ich den kleinen Ort Vent auf der Landkarte suchte und lange nicht finden konnte. Ich bestelle ein großes Glas Holunderblütensaft, die Wirtin serviert es persönlich. Trotz des regen Betriebes nimmt sie sich Zeit fürs Gespräch. Sie erzählt, dass ihre Tochter erst vor Kurzem mit ihrer Schulklasse in Wien gewesen ist. Die große Stadt hat ihr gut gefallen, berichtete sie, aber viel zu heiß sei es dort gewesen! Das kann ich gut nachvollziehen, obwohl auch hier, auf über 2000 Metern Seehöhe, die Nachmittagssonne gerade unglaublich heiß vom Himmel brennt. Im Schatten ist es bei rund 20 Grad hingegen äußerst angenehm. Die Wirtin erzählt mir, dass die Rofenhöfe den Familien dreier Brüder gehören. Zwei der Klotz-Brüder leben schon seit Langem vom Bergtourismus. Sie führen die Pension Geierwalli und den Berggasthof. Der dritte Klotz-Bruder betreibt in Rofen eine

Ein Blick zurück zu den Rofenhöfen vom Weg Richtung Hochjoch-Hospiz

Die Hängebrücke über die Rofenache von den Rofenhöfen aus gesehen

erfolgreiche Haflingerzucht. Eigentlich wirkt die Rofenhöfe-Siedlung nicht besonders alt. Doch dieser Eindruck täuscht, denn bereits im Jahr 1280 wurden hier erstmals Bauernhöfe erwähnt. Ihre abgeschiedene Lage als höchste Dauersiedlung der Ostalpen bescherte den Rofenhöfen verschiedene Sonderrechte, etwa die völlige Steuerfreiheit. Außerdem konnten sie Asylrechte gewähren, zum Beispiel Herzog Friedrich IV., dem berühmten „Friedl mit den leeren Taschen", der Anfang des 15. Jahrhunderts hier Unterschlupf fand. Zum Abschied hat Frau Klotz noch ein paar Wandertipps für mich parat: Den Weg Richtung Hochjoch-Hospiz durchs Rofental oder die Wanderung von Vent über die Ramolalm zum Mutsbühel.

Mein erstes Ziel habe ich hier auf den Rofenhöfen aber bereits erreicht. Nun geht es über die Hängebrücke und die schönen Bergwiesen zurück nach Vent, wo im Hotel ein köstliches Abendessen mit Fleisch vom Tiroler Bergschaf auf mich wartet. Die Tiere stammen aus eigener Produktion und weiden im Sommer auf über 3000 Metern Seehöhe! Am Balkon meines Hotelzimmers lasse ich den erlebnisreichen Tag ausklingen.

Am nächsten Morgen bin ich beim Frühstücksbuffet einer der Ersten, denn schließlich stehen heute zwei Wanderungen auf meinem Programm. Zunächst möchte ich zur unbewirtschafteten Ramolalm hinauf. Der untere Abschnitt des Weges liegt noch im Schatten, doch je höher ich steige, umso weiter wird nicht nur der Ausblick, auch die sonnigen Abschnitte nehmen rasch zu. Am Rande der Ramolalm steht an einer Geländekante eine einfache Hütte und davor eine Sitzbank. Sie bietet den perfekten Ausblick hinüber zur Wildspitze, dem höchsten Berg in den Ötztaler Alpen. Die offiziellen Höhenangaben variieren zwischen 3768 und 3774 Metern. Jedenfalls ist er kaum niedriger als der höchste Gipfel des Landes, der Großglockner. Auch die Breslauer Hütte, die von Vent aus zu Fuß in zweieinhalb Stunden Gehzeit zu erreichen ist, kann ich von der Ramolalm mit bloßem Auge erkennen. Sie liegt auf über 2800 Metern Seehöhe. Weiter unten werden die Berghänge allmählich grün. Mein Blick schweift auch in Richtung Rofenhöfe. Richtung Süden sticht mir ein anderer Weg ins Auge, der sich weit hinten am Horizont verliert und meine ohnehin längst entfachte Wandersehnsucht noch mehr befeuert. Es ist der Weg durchs Niedertal zur Martin-Busch-Hütte.

Mein Weg führt nun auf einer welligen Hochebene weiter zum Mutsbühel. Direkt am Wegrand sehe ich zum ersten Mal Enziane in freier Natur. Auf der österreichischen Ein-Cent-Münze ist diese Pflanze, von der es mehrere Hundert verschiedene Arten gibt, abgebildet.

Vom Mutsbühel blicke hinunter auf das Bergsteigerdorf Vent. Der Ort lebt vom Fremdenverkehr, aber die touristische Infrastruktur ist nicht auf große Menschenmassen ausgelegt wie in vielen anderen Tiroler Wintersportorten. Die Mitglieder der Vereinigung „Bergsteigerdörfer" sind in der Regel kleinere Orte mit großer Alpinkompetenz. Die meisten von ihnen haben sich für eine eigenständige und möglichst nachhaltige wirtschaftliche Entwicklung entschieden. Es ist schön zu beobachten, wie viele Menschen hier mit Seilen und Pickel auf ihren Rucksäcken durch den Ort gehen. Was Vent so attraktiv macht, ist die pittoreske Höhenlage mit den vielen 3000ern im Blickfeld und die große Vielfalt an Wanderwegen. Die meisten führen zu Berghütten wie der Similaunhütte, die als Basislager für hochalpine Bergtouren dienen.

Nur eine einzige Menschenseele begegnet mir auf diesem idyllischen Wanderweg. Der Abstieg hinunter nach Vent ist anfangs ziemlich steil. Je tiefer ich komme, umso häufiger treffe ich auf Zirben, eine Baumart, die zu den Kieferngewächsen gehört und ein sehr hohes Alter erreichen kann. Die letzte Wegkreuzung vor Vent wird von Tiroler Graurindern belagert. Sie wirken friedfertig, dennoch habe ich Respekt vor ihnen und versuche, ihnen nicht zu nahe zu kommen.

Ein kurzer Abstecher bei der Brücke über die Venter Ache führt mich zur Bergsteigerkapelle, die als Kunstraum eine neue Bestimmung fand. Vorher diente sie als Totenkapelle für verunglückte Bergsteiger, aber ursprünglich wurde dieses Gebäude als „Feuerwehrhüttl" erbaut.

Die Ramolalm bei Vent bietet einen wunderschönen Ausblick auf die Wildspitze.

Die spektakuläre Rofenschlucht ist von den Rofenhöfen einfach zu erreichen.

Nach dem Mittagessen und einer kurzen Rast breche ich noch einmal zu einer kleinen Wanderung auf. Wie bereits gestern führt mein Weg hinauf zu den Rofenhöfen. Von dort folge ich der Beschilderung in Richtung Hochjoch-Hospiz. Der einfach zu gehende Weg entlang der Rofenache durchquert fantastische Bergwiesen, auf denen gerade viele Kräuter und Blumen blühen, zum Beispiel die hübsche Gelbe Alpen-Kuhschelle. Ein älterer Herr aus der ehemaligen DDR macht mich auf sie aufmerksam. Seit der Ost-Öffnung ist er jedes Jahr mehrere Wochen in den Alpen unterwegs. Die meisten Berggipfel kennt er nicht nur mit ihren Namen, sondern von seinen Besteigungen. Auch mit der hiesigen Pflanzenwelt ist er bestens vertraut.

Ich gehe noch ein gutes Stück weiter, bis ich die spektakuläre Rofenschlucht erreiche, von der mir die Wirtin gestern erzählte. Der mit Seilen gesicherte Weg durchs felsige Gestein wird nun immer schmaler. Tief unter mir rauscht die Rofenache. Immer höher klettern die Schatten die steile Felswand hinauf und signalisieren mir, dass es an der Zeit wäre umzudrehen, bevor es finster wird.

Auf dem Rückweg bin ich flott unterwegs, keine Fotostopps mehr und auch sonst keine Pausen! Abends im Hotel erfahre ich, dass heute in Feldkirch in Vorarlberg ein neuer Juni-Temperatur-Rekord erzielt wurde: 36,5 Grad im Schatten! Denkbar ungünstige Voraussetzungen für meine geplante Weiterfahrt ins „Ländle“ morgen.

Das Abschiednehmen von dieser grandiosen Bergwelt fällt mir schwer. Mein Bus fährt um 09:42 Uhr. Ich stehe sehr früh auf, um noch vor dem Frühstück Zeit für eine morgendliche Wanderung ins Niedertal zu haben.

Mein erstes Ziel ist der Hohle Stein, ein überhängender Felsbrocken auf einer Hangterrasse, der für steinzeitlicher Jäger ideale Voraussetzungen für ein Sommerlager bot. Archäologische Grabungsbefunde belegen, dass steinzeitliche Jäger und Hirten hier Feuerstellen errichteten und einfache Werkzeuge aus Knochen und Geweih herstellten. Vor allem wurden beim Hohlen Stein aber Klingen und Pfeilspitzen aus Feuerstein aus der Region Gardasee gefunden. Die Vorstellung, dass Menschen schon vor mehreren Jahrtausenden diesen

Steinzeitliche Jäger nutzten den Hohlen Stein als Sommerlager.

Platz als Lager nutzten, um von hier zum Alpenhauptkamm hinaufzusteigen, beflügelt meine Fantasie. Ob vielleicht auch die Wege von „Ötzi", dem berühmten Mann im Eis, an diesem Felsen im Niedertal vorbeiführten? Auszuschließen ist das nicht, denn die Fundstelle der Gletschermumie nahe des Hauslabjochs ist vom Hohlen Stein nur rund zwölf Kilometer entfernt!

So weit komme ich heute nicht mehr, aber diese Landschaft zieht mich so in ihren Bann, dass ich noch bis zur Almhütte Niederlab weitergehe. Nach alter Überlieferung befinde ich mich hier auf der Kaser, einem geheimnisvollen Platz mit rätselhaften Steinsetzungen. Einer Sage zufolge soll hier Alt-Vent gestanden haben. Jahrhundertelang gingen Bauern aus dem Schnalstal auf einem alten Saumweg über das Hochjoch Richtung Norden, da sie im Niedertal und auch im Rofental Weiderechte hatten. Bis heute werden diese Weiden im Sommer von Schnalser Schafbauern genutzt. Erst wenige Tage vor meiner Ankunft in Vent wurden wie jedes Jahr Tausende Schafe über die mehr als 3000 Meter hohe Similaunhütte getrieben. Schade, dass ich dieses spektakuläre Ereignis verpasst habe!

Hinten am Horizont ragt der 3606 Meter hohe Similaun empor. Jetzt ist es endgültig an der Zeit umzudrehen, sonst verpasse ich meinen Bus in Vent. Am Rückweg treffe ich vereinzelt auf Schafe, die mit blauer Farbe markiert sind. Meine Frage, ob sie aus Südtirol kommen, beantworten sie nur mit einem monotonen „Mähähäh" ...!

Wehmütig steige ich in den Bus, ich wäre gerne noch länger geblieben.

Bei meiner Ankunft in Ötztal-Bahnhof stehe ich vor einer schwierigen Entscheidung: Schnurstracks mit dem nächsten Zug zurück nach Wien oder, wie ursprünglich geplant, weiter nach Vorarlberg?
Ich entscheide mich für die Fahrt ins „Ländle", denn so weit in den Westen Österreichs werde ich in nächster Zeit wohl nicht mehr kommen. Dass es nur ein sehr kurzer Abstecher werden wird, liegt am Wetter: gestern Rekordhitze, heute immer noch extrem heiß, aber bereits am Abend sind heftige Gewitter zu erwarten.

Die Zugfahrt auf der Arlbergstrecke ist wunderschön. Wie schon so oft bei meinen Ausflügen mit dem KlimaTicket komme ich auch diesmal wieder an Orten vorbei, an denen ich zuletzt vor mehr als 15 Jahren gewesen bin, bei meiner Wanderung auf dem Jakobsweg Österreich, die mich von Wolfsthal, ganz im Osten unseres Landes, bis nach Vorarlberg geführt hat. Diese abenteuerliche Fußreise endete am Bahnhof Feldkirch, der auch literaturgeschichtlich interessant ist: „Dort drüben auf den Schienen wurde 1915 das Schicksal des *Ulysses* entschieden", sagte James Joyce bei einem späteren Feldkirch-Aufenthalt. Als er im Ersten Weltkrieg auf der Bahnfahrt von Triest nach Zürich am Bahnhof Feldkirch kontrolliert wurde, bestand die Gefahr einer Verhaftung, was große Auswirkungen auf die Arbeit an seinem Schlüsselwerk *Ulysses* gehabt hätte.

Ich steige in Feldkirch in einen Regionalzug nach Bregenz um. Mir gegenüber sitzt eine quirlige ältere Dame, die mir erzählt, dass sie ursprünglich aus Portugal kommt, und zwar aus Sines an der Küste des Alentejo, genau aus demselben Ort wie Vasco da Gama, der berühmteste der portugiesischen Seefahrer. Sie habe allerdings „nur" Vorarlberg entdeckt, fügt sie mit einem Schmunzeln hinzu. In Götzis sehe ich durchs Zugfenster das Stadion. Ausnahmsweise ist diese Sportarena nicht für legendäre Fußballspiele bekannt, sondern für Weltklasse-Mehrkampf-Meetings in der Leichtathletik. Ein kurzes Stück fahre ich genau parallel zur Rheintalautobahn. Am Horizont im Westen sticht mir ein Gebirgsstock mit vielen Zacken ins Auge. Das sind die Drei Schwestern, erklärt mir die Frau aus Portugal, die sich in dem von ihr eroberten Land wirklich gut auszukennen scheint. In Bregenz steige ich aus dem klimatisierten Zug. Über der Stadt liegt brütende Hitze! Eigentlich wollte ich die Altstadt besichtigen, doch angesichts der Umstände gehe ich lieber gleich zum See, der nicht weit vom Bahnhof entfernt ist.

Mein Sightseeing-Programm beschränkt sich auf einen Kurzbesuch der Seebühne, wo bereits jetzt – einen Monat vor der Premiere der diesjährigen Bregenzer Festspiele – an der Bühnenkulisse für die Puccini-Oper *Madame Butterfly* gearbeitet wird. Sie soll ein hingeworfenes Stück Papier darstellen und trotz ihres Gewichts von 700 Kilogramm luftig und schwerelos wirken – eine Projektionsfläche für die Schönheit japanischer Landschaften und für die Seelenlandschaft der Madame Butterfly gleichermaßen. In der aufwendigen Konstruktion des Bühnenbildes, das um einen im Bodensee verankerten Betonkern auf Holzpylonen aufgebaut wird, verstecken sich auch Technik- und Garderobenräume.

Am Bühnenbild für die Bregenzer Festspiele wird noch gearbeitet.

Ich verstecke mich auch, und zwar vor der Sonne. Am Seeufer ist noch eine einzige schattige Parkbank frei. Hier setze ich mich nieder, und während mein Blick vom Yachthafen bis hinauf zum Hausberg Pfänder schweift, ist meine Entscheidung längst gefallen: Liebes „Ländle“, ich komme wieder, wenn es kühler ist, aber jetzt fahre ich mit dem nächsten Zug zurück nach Wien!

Persönlicher Tipp des Autors: Einen der vielen schönen Wanderwege in Vent möchte ich besonders hervorheben: den kurzen Weg hinauf zu den Rofenhöfen. Er führt an einem prähistorischen Lagerplatz vorbei durch fantastische Bergwiesen, auf denen im Hochsommer viele seltene Kräuter und Blumen blühen und über eine Hängebrücke zum höchstgelegenen dauerhaft bewirtschafteten Bauernhof Österreichs.

Mein Fahrplan vom 18.–20. 6. 2022: Wien Hbf. ab 05:30, Vent an 12:03 (über Ötztal Bf. und Sölden). **Retour:** Vent ab 09:40, Bregenz Bf. an 14:12 (über Sölden, Ötztal Bf., Feldkirch Bf.). Bregenz Bf. ab 15:40, Wien Hbf. an 22:30 (über Feldkirch Bf.)

CO_2 **Emissions-Ersparnis** gegenüber einer Fahrt im eigenen PKW: 267,80 kg

RUND UM DEN WALLERSEE

Bei jeder Bahnfahrt nach Salzburg sah ich ihn durchs Zugfenster und dachte mir insgeheim: Diesen See würde ich gerne mit dem Fahrrad umrunden! Heute ist es soweit: Ich reise an den Wallersee, den größten See in der Region Salzburger Seenland. Zirka 20 Kilometer ist der Wallersee-Rundweg lang, und bei Badewetter laden gleich mehrere Seebäder zu einer Unterbrechung der Radtour ein, die auch durch das Naturschutzgebiet Wenger Moor führt. Die größten Orte am Wallersee sind Neumarkt und Seekirchen, aber auch Henndorf soll nicht unerwähnt bleiben. Hier steht das Geburtshaus von Thomas Bernhards Großvater Johannes Freumbichler, der ebenfalls Schriftsteller war. Beim Spaziergang durch den Ort begleiten mich Zitate von Carl Zuckmayer, für den sein geliebtes Henndorf nach seiner Emigration zum „verlorenen Paradies" wurde.

Meine Anreise nach Seekirchen, wo ich meine Wallersee-Umrundung beginnen werde, erfolgt schon am Vorabend, denn meine langjährige Freundin Brigitte hat mich eingeladen, bei ihr zu übernachten. Sie holt mich am Abend eines heißen Sommertages mit dem Auto vom Bahnhof ab. Als Erstes möchte sie mir das nahe Strandbad zeigen. Trotz der fortgeschrittenen Stunde ist hier noch immer viel los. Die hölzerne „Wiegeliege" ist selbstverständlich belegt, denn dieser Logenplatz ist bei den Badegästen besonders begehrt. Wir gehen über den Sandstrand auf den Holzsteg hinaus und blicken über den See, der sich im Licht der Abendsonne kilometerweit vor uns ausbreitet. Rechts vom Steg liegen hinter einem Schilfgürtel Segelboote vor Anker, und am Horizont stehen spitze, bewaldete Berge, die nicht allzu hoch sind. In der anderen Richtung ebenfalls Schilf und die Trasse der Weststrecke. Vom Strandbad aus sind aber nur ihre Oberleitungsmasten zu sehen und alle paar Minuten ein Zug. Dahinter grüne Wiesen und sanfte Hügel, aber keine Kühe. Ich strecke meine Füße ins 23 Grad warme Wallerseewasser, in dem sich auch viele Fische tummeln. Im Jahr 2020 wurde in der Seekirchener Bucht ein 65 Kilogramm schwerer Wels mit einer Länge von über zwei Metern gefangen, ein Rekordfang. Der Wels ist der größte europäische Süßwasserfisch. Regional wird er auch „Waller" genannt, doch das erklärt nicht die Herkunft des Namens „Wallersee", die bis heute Rätsel aufgibt. Vielleicht kommt es vom germanischen Wort „Walch" oder „Welsch", einem Sammelbegriff für „Fremde", mit dem sowohl Kelten wie auch Römer bedacht wurden. Mir kommt beim Klang des Wortes „Waller" als Erstes Johann Wolfgang von Goethes Ballade *Der Zauberlehrling* in den Sinn, wo es in einem Absatz heißt: „Walle! Walle manche Strecke, dass, zum Zwecke, Wasser fließe und mit reichem, vollem Schwalle zu dem Bade

Die Uferzone des Natura-2000-Gebietes Wallersee-Wenger Moor.

Ankunft in Seekirchen: Bahnhofsatmosphäre wie in alten Zeiten!

sich ergieße." Dennoch bleibt die Bedeutung des Namens „Wallersee" ungeklärt, fest steht nur: Brigitte und ich sind jetzt hungrig. Bald sitzen wir bei ihr zu Hause mit Salzburger Köstlichkeiten auf der sonnigen Terrasse. Sie verwöhnt mich mit Käse, Tomaten, Oliven, Aufstrichen, Würsten und frischem Brot. Während wir essen, tauschen wir Neuigkeiten aus unseren unterschiedlichen Lebenswelten aus. Brigitte ist seit ein paar Jahren in Pension und verbringt nun viel Zeit in Saalfelden, wo ihr Freund lebt. Vor sieben Jahren ist ganz unerwartet ihr Mann Robert verstorben, mit dem ich über viele Jahre befreundet war. Vor dem Schlafengehen bespreche ich mit Brigitte meine bevorstehende Radtour um den Wallersee, bei der ich Roberts altes Fahrrad verwenden werde, das immer noch gut in Schuss ist.

Durch die Fenster im Dachgeschoss blinzelt bereits die Morgensonne. Ich möchte möglichst früh starten, um der Mittagshitze zu entgehen. Brigitte leistet mir beim Frühstück Gesellschaft. Wenn ich von meiner Radrunde zurückkomme, wird sie bereits wieder in Saalfelden sein.

Ich werde den See im Uhrzeigersinn umrunden, doch als Erstes fahre ich nach Seekirchen hinein, in die künftige Bezirkshauptstadt des Flachgaus. Das Stadtzentrum liegt mehr als zwei Kilometer vom südwestlichen Seeufer entfernt. Weithin sichtbar: ein stattlicher Kirchturm – ihn peile ich an. Die Kirche des Kollegiatstifts befindet sich genau an jener Stelle, wo der Heilige Rupert auf seinem Weg von Worms ins heutige Salzburg im Jahr 695 ein Gotteshaus errichtete. Reste dieser „Urkirche" wurden in den 1970er-Jahren unter der heutigen Stiftskirche, die zugleich Stadtpfarrkirche ist, entdeckt.

Ebenfalls im Zentrum von Seekirchen, das erst im Jahr 2000 zur Stadt erhoben wurde, befindet sich ein wichtiger Kristallisationspunkt für zeitgenössische Kunst und Kultur im Salzburger Flachgau: das Kultur-

Kurz nach Seekirchen führt der Wallersee-Rundweg parallel zur Weststrecke der ÖBB.

haus „Emailwerk". Es ist die Wirkstätte des Kulturvereins „Kunstbox", der im ehemaligen Fabrikgebäude des traditionsreichen Heiztechnik-Unternehmens Windhager mit Lesungen, Konzerten, Workshops und vielem mehr ein spartenübergreifendes Kulturprogramm anbietet.

Auf dem Weg zum südwestlichen Ufer des Wallersees komme ich nahe am Schloss Seeburg vorbei, das gerne für Trauungen und Hochzeitsfeiern gebucht wird. Kurz vor dem Strandbad führt mein Weg an prächtigen Feuchtwiesen entlang, die der Naturschutzbund gepachtet hat. Bei einem Stadel parke ich mein Fahrrad und gehe ein Stück auf dem Naturerlebnisweg Seekirchen im Seemoos. Inmitten der hohen Wiesen stehen vereinzelt alte „Baumpersönlichkeiten" von stattlicher Größe, und blühende Blumen sorgen für bunte Farbtupfer in der Landschaft.

Eine überlebensgroße Läufer-Skulptur markiert beim Strandbad-Parkplatz den offiziellen Startpunkt des Wallersee-Rundweges. Der beschilderte Weg ist nicht nur als Radweg gedacht, sondern auch für Fußgänger oder Läufer. Das schmale Asphaltband führt zwischen dem Bahndamm der Weststrecke und einer weiteren ufernahen Wiese mit hohen Gräsern hindurch. Die Landschaft ist überaus reizvoll, immer wieder bleibe ich kurz stehen, um zu fotografieren. Ich blicke hinüber zum Holzsteg des Strandbades, wo ich gestern Abend mit Brigitte gewesen bin. Am Wallersee ist ein „Vierer" unterwegs – ein schmales Ruderboot ohne Steuermann, in dem vier Personen gleichmäßig ihre Paddel ins Wasser setzen. Weiter draußen am See erkenne ich ein kleines Motorboot, das vermutlich einem Fischer gehört. Auch der Blick zurück ist entzückend: Links der Gaisberg, leicht zu identifizieren am Sender, rechts das dunkle Untersberg-Massiv und in der Mitte der Watzmann, der nicht ruft, wie im Lied von Wolfgang Ambros, sondern bloß seinen spitzen Gipfel zur Schau stellt. Die einzige Wolke, die er anbohren könnte, ist zu weit weg.

Meine Radtour entpuppt sich als „Stop-and-Click"-Abenteuer. Ich bin zwar langsamer unterwegs als eine Schildkröte, aber das ewige Auf- und Absteigen wegen der vielen Fotostopps ist anstrengender als das Fahrradfahren selbst.

Die Stadtpfarrkirche Seekirchen ist gleichzeitig Stiftskirche.

Dort, wo sich heute ein Schilfgürtel am Ufer des Wallersees breitmacht, ist früher auch Wasser gewesen. In den vergangenen Jahrhunderten wurde der Wasserstand des Sees mehrmals künstlich gesenkt, aus Gründen des Hochwasserschutzes und um mehr Raum für die Besiedelung und für landwirtschaftliche Flächen zu gewinnen. Mittlerweile wird versucht, den Seespiegel wieder anzuheben, damit sich die Natur hier wieder frei entfalten kann.

Langsam komme ich dem Seeufer näher, und bald erreiche ich das hölzerne Bootshaus des Ruderclubs „Möve". Freundlich bittet man mich hinein, ich darf vom Steg aus ein paar Fotos machen. Brigittes Sohn Severin war jahrelang im Rudersport aktiv,

Am Steg des Ruderclubs „Move" bei Seekirchen

Blick über das Wenger Moor von der Aussichtsplattform

ehe eine Rückenverletzung die Fortsetzung seiner Karriere abrupt beendete.

Bis zur kleinen Bahnstation Wallersee-Zell führt der Wallersee-Rundweg noch parallel zur Weststrecke der ÖBB, dann trennen sich unsere Wege. Meiner führt nun in Richtung Wenger Moor, ins größte naturnah erhaltene Moorgebiet des Salzburger Alpenvorlandes. Der zirka 300 Hektar große Naturraum besteht aus einem Mosaik aus Hoch- und Niedermooren, Moorwäldern, Streu- und Feuchtwiesen, kleinen Bachläufen und dem Uferbereich des Wallersees. Eine Vielzahl an Informationstafeln am Wegrand überredet mich nun zusätzlich zu meinen Fotostopps immer wieder zum Stehenbleiben. Längst habe ich meinen Plan aufgegeben, mit dieser Radtour bis zum Mittagessen fertig zu sein. Diese Strecke ist einfach viel zu interessant, um hier wie mit Scheuklappen einfach durchzubrettern!

Genussvolles Radfahren durchs Wenger Moor

Ich erreiche eine Aussichtsplattform, und als ich die ersten Stiegen emporsteige, höre ich leises Gemurmel. Es kommt von zwei Frauen, die oben auf der schattigen Plattform ihre Jause ausgebreitet haben und sich während des Essens gemütlich unterhalten. Wie sich herausstellt, sind die beiden Damen ebenfalls mit dem KlimaTicket unterwegs. Sie kommen aus Hallein, und ich erzähle ihnen, dass ich vor gar nicht langer Zeit in den „Salzwelten" gewesen bin. Leider kommt ihr Eissalon-Tipp zu spät! Von der Plattform blicke ich auf das Hochmoor hinunter, das in seinem bis zu sechs Meter tiefen Torfkörper Regenwasser aufsaugen kann wie ein Schwamm, sofern es noch intakt ist. Beim Torfabbau werden metertiefe Gräben durch Moore gezogen, die binnen weniger Stunden zu einem Abfließen des Regenwassers, zu Austrocknung und Verbuschung führen. Abgesehen vom streng geschützten Wenger Moor ist nicht viel übriggeblieben von den kostbaren Moorlandschaften, die einst im Salzburger Seenland so zahlreich gewesen sind. Die letzten Hochmoorreste bieten Lebensraum für hoch spezialisierte Tier- und Pflanzenarten, die mit der extremen Nährstoffarmut dieser Pflanzendecke und dem wassergesättigten Untergrund gut zurechtkommen. Ein Paradebeispiel ist der Sonnentau, der mit seinen Blättern Insekten fangen kann, die das karge Nährstoffangebot an seinen Standorten ergänzen. Auch Streuwiesen waren im Wenger Moor bis in die 1960er-Jahre weit verbreitet. Diese „sauren" Wiesen wurden nicht gedüngt und nur im Spätherbst gemäht. Ihr Name kommt von ihrem Verwendungszweck: Ihr Heu diente vor allem als Einstreu in Ställen. Nach dem Zweiten Weltkrieg wurden viele dieser Wiesenflächen mit Fichten aufgeforstet, wodurch für bodenbrütende Vogelarten wie den Großen Brachvogel und seltene Pflanzen wie den Lungenenzian, die Sibirische Schwertlilie oder den Teufelsabbiss ein wichtiger Lebensraum verloren ging. Im Zuge eines Umweltschutzprojektes konnten einige Fichtenforste im Wenger Moor wieder in Streuwiesen zurückverwandelt werden. Auch die Uferzone des Natura-2000-Gebietes Wallersee-Wenger Moor ist ein kostbares Refugium für gefährdete Tierarten, vor allem für Wasservögel wie den Schilfrohrsänger oder die Rohrweihe.

Ich setze meine Radtour fort und erreiche den Weiler Maierhof in der Gemeinde Neumarkt am Wallersee. Von hier bis zum Bahnhof von Neumarkt wäre es noch ein gutes Stück zu fahren. Genau wie Seekirchen am gegenüberliegenden Ufer des Wallersees wurde auch Neumarkt erst im Jahr 2000 zur Stadt erhoben. Der Bahnhof Neumarkt am Wallersee ist der neue Endpunkt der Mattigtalbahn, die über Friedburg nach Braunau führt und derzeit modernisiert wird. Bisher war Steindorf bei Straßwalchen der Endbahnhof dieser Strecke, die gerade elektrifiziert wird.

Langsam nähere ich mich der Ostbucht des Wallersees. Ich fahre hinunter zur Uferstraße, vorbei am Seehotel Winkler, zu dem auch ein eigener Strandbereich gehört. Beim Yachthafen in der Hafenpromenade veranstaltet der Lions-Club heute eine Motorradweihe samt Biker-Frühschoppen. „Österreichs bester Johnny-Cash-Imitator" gibt sein Bestes und unterhält das Publikum mit bekannten Songs.

Ich habe jetzt die Hälfte meiner Strecke absolviert. Unter einem der roten Sonnenschirme im Strandcafé Leimüller, genau vis-à-vis des Neumarkter Strandbades, finde ich ein schattiges Plätzchen zum Mittagessen.

Das unverbaute Ufer des Wallersees vom Weiler Wierer aus gesehen

Im heutigen Literaturhaus Henndorf wurde Thomas Bernhards Großvater geboren.

Danach geht es steil hinauf in den Wald. Ich befinde mich nun am Rupertiweg. Hier bin ich schon einmal gewesen, und zwar im Sommer 2005, als ich auf dem Jakobsweg Österreich unterwegs war. Am steilsten Stück des Rupertiweges, der als einziger Abschnitt des Wallersee-Rundweges nicht asphaltiert ist, schiebe ich mein Fahrrad. 20 Minuten später dann der Mühe Lohn: ein freier Blick über den Wallersee!

Aus Übermut mache ich nun einen Fehler: Ich fahre den steilen Berg hinunter zum Strandbad Henndorf, anstatt oben die Abzweigung Richtung Ort zu nehmen. Die einzige Entschädigung, die dieser Umweg für mich bereithält: Ich komme am Naturdenkmal „Zwei Linden" vorbei. Eingezwängt zwischen zwei mächtigen Baumstämmen steht die Sagmüllerkapelle – ein echter Kraftplatz, der mir neue Energie verleiht.

In der prallen Sonne fahre ich steil bergauf in den Ort Henndorf und schwitze aus allen Poren. In der Sonne hat es gefühlte 45 Grad, und ich stehe hier vor einer Informationstafel, die mir den Henndorfer „Eiszeit-Rundweg" schmackhaft machen will! Auf dieser Tafel ist vom Salzachvorlandgletscher die Rede, der sich am Höhepunkt der letzten Eiszeit vor gut 20 000 Jahren weit in den Flachgau hinein erstreckte.

Bald stoße ich auf eine weitere Informationstafel, und zwar über den Schriftsteller Thomas Bernhard, der seine Kindheit vorwiegend bei seinen Großeltern Anna und Johannes Freumbichler in Seekirchen verbrachte. Seinen Großvater beschrieb Bernhard später als die prägende Persönlichkeit in seinem Leben. Die Informationstafel wurde 2021 auf Initiative des Literaturhauses Henndorf aufgestellt.

Offensichtlich bin ich auf einen Literaturpfad geraten, denn kurz darauf stehe vor der nächsten Schautafel über einen berühmten Schriftsteller. Diesmal ist es Carl Zuckmayer, über dessen Biografie ich Näheres erfahre: Der deutsche Dramaturg verliebte sich 1927 in den Ort Henndorf, in dem er in den folgenden Jahren immer wieder mehrere Monate mit seiner Familie verbrachte, ehe sie 1933 hierher übersiedelten. 1938 mussten die Zuckmayers jedoch nach Amerika emigrieren. In dieser Zeit entstand unter anderem die Erzählung *Der Seelenbräu*, in der Carl Zuckmayer auch „das verlorene Paradies" Henndorf thematisiert. Auf einer schlichten Holztafel lese ich eine Kostprobe aus seiner Autobiografie *Als wär's ein Stück von mir*: „Wenn man mich damals gefragt hätte, wo das Paradies gelegen sei, so hätte ich ohne Zögern geantwortet: in Österreich, sechszehn Kilometer von Salzburg, am Wallersee, in Henndorf."

Nach einem Abstecher zum romantischen Geburtshaus von Johannes Freumbichler, das heute als Literaturhaus dient, verlasse ich den Ort in Richtung Kirchfenning. Auch hier stehen zwei prächtige Linden, die ebenfalls als Naturdenkmal ausgewiesen sind. In ihrem Schatten halte ich noch einmal kurz Rast, denn auf dem letzten Teil meiner Radtour wird es noch einmal ziemlich hügelig. Ich erreiche den Weiler Fischtaging, sehe einem Bauern beim Heuwenden zu und trete am Weinberg noch einmal kräftig in die Pedale.

Über die Panoramastraße – ihr Name bezieht sich wohl auf den schönen Ausblick über den Wallersee – erreiche ich das Haus von Brigitte. Ich stelle das Fahrrad zurück, packe meine sieben Sachen, und schon ist es „höchste Eisenbahn". Seekirchen ist über den Salzburger Hauptbahnhof perfekt an das Fernverkehrsnetz der ÖBB angebunden. Mit dem Regionalexpresszug REX 21 bin ich in nur elf Minuten in der Mozartstadt.

Durchs Zugfenster auf dem Heimweg nach Wien habe ich noch einmal das Vergnügen, den Wallersee in voller Länge und aus leicht erhöhter Position zu betrachten. Was mir besonders gut gefällt: Alle Orte um ihn herum halten einen gebührenden Respektabstand zum Seeufer.

Bei den Linden in Kirchfenning steht eine Kapelle.

Persönlicher Tipp des Autors: Der schnellste Weg von Ost-Österreich an den Wallersee führt über den Bahnhof Neumarkt, der bequem mit dem Railjet ohne Umsteigen im Stundentakt zu erreichen ist. Zum Beispiel: Wien Hbf. ab 06:55, Neumarkt/Wallersee Bf. an 09:30. Retour mit der Westbahn um 18:06, Wien Westbahnhof an 20:20.

Mein Fahrplan am 2./3. 7. 2022: Wien Hbf. ab 15:55, Seekirchen Bf. an 18:49 (über Neumarkt/W. Bf.). **Retour:** Seekirchen Bf. ab 18:32, Wien Westbahnhof an 21:20 (über Salzburg Hbf.)

CO_2 **Emissions-Ersparnis** gegenüber einer Fahrt im eigenen PKW: 126,30 kg

Ausflug **20**

HEILIGENBLUT AM GROSSGLOCKNER

Heute habe ich besonders viel Zeit zum Zugfenster-Schauen: Von Wien geht es nach Salzburg, dann auf der Tauernstrecke nach Kärnten und schließlich durchs Drautal nach Osttirol. Auch die Busfahrt von Lienz nach Heiligenblut ist ein Genuss, aber noch spannender wird es am nächsten Tag: Die Fahrt auf der Großglockner-Hochalpenstraße und der Gletscherstraße auf die Franz-Josefs-Höhe ist der Höhepunkt meiner Ausflüge mit dem KlimaTicket! Von diesem prominenten Aussichtspunkt wandere ich mit Blick auf den Großglockner auf dem Gamsgrubenweg oberhalb des Gletscherstroms der Pasterze durch die hochalpine Bergwelt des Nationalparks Hohe Tauern. Tags darauf fahre ich mit Zwischenstopp in Klagenfurt am Wörthersee durchs steirische Murtal wieder nach Hause – mehr „Österreich" binnen drei Tagen ist kaum möglich!

Zwischen zwei Hitzewellen breche ich zu meiner bereits 20. Ausflugsfahrt mit dem KlimaTicket auf! Gewohnt zügig geht es von Wien nach Salzburg, wo ich umsteigen muss. Meine erste Fahrt auf der Tauernstrecke seit Jahrzehnten beginnt mit einer kurzen Verspätung. Mir gegenüber sitzt ein deutsches Urlauberpärchen. „Mit dem Auto wäre uns die Anreise von Rostock nach Salzburg auch nicht billiger gekommen", erzählen sie. „Aber beim Bahnfahren hat man doch ein viel besseres Gewissen, und bequem war die Zugfahrt über Berlin und München obendrein", fügen sie hinzu. Seit zehn Tagen erkunden die beiden das Salzburger Land, heute ist ein Ausflug nach Zell am See an der Reihe. In Schwarzach-St. Veit müssen sie umsteigen, denn der Railjet 111 fährt nun in Richtung Süden weiter. Seit Bischofshofen scheint gelegentlich die Sonne, da macht das Zugfenster-Schauen gleich noch mehr Spaß!

Neben der Brennerbahn ist die Tauernstrecke die zweite wichtige Eisenbahnverbindung über die Alpen. Die Nordrampe führt durch das pittoreske Gasteinertal. Da nicht alle Plätze im Waggon belegt sind, wechsle ich immer wieder zwischen der linken und der rechten Fensterseite hin und her, um möglichst viele interessante Ausblicke zu erhaschen. Die grünen Matten an den Berghängen sind ein wohltuender Anblick. Wir passieren die Ortschaften Dorfgastein, Bad Hofgastein und Bad Gastein, und bald darauf wird es finster: In Böckstein fahren wir in den Tauerntunnel ein, und als wir nach gut acht Kilometern wieder ans Tageslicht kommen, sind wir nicht mehr im Bundesland Salzburg, sondern bereits in Kärnten.

Die nächste Haltestelle heißt Mallnitz-Obervellach. Der alte Bahnhof von Obervellach lag fast 400 Meter oberhalb des Ortes und war ab 1931 über eine Seil-

Großglockner-Blick von der Kaiser-Franz-Josefs-Höhe

Postkartenansicht par excellence: Heiligenblut am Fuße des Großglockners!

bahn zu erreichen, die 1976 gemeinsam mit der Bahnstation aufgelassen wurde.

Die Südrampe der Tauernstrecke führt hoch über dem Unteren Mölltal weiter – eine Panoramafahrt wie aus dem Bilderbuch!

Nach einer gut zweistündigen Fahrt erreiche ich zu Mittag den Bahnhof Spittal-Millstättersee. Die Fahrt durchs Drautal nach Lienz in Osttirol verläuft direkt neben dem Fluss und parallel zum idyllischen Drautal-Radweg. Wir fahren mitten durch eine Landschaft von grünen Wiesen und Feldern. Hinter Oberdrauburg passieren wir die Grenze nach Osttirol, und die Berge am Horizont im Westen werden immer höher. Nach genau einer Stunde Fahrzeit treffe ich am frisch renovierten Lienzer Bahnhof ein, wo mir bis zur Weiterfahrt mit dem Bus auch etwas Zeit für einen schnellen Imbiss bleibt.

Die vierte Etappe meiner Anreise erfolgt mit dem Bus der Linie 942. Spätestens beim Anblick des wuchtigen Mautturms im Kärntner Grenzort Winklern wird klar, dass mein Osttirol-Abstecher schon wieder zu Ende ist. In Winklern muss ich ein letztes Mal umsteigen. Auf der halbstündigen Fahrt nach Heiligenblut durch das landschaftlich reizvolle Obere Mölltal bin ich der einzige Fahrgast – kaum zu glauben!

Kurz vor 15 Uhr tut sich vor der Windschutzscheibe des Busses eine der berühmtesten Postkartenmotive der Alpen auf: Im Vordergrund steht die Pfarrkirche von Heiligenblut mit ihrem hohen, spitzen Turm und dahinter der majestätische Großglockner, der höchste Gipfel unseres Landes!

Welch ein erhebendes Gefühl, nach so langer Zeit wieder hier zu sein: Seit meiner Österreich-Rundfahrt mit dem Fahrrad im Jahr 1976 bin ich nicht mehr in Heiligenblut gewesen! Damals war ich 16 Jahre alt und meine beiden Freunde sogar noch ein Jahr jünger. Wir fuhren von der Salzburger Seite über die Großglockner-Hochalpenstraße. Als wir in Heiligenblut eintrafen, lag unser großes Ziel bereits hinter uns.

Diesmal ist es umgekehrt: Morgen werde ich von Süden auf die Franz-Josefs-Höhe fahren – nicht mit dem Fahrrad, sondern mit dem Postbus, der im Sommer bei guter Witterung dreimal täglich von Heiligenblut zu diesem Aussichtspunkt hochfährt. Das KlimaTicket ist auch auf dieser berühmten Panoramastrecke gültig, nur die Mautgebühr ist zu bezahlen. Eine Weiterreise auf der Großglockner-Hochalpenstraße ins Bundesland Salzburg ist mit öffentlichen Verkehrsmitteln hingegen leider nicht möglich.

Deshalb werde ich in Heiligenblut mein „Basislager" aufschlagen. Ich habe für zwei Nächte ein Zimmer reserviert, und der Bus aus Winklern bringt mich direkt vor die Eingangstür meines Hotels. Auf der Wendeschleife umkreist er den hoteleigenen Parkplatz – bequemer hätte ich auch mit dem Auto nicht anreisen können! Zwar wäre ich mit dem eigenen PKW vermutlich schneller hier gewesen, aber dafür wäre ich jetzt deutlich müder. Die öffentliche Anreise hat mich kaum erschöpft, und da es heute noch mehr als fünf Stunden hell sein wird, schmiede ich rasch einen Plan für den Rest dieses sonnigen Tages: Ich werde auf dem Natura-Mystica-Rundweg zum Gössnitzfall wandern, aber zuerst sehe ich mir in aller Ruhe das Zentrum von Heiligenblut an.

Mein Weg führt hinauf zur Pfarrkirche St. Vinzenz, die von einem Friedhof mit schönen schmiedeeisernen Grabkreuzen umgeben ist. Viele verunglückte Bergsteiger liegen hier begraben, aber keiner ist berühmter als Alfred Markgraf von Pallavicini. Dem gebürtigen Flachländer aus dem heutigen Sopron gelang 1876 die erste Durchsteigung einer langen und extrem steilen Eisrinne auf der Nordseite des Großglockners, die daraufhin nach ihm benannt wurde. Zehn Jahre später verunglückte Pallavicini gemeinsam mit seinen Bergführern in der Glocknerwand tödlich. Die Familie des Adeligen widmete der Pfarre Heiligenblut ein Buch mit dem Titel *Den Opfern der Berge*. Darin sind auf Seiten aus Aluminium die Namen jener Menschen eingraviert, die in der Glockner-Region ihr Leben ließen. Dieses wetterfeste Gedenkbuch liegt beim südseitigen Friedhofsausgang frei zugänglich auf. Was mir neben den vielen hübschen Eisenkreuzen auf diesem Bergsteigerfriedhof noch auffällt: Auf manchen der Gräber blüht Edelweiß!

Gedenkbuch für alle am Großglockner tödlich verunglückten Bergsteiger

Für ein kleines Dorf in den Bergen verfügt Heiligenblut über eine ungewöhnlich kostbar ausgestattete Kirche. Ihr imposanter spätgotischer Flügelaltar ist reich mit Gold verziert, das in den nahen Hohen Tauern geschürft wurde. Im vorderen Teil des Langhauses führen Stufen in die Krypta hinab, wo sich auch das Grab von Briccius befindet. Um ihn rankt sich eine Legende, die auch erläutert, wie der Ort zu seinem Namen kam: Briccius war mit einem Fläschchen, das einige Tropfen des Heiligen Blutes von Jesus Christus enthielt, von Konstantinopel auf dem Heimweg nach Dänemark, als er in den Hohen Tauern von einer Lawine verschüttet wurde. Bauern fanden drei Weizenähren, die über dem Unglücksort aus dem Schnee wuchsen. Sie

Der Flügelaltar der Pfarrkirche ist mit Tauerngold verziert.

legten den Leichnam frei, brachten ihn zu Tal und begruben ihn an jener Stelle, wo die Ochsen nicht mehr weiterwollten – genau an diesem Standort wurde später die Kirche erbaut. Um seine Brust hatte Briccius eine Urkunde gebunden, die auf eine Fleischwunde in der Wade des Toten verwies, in der schließlich das Fläschchen mit dem „Heiligen Blut" gefunden worden sein soll. Seit Jahrhunderten nehmen Gläubige gefahrvolle Wege auf sich, um von Fusch nach Heiligenblut zu pilgern. Im Sakramentshäuschen in der Pfarrkirche St. Vinzenz werden sowohl die drei Getreideähren des Briccius aufbewahrt wie auch die Heiligenblutreliquie.

Nicht weit von der Pfarrkirche entfernt steht ein modernes, multifunktionales Bauwerk, das sich harmonisch ins Ortsbild einfügt. Darin ist über einer Tiefgarage das „Welcome Center" untergebracht und auch das mehrstöckige „Haus der Steinböcke". 1960 nahm in Heiligenblut die erfolgreiche Wiederansiedelung des bereits ausgestorbenen Alpen-Steinbocks mit der Freilassung von drei jungen Steinböcken ihren Anfang. Deshalb ist dem „Alpenkönig" hier eine Erlebnisausstellung gewidmet, die auch seinen Lebensraum, die Hochgebirgsregion des Nationalparks Hohe Tauern, eindrucksvoll ins Rampenlicht setzt. Im Kinosaal des Hauses sehe ich die berühmteste Gipfelregion des Landes sogar aus der Adlerperspektive.

Anschließend kehre ich auf den Boden der Realität zurück, die sich hier, mitten im Zentrum von Heiligenblut, nicht minder eindrucksvoll präsentiert: Auf der Panoramaterrasse des Cafés im „Haus der Steinböcke" stärke ich mich mit Kaffee und Kuchen und freiem Blick auf den Gipfel des Großglockners für meine Wanderung auf dem Natura-Mystica-Trail.

Der Naturlehrpfad beginnt bei einem Labyrinth aus Steinen, das mit seinen Holzkonstruktionen wie ein keltischer Lagerplatz wirkt. Nach einem steileren Waldstück öffnet sich ein schöner Blick auf die Streusiedlung Winkl. Der Weg führt am Kachelmoor vorbei zur Kohnmühle, die über uralte hölzerne Rinnen mit Wasser aus der Gössnitz gespeist wird. Ich folge dem Gebirgsbach bis zu einem Holzsteg und gehe am anderen Bachufer zurück, bis ich einen steilen Wurzelsteig erreiche, der mich zu einem spektakulären Aussichtspunkt bringt: Genau gegenüber von mir donnert der Gössnitzfall über eine senkrechte Felswand hinunter.

Nach diesem Abstecher setze ich die Rundwanderung fort, die auf der anderen Seite des Kachelmoores zurück zum Ausgangspunkt führt. Die kleine Wanderung ist eine perfekte Einstimmung auf meinen morgigen Ausflug auf die Kaiser-Franz-Josefs-Höhe, wo ich dem höchsten Berg Österreichs deutlich näher gegenüberstehen werde als von hier unten im Tal.

Der Postbus 5108 der Kärntner Linien beginnt seine Fahrt um 09:42 Uhr genau gegenüber von meinem Hotel. Beim Einsteigen weise ich mein KlimaTicket vor und bezahle drei Euro Mautgebühr für die Benützung der höchstgelegenen befestigten Passstraße Österreichs. Bis zur Abzweigung ins Fleißtal, wo weiter hinten im Tal ein altes Goldgräberdorf originalgetreu rekonstruiert wurde, gibt es kaum Kehren.

Der Gössnitzfall stürzt 70 Meter in die Tiefe.

Die Großglockner-Hochalpenstraße durchs Busfenster gesehen.

Erst nach der Mautstelle wird die Straße, die 1935 dem Verkehr übergeben wurde, allmählich kurvenreicher. Immer wieder blitzt der Großglockner durch die Windschutzscheibe kurz auf, verschwindet wieder hinter der nächsten Kehre, um alsbald erneut aufzutauchen – wieder ein Stück näher und noch eindrucksvoller als zuvor.

In der Zeit der Habsburgermonarchie war das Gebiet des Großglockners exklusives Jagdrevier des Kaisers. Als Zugangsbasis wurde im Jahr 1875 neben einer deutlich älteren Hütte in der Gamsgrube das Glocknerhaus errichtet, das ab 1908 sogar über einen einfachen Fahrweg erreichbar war. Dieser Weg wurde in den 1930er-Jahren zur berühmten Glocknerstraße ausgebaut, die auf einer Länge von knapp 50 Kilometern vom Salzachtal über den Alpenhauptkamm ins Kärntner Mölltal führt.

Gelegentlich überholt unser Bus ein paar Radfahrer, die genauso schwer bepackt sind wie wir damals. Beim Kreisverkehr Guttal – vermutlich dem höchstgelegenen im ganzen Land – zweigen wir von der Hochalpenstraße ab, die zur Passhöhe am Hochtor und weiter ins Bundesland Salzburg führt. Wir fahren hingegen auf der Gletscherstraße zur Franz-Josefs-Höhe, jenem besonderen Aussichtspunkt, der nach Kaiser Franz Joseph I. benannt ist, denn der Monarch höchstpersönlich wanderte im zarten Alter von 26 Jahren von Heiligenblut dort hinauf.

Das Erste, das mir beim Verlassen des Busses auffällt: Es ist viel wärmer als erwartet – meine Daunenjacke kann ich gleich wieder wegpacken! Mein erster Blick gilt natürlich dem pyramidenförmigen Gipfel des Großglockners: Der höchste Berg unseres Landes ist 3798 Meter hoch. Er liegt direkt an der Grenze von Osttirol und Kärnten, und gemeinsam mit dem etwas niedrigeren Kleinglockner formt er eine Doppelspitze aus Grünschiefer. Der Berg hat sich seit meinem ersten Besuch kaum verändert, ganz im Gegensatz zur Kaiser-Franz-Josefs-Höhe, die zu einem weitläufigen Besucherzentrum mit Parkgaragen,

Deutlich zu erkennen: Einbruchstrichter an der Zunge der Pasterze

Gastronomiebetrieben, Souvenirshops und Ausstellungsflächen ausgebaut wurde. Täglich um 10:30 Uhr beginnt beim Informationszentrum am Nationalpark-Platz eine kostenlose Führung. Vom Besucherzentrum steigen wir hinauf zur Aussichtsterrasse. Eine junge Nationalpark-Rangerin berichtet vom dramatischen Rückgang des Gletschereises der Pasterze. Mit acht Kilometern Länge ist die Pasterze aber immer noch der größte Gletscher der Ostalpen. Sie beginnt am 3453 Meter hohen Johannisberg, ihre Zunge reicht bis kurz vor den Sandersee, der sich direkt unter unseren Augen erstreckt. Im heurigen Jahr schmelzen die Gletscher in Österreich noch schneller als im bisherigen Rekordsommer 2003. Bereits jetzt, Mitte Juli, sieht die Pasterze aus wie in den bislang extremsten Jahren am Ende der Schmelze im September – ein Zustand, wie er seit Beginn der Aufzeichnungen noch nie beobachtet wurde und der mich sehr nachdenklich stimmt.

Auf dem Panoramaweg gehe ich zur Wilhelm-Swarovski-Beobachtungswarte und blicke durch ein Fernglas, das genau auf den Gipfel des Großglockners gerichtet ist: Unglaublich, wie viele Menschen sich dort oben tummeln – an sonnigen Sommertagen wie heute sind es über den Tag verteilt bis zu 150 Personen! Die Aussicht von dort oben gilt als die weiteste in den gesamten Ostalpen. Ein weiteres Fernglas ist auf die Erzherzog-Johann-Hütte gerichtet. Auch dort, auf der sogenannten Adlersruhe, sind Menschen zu sehen.

Eine andere Hütte suche ich hingegen vergeblich: Die Hofmannshütte, auf der wir bei unserer Radtour im Jahr 1976 übernachtet hatten, musste 2016 abgerissen werden, nachdem sie bereits seit 2005 wegen Baufälligkeit nicht mehr genutzt werden konnte. Sie war eine der ältesten alpinen Schutzhütten im Glocknergebiet und stand ursprünglich am Rand der Pasterze. Die Hofmannshütte war über den

Die Pasterze anno 1976 – Erinnerungsfoto an meine Glockner-Radtour mit Erwin und „Kid"

Gamsgrubenweg zu erreichen. Diesen beliebten Weg gibt es zwar noch immer, aber aufgrund von Steinschlaggefahr ist er ab dem Ausgang bei Tunnel 6 derzeit offiziell gesperrt. Im ersten Abschnitt des Gamsgrubenweges wurden bis 2014 sechs Tunnel in das Gestein gesprengt, die einen sicheren Durchgang ermöglichen. Um die Attraktivität dieser dunklen Gänge zu erhöhen, werden sie als „Schatztunnel" inszeniert, in denen unter anderem die Pasterzen-Sage erzählt wird. Überdachte Steinschlaggalerien zwischen den Tunneln bieten fantastische Ausblicke auf den Gletscherstrom der Pasterze und auf die grandiose hochalpine Bergwelt. Nach der Tunnelkette führt der Gamsgrubenweg als relativ breiter und einfach zu begehender Panoramaweg weiter. Genau wie viele andere Wanderer gehe ich trotz Steinschlaggefahr auf eigene Verantwortung noch eine gute halbe Stunde weiter bis zum Wasserfallwinkel, einem romantischen Plätzchen, wo mehrere Picknicktische in einer kaum zu überbietenden Panoramalage stehen. Hier treffe ich eine Gruppe erfahrener Alpinisten mit Helmen, Seilen und Pickel. Sie sind auf dem Rückweg von der Oberwalderhütte und erzählen mir, dass Sepp Forcher dort in jungen Jahren als Lastenträger tätig war – lange bevor er als TV-Moderator der Sendereihe *Klingendes Österreich* berühmt wurde. Ab dem Wasserfallwinkel wird der Weg schwieriger. Für mich ist es ohnehin an der Zeit umzukehren. Abgesehen von den grandiosen Aussichten besticht das Sonderschutzgebiet Gamsgrube auch durch eine unvergleichliche pflanzliche Artenvielfalt. Hier sehe ich das Alpen-Edelweiß zum ersten Mal auch in freier Natur.

Sieht einfach aus und ist dennoch gefährlich: der Gamsgrubenweg. Links der Johannisberg

Blick über den Wörthersee zum Pyramidenkogel

Der letzte Linienbus nach Heiligenblut fährt bereits um 15:48 Uhr von der Franz-Josefs-Höhe ab. Gerne wäre ich auch noch mit der Gletscherbahn in Richtung Pasterze hinuntergefahren, doch dieses Vorhaben muss ich aufs nächste Mal verschieben!

Der Abschied von Heiligenblut am nächsten Morgen fällt leichter als erwartet, denn es ist stark bewölkt, und der Gipfel des Glockner versteckt sich hinter Wolken. Mein Bus fährt um 08:18 Uhr. Zwei Stunden später bin ich in Spittal an der Drau, wo ich in den Zug nach Klagenfurt umsteige. Während der Fahrt entlang des Wörthersees reift der Gedanke, nicht sofort nach Wien weiterzufahren, sondern der Kärntner Landeshauptstadt einen Kurzbesuch abzustatten.

Wahrzeichen und Wappentier: Klagenfurts Lindwurm

Vom Bahnhof fahre ich mit einem Linienbus ins Zentrum hinein, zum Heiligen-Geist-Platz, der sich unweit des Neuen Platzes befindet, wo der Lindwurm steht. Das Wahrzeichen und Wappentier Klagenfurts hatte ich viel größer in Erinnerung, dafür ist es älter als ich dachte: Schon seit über 400 Jahren erinnert der Lindwurm an die Gründungssage der Stadt!

Die Busfahrt zum Seeufer dauert nicht lange, und dennoch führt sie an „aller Welt“ vorbei – am Pariser Eiffelturm ebenso wie am Wiener Donauturm. Die beiden Wahrzeichen ragen deutlich über den Zaun von „Minimundus“, dieser „kleinen Welt am Wörthersee“, hinaus.

Auf der Seepromenade am Klagenfurter Wörtherseeufer

Ich spaziere die Seepromenade entlang und setze mich auf eine Bank mit Blick aufs Wasser. Am anderen Ufer ist ein hölzerner Aussichtsturm zu erkennen. „Der steht am Pyramidenkogel bei Keutschach", erzählt mir ein Einheimischer: „Von dort oben kannst Du noch viele andere Kärntner Seen erblicken!" Vorläufig genügt mir der Wörthersee, aber wer weiß, für wie lange …!

Persönlicher Tipp des Autors: Der Naturlehrpfad „Natura Mystica" eignet sich am Anreisetag nach Heiligenblut perfekt zur Einstimmung auf den Ausflug zur Franz-Josefs-Höhe am nächsten Tag. Auch der Abstecher zum Gössnitzfall ist empfehlenswert.

Mein Fahrplan vom 12.–14. 7. 2022: Wien Hbf. ab 07:20, Heiligenblut an 14:53 (über Salzburg Hbf., Spittal/M. Bf., Lienz/O. Bf. und Winklern) // Heiligenblut ab 09:42, Franz-Josefs-Höhe an 10:12. **Retour:** Franz-Josefs-Höhe ab 15:48, Heiligenblut an 16:18 // Heiligenblut ab 08:18, Klagenfurt Hbf. an 11:13 (über Spittal/M. Bf.). Klagenfurt Hbf. ab 15:39, Wien Hbf. an 19:35

Emissions-Ersparnis gegenüber einer Fahrt im eigenen PKW: 145,45 kg

DER AUTOR

Reinhard Mandl, geboren 1960 in Amstetten/NÖ, lebt seit 1980 in Wien. Als junger Völkerkundestudent entdeckte er in den 1980er-Jahren in nordamerikanischen Indianerreservationen seine Liebe zur Fotografie. Er gestaltete mehrere Fotodokumentationen über verschiedene Völker im „Native America" und in den 1990er-Jahren erfolgreiche Reisediashows, die er in österreichweiten Vortragstourneen präsentierte. Seit dem Jahr 2000 beschäftigt sich Reinhard Mandl vorwiegend mit Wien-Themen. Neben Fotoausstellungen („Wien im Jahr 2000" im Wien-Museum 2001, „Wien.blicke" im MUSA 2014) verfasste er mittlerweile sechs Wien-Bücher. Im Elsengold Verlag erschienen zuletzt „Wien. Gestern und heute" (2019), „Wien bei Nacht" (2020), „Rund um Wien" (2021) und „Die schönsten Wiener Grätzel" (2022; Text: Harald Havas).

Weiterführende Links

www.anachb.vor.at – Routenplaner für öffentliche Verkehrsmittel
www.bahn-zum-berg.at – Öffi-Bergtouren-Portal mit Newsletter fürs Wochenende
www.fahrplan.oebb.at – elektronische Fahrplanauskunft für Bahn und Bus der ÖBB
www.klimaticket.at – Infoportal über das KlimaTicket
www.verkehrsauskunft.at/co2-applikationen – CO2-Ersparnis-Berechnung der VAO
www.zuugle.at – Suchmaschine für Öffi-Bergtouren

Impressum

2. Auflage 2022

Gestaltung und Satz: Mario Zierke, Berlin
Printed in Slovenia
ISBN 978-3-96201-114-7
www.elsengold.de | www.wasmitgeschichte.de

Die Informationen in diesem Buch beruhen auf Ausflügen des Autors und seiner nachträglichen Recherchen. Trotz größter Sorgfalt können Fehler nicht ganz ausgeschlossen werden. Wir ersuchen um Verständnis, dass wir keine Haftung übernehmen können.